U0639325

特色学校聚焦丛书　　丛书主编　杨四耕

新劳动教育

时代意蕴与实践创新

章振乐◎著

华东师范大学出版社

·上海·

图书在版编目（CIP）数据

新劳动教育:时代意蕴与实践创新/章振乐著. —
上海:华东师范大学出版社,2023
（特色学校聚焦丛书）
ISBN 978 - 7 - 5760 - 3702 - 9

Ⅰ.①新… Ⅱ.①章… Ⅲ.①劳动教育-教学研究-
小学 Ⅳ.① G623.92

中国国家版本馆 CIP 数据核字(2023)第 036713 号

特色学校聚焦丛书

新劳动教育： 时代意蕴与实践创新

丛书主编 杨四耕
著 者 章振乐
责任编辑 刘 佳
项目编辑 林青荻
特约审读 韩 蓉
责任校对 杨苏红 时东明
装帧设计 卢晓红

出版发行 华东师范大学出版社
社 址 上海市中山北路 3663 号 邮编 200062
网 址 www.ecnupress.com.cn
电 话 021 - 60821666 行政传真 021 - 62572105
客服电话 021 - 62865537 门市(邮购)电话 021 - 62869887
地 址 上海市中山北路 3663 号华东师范大学校内先锋路口
网 店 http://hdsdcbs.tmall.com

印 刷 者 浙江临安曙光印务有限公司
开 本 787 毫米×1092 毫米 1/16
印 张 18.25
字 数 201 千字
版 次 2023 年 3 月第 1 版
印 次 2023 年 3 月第 1 次
书 号 ISBN 978 - 7 - 5760 - 3702 - 9
定 价 58.00 元

出 版 人 王 焰

(如发现本版图书有印订质量问题,请寄回本社客服中心调换或电话 021 - 62865537 联系)

好学校的性格色彩

这些年,我与中小学、幼儿园有许多"亲密接触"。从这些学校中,我发现了一个"秘密":好学校总有自己的性格色彩,总有自己的精神属性。

好学校有丰富的颜色

好学校一年四季都有风景。春天,你走进它,有各色花儿,红的像火,粉的像霞,白的像雪。夏天,你置身其中,绿草茵茵,就算骄阳似火,也有阴凉。孩子们可以踢球、打滚,可以任性。秋天,你老远就可以看到,枫叶红了,橘子黄了,婀娜多姿;冬天,你靠近它,香樟绿环绕着你,垂柳枝笼罩着你,你不会觉得单调。当然,环境的价值不在于"装扮",而在于让心灵沉静,让生命多彩。它是生命哲学的演化,是内心深处的讴歌与赞美。法国思想家卢梭说教育的核心是"归于自然"——回归"自然状态",回归人之原始倾向。善良总存在于纯洁的自然之中。好学校总是拥有自然的纯净与原始美,它努力让孩子们与美好相遇。静谧,美好——好学校是温润的。

好学校有足够的成色

成色是衡量一所学校教育境界的一个指标,是一所学校的"育人"含金量。如果一所学校的含金量定位为考试成绩,它的成色就是混浊的;如果一所学校的含金量定位为立德树人,它的成色就是清纯的。黎巴嫩诗人纪伯伦说过:"我们已经走得太远,以至于忘记了为什么而出发。"教育是为着我们不曾拥有的过去,为着我们不曾经历的当下，为着我们不曾想到的未来。教育之原点在激发想象，而不仅仅是学习知识；教育之原点在发展理性，而不仅仅是讲授道理；教育之原点在鼓励崇高，而不仅仅是理解规范；教育之原点在丰富经历，而不仅仅是掌握技艺；教育之原点在温暖心灵，而不仅仅是强化记忆；教育之原点在强健身心，而不仅仅是发展智能；教育之原点在点亮人生，而不仅仅是预知未来。回归原点，是好学校的立场。不功利——好学校是纯粹的。

好学校有优雅的行色

优雅是让人向往的，有来源于生命本身的气质。每一个人都行色匆匆，孩子们被课业压得喘不过气来，教师被成绩比较而形成优劣阵营，这样的学校就不会是一所好学校。什么是好学校？孩子们表情舒展，教师们精神敞亮——每到一所学校，我总喜欢以这样的眼光去观察师生的生命状态。我发现，在好学校，孩子们的脸总是明晃晃的，有美好期待；教师的行色总是从容优雅，有专业自信。女孩子沁人心脾，男孩子风度翩翩，生命在人性层面焕发出动人光彩。一句话，每一个生命都自然而然地生长，这里有一种难以言说的气息在校园里弥漫开来、传播出去。面对此，我只能说：好学校是舒展的。

好学校有鲜明的特色

办学特色是一所学校整体呈现出来的系统性特征，集中表现在基于学校文化的课程体系。学校办得好不好，不在于规模有多大，而在于特色是否鲜明，是否有足以体现自己文化的课程架构。好学校行走在有逻辑的课程变革之路上，努力让学校课程富有倾听感，关注学生的学习需求；拥有逻辑感，建构严密的而非拼盘的课程体系；嵌入统整感，更多地以整合的方式实施而非简单地做加减法；饱含见识感，以丰富学生的学习经历为取向；提升质地感，课程建设触及课堂教学变革，课堂教学呈现出新的文化样态。一句话，好学校课程目标凸显内在生长，课程内容突出学习需求，课程结构强调系统思维，课程实施张扬生命活性，课程评价与管理彰显主体向度。好学校关注学习方式的多变性和场景性、学习时间的灵活性和可支配性、学习空间的多元性与舒适性、学习资源的丰富性和易得性，让所有的时空都成为课程场景，让孩子们学习作品的形成、展示、发布、分享成为校园里最美的景观,让时空展现出生命成长的气息和灵动。是啊,好学校有生命里最美好的记忆。

好学校有厚重的底色

厚重的底色不在于办学时间长短,而在于拥有强烈的文化自信。进入学校,我喜欢看墙上的"文字"。多年经验告诉我,文化不在墙上,很多时候,墙上的文字越多,学校的文化含量越低。道理很简单,大量文字堆放在墙上,说明这种文化还没有被老师们普遍认同,更谈不上内化于心、外化于行;说明这种文化还缺乏影响力,还没有被大众广泛接受,需要宣示和传播。一所学校是否拥有自己的教育哲学,是否拥有自己的教育信仰,是它"底色"如何的重要侧面。毫无疑问,好学校应该有自己的教育信仰。但是,教育信仰不是文字游戏,不是专家赐予的东西。信仰是从内心深处生长出来的,是从脚底下走出来的,是从指尖流淌出来的,是慢慢地生长、慢慢地走出来、慢慢地流淌出来的东西。唯有"慢慢地"才能"深深地","深深地"才能"牢牢地",扎下根来,进入我们的灵魂,融入我们的血液,成为我们生命的构成,成为我们前行的力量。文化总是无言或少言,但让人作出判断和选择。好学校,你一走进去,一种向往感、追慕感、浸润感便油然而生。因此,好学校是柔软而有力的。

美国思想家梭罗在《种子的信仰》一书中把好学校比喻为"一方池塘",每一个孩子在其中如鱼得水,自由自在,这就是"回归自然"的状态。不是吗? 好学校总是这样的——温润,纯粹,舒展,美好,柔软而有力——这也是本套丛书聚焦的一批学校的性格色彩。

杨四耕

2019 年 5 月 30 日于上海市教育科学研究院

目　录

第一章　**历史：劳动教育的发展审视**

纵观世界各国教育，无论是欧美发达国家，还是在不同政治体制下的苏联等国家；无论是在古代，还是在经济、文化、科技高度发展的当今，都重视劳动教育，强调在劳动教育中，帮助学生树立正确的劳动价值观，养成良好的劳动习惯。从历史角度看，各国劳动教育都有自己的特点。

第二章　**阐述："新劳动教育"的理论解读**

新时期，对劳动教育的意义及价值有了新的追求，劳动教育的实施从一校范围走向家庭、社会协同育人的维度，"新劳动教育"应运而生。在传统价值引领的基础上,回应时代需求,以"从小热爱劳动"为宗旨,以"丰富自我,理解社会"为目标,面向儿童发展、面向乡村振兴、面向家校共育,实现劳动育人。

第三章 设计:"新劳动教育"的整体架构 / 053

杭州市富春七小从 2009 年建校起开始"新劳动教育"的探索,在 13 年实践探索与顶层设计的持续互动和总结反思中,不断地丰富劳动教育的内涵,积极探索"新劳动教育"体系建构,解决了劳动教育在实践场所、课程内容、整体实施、辐射引领等方面的问题。

第四章 基地:"新劳动教育"的场所建设 / 071

我校充分挖掘劳动教育资源,在校内建立"开心农场""阳光绿谷"等基地,为学生就近开展"新劳动教育"提供保障。在校外打造"综合＋专项""紧密＋松散""国有＋市场"等"新劳动教育"

实践体验基地网络,开辟"营地＋农户"的新时代劳动教育实践的富阳模式。

第五章 课程:"新劳动教育"的内容设计 / 095

为了避免劳动内容的随意性,我们以亲近自然、动手动脑、怡情健体为发展宗旨,以认知规律为基点,以能力培养为主线,以过程体验为重点,以促进学生的终身发展为目标,开发了一系列课程,形成了"新劳动教育"的课程体系,从而使我校的"新劳动教育"真正发挥了育人的功能。

第六章 践行:"新劳动教育"的课程实施 / 139

"新劳动教育"的实施路径是多元的,我校通过在国家课程、地方课程及基础学科中融入与渗透等形式整合实施劳动教育,同时学校还通过满足学生个性发展、服务于学校办学理念的特色校本课程群独立实施劳动教育,拓展劳动教育的实施路径。

第七章 **拓展："新劳动教育"的活动创意** / 187

　　我校"新劳动教育"的实施，除了依托课程这一实施路径之外，还通过各种丰富多样的活动，包括家务劳动、校园服务性劳动以及志愿者活动等，把劳动教育延伸到学生的日常生活中，让学生从各个维度进行劳动体验，这是"新劳动教育"的又一条重要实施路径。

第八章 **激励："新劳动教育"的评价创新** / 215

　　我校创"新劳动教育"的评价设计，开发以劳动币为特色的劳动教育的评价载体，将劳动币的使用全面渗透到劳动教育课程、主题活动、实践体验、技能竞赛等方面，发挥家校社协同作用，促进评价载体运用主体的多元化，全面提高劳动教育开展的有效性，切实保障劳动教育落地。

第九章　收获："新劳动教育"的丰硕成果 / 243

　　"新劳动教育"历经十余年的不断探索和努力,最终形成了"新劳动教育"体系。它的实施,不仅在真实情境中培养了学生的自理能力,学生不断感受到父辈们的艰辛和奋斗精神,感受到高科技、高端服务业背后的辛勤劳动;也提升了教师的专业能力,更改变了学校的育人方式,丰富了学校的办学文化与特色。

自序

　　没有亲近过土地的孩子,就没有幸福快乐的童年。2009 年,我担任了富春第七小学(以下简称富春七小)的校长,面对新成立的学校,我不断思考:怎样打通与自然的链接,让孩子们拥有幸福生活的能力? 劳动,是人与自然融合的过程;我因此想到了通过劳动让孩子与自然对话、与世界对话。

　　十多年来,我和我的团队把劳动教育作为树德、增智、强体、育美的综合体,将劳动教育渗透在孩子们每天的学习与生活之中,学校的每一个细节、每一个创意都融入了劳动教育的力量。

劳动需要坚持

　　富春七小基于立德树人的育人导向,通过深挖“新劳动教育”的新思想内涵,探索行之有效的课程体系,契合新农村建设,创新家校社一体的协同育人模式等,构建了全国知名的劳动教育“富阳模式”。作为一所普通的城镇小学,我们这十余年执着地做劳动教育,并坚持做实、做深、做细。

　　2009 年学校成立初,我们通过多方奔走,从附近村里租来 10 几亩地,打造孩子们的“开心农场”,开展农事劳作实践活动。后来又经过努力,利用校园有利的地理条件,在围墙边开发了近 20 亩地,打造“开心农场”。经过十余年的打磨,“开心农场”已经从一片杂草丛生的砾石地,变为生机勃勃的“绿色生态园”。以此为中心,我们相继开发了农耕馆、小农科院、果树园、家禽家畜精灵屋、中药百草园、阳光绿谷高科技种植园、鲁班工坊、柴火厨房、环保酵素制造工厂、厨余垃圾处理中心等,逐步形成了一个集设计、种养、探究、制作、展示于一体的全链条劳动场域。

劳动就是创造

　　马克思说,劳动是创造性的。劳动教育不仅培养学生的生活技能,而且在学生动手实践中促进其体力与智力发展。

富春七小开发的创意劳动课程群,包含"创意编织""鲁班工坊""智造竹笛"等课程,与当代的新技术、新思维、新生活进行对话,感受"制造就是思考"的魅力。"鲁班工坊"是很受孩子们喜爱的课程。新时代大量的机械代替了传统的手作,在设备齐全的木工教室里,智慧"小鲁班们"在老师的带领下开展创意劳动:跟着视频学习基本操作知识并在实践中加以应用;通过搜集了解、观察试验等方式,区别各种木材并选择本土常见乔木来制作刨花灯,掌握用刨子均匀地刨出刨花的技能;从金戈铁马的历史来研究投石车的投射距离,并用实践来验证,学会用角度锯来锯切木料;观察生活中常见的瓷砖拼铺,体验铁杵磨成针的静心、耐心与细心;学会用砂纸逐步将物体完美打磨……制灯、造车、磨垫、做筷、设计手机支架等系列深度体验活动,让孩子们在设计、刨木、打磨、锯切的过程中掌握一系列实用技能,会独立思考,会与人合作,培养设计思维与创新意识。而鲁班文化的学习,将工匠精神具象化,让孩子们明白,一个工匠不仅代表着传统技艺的精湛,更承载着匠心精神。

劳动走向共富

劳动是财富的源泉、幸福的源泉,也是推动人类社会进步的根本力量。共同的富裕需要共同的努力,脚踏实地、久久为功。艰苦奋斗、勤劳致富等优秀品质的传承,需要引导学生树立"劳动创造美好生活"的价值观。我们努力创"新劳动教育"实施形式,拓宽劳动教育实施路径,让学生在真情境、真劳动、真体验中,习得基本的劳动技能,养成良好的劳动习惯,逐步形成艰苦奋斗、勤俭节约、砥砺奋进的劳动精神,为构建"五育"融合,实现共富教育、高质量发展走出一条新的发展路子。

"新劳动教育"体系已成为全国优秀典型与实践样本。这些年,为了带动"新劳动教育"经验的辐射引领,实现共同发展,我校与全国各地100多所学校联合成立了中国"新劳动教育"联盟、中国长三角"新劳动教育"20校联盟、区域"新劳动教育"联盟,通过联盟活动交流探讨,明晰了新时代劳动教育发展的方向与愿景,形成了良好的"新劳动教育"生态环境。

劳动开创未来

劳动之所以光荣是因为它能创造价值,能为人民谋幸福。我常常对我们的老师说:"我们今天为学生埋下什么样的种子,就为国家'种'下什么样的未来。"除劳动教育的显性成果,我更关注那些精神涵养性质的隐性收获,特别是价值观及品行上的收获。在劳动课程设计中,我们特别注重引导学生树立正确的劳动价值观,把个人成长与人民需要、民族振兴、时代使命紧密联系在一起,让孩子们志存高远、向阳成长,在劳动中真正把"小我"融入"大我"。

让孩子们从小会劳动、爱劳动,这不仅是个人生命发展的必须,也是利国利民的大事。自力更生、艰苦奋斗一直是我们党的优良传统,无数劳动人民发愤图强、埋头苦干创造了美好的生活。劳动开创美好未来,传承奋斗精神,引导学生从小热爱劳动、尊重劳动、热爱劳动人民十分必要。这也是我们广大教育工作者的使命。

章振乐

第一章

历史：
劳动教育的发展审视

纵观世界各国教育,无论是欧美发达国家,还是在不同政治体制下的苏联等国家;无论是在古代,还是在经济、文化、科技高度发展的当今,都重视劳动教育,强调在劳动教育中,帮助学生树立正确的劳动价值观,养成良好的劳动习惯。从历史角度看,各国劳动教育都有自己的特点。

第一节 国外的劳动教育发展特点

各个国家在不同的人文环境、自然风俗、政治制度等的影响下,形成了各具特色的劳动教育。美国的劳动教育重视制度,德国的劳动教育侧重与职业教育的密切联系,日本的劳动教育强调课程的落实,芬兰的劳动教育重视课程评价,俄罗斯的劳动教育多次与知识教育进行博弈。不同国家劳动教育的发展,或许可以给我国当代劳动教育的改革以一定的启发。

一、重在制度: 美国的劳动教育

美国完善的劳动教育得益于在长期的历史发展中进行的多方面探索,搭建了家庭、学校、社会三方合力的劳动教育体系。美国的劳动教育注重与学生的日常生活与学习的紧密联系,希望通过教育中的生产劳动帮助学生形成未来走入社会所需要的能力。具有如下特征:(1)覆盖所有的学生;(2)纳入学习必修课程;(3)推动法律对劳动教育的保障;(4)家校结合原则。[1]

(一)美国劳动教育理论与实践探索的演进历程

1.“实用主义”观念下的劳动教育

20世纪初,以杜威为代表的美国进步主义学者提出了“做中学”的思想,学校则在这一思想的指引下注重提升学生的综合素质,如提升在具体社会情境中解决问题的能力。杜威强调教育与生活之间的密切联系,强调学生的学习主体地位。学生这种主体地位不仅体现在通过书本知识来获取人类历史中的间接经验,而且更为注重让学生在实际生活场景中获得解决问题的直接经验。[2] 杜威的观点为美国生涯教育提供了一个思路,通过模拟生活场景,帮助学生在一定的实践中获得体会和感悟,从而促进学生的全方面发展。实用主义的劳动教育观为之后美国劳动教育的发展奠定了重要的基础。

---

1 庄坚俍,高磊.劳动教育的国外模式与课程实施[J].思想政治课教学,2021(02):77—81.
2 张晓帆,徐建华.美国劳动教育的演进历程、特点及启示[J].教学与管理,2021(01):82—84.

2. "生计教育"模式中的劳动教育

20 世纪 70 年代初，美国教育总署长官西德尼·马兰提出了"生计教育"的主张，希望能在学校的课程中融入劳动教育观念，实现理论与实践的结合。随后，"生计教育"逐渐成为美国劳动教育的一种模式。其目的是在教育的各个阶段，实施一种全面性、综合性的教育。[1] 根据这一主张，美国在中小学校都开设了生产劳动课程，使学生切实感知和了解丰富多样的社会职业，期望在此基础上让每个学生都能根据自身兴趣、资质与特长，并结合社会需要，习得一种甚至多种职业技能。除此之外，从小学到高等教育的不同学段，美国还为学生设置了不同的职业认识、职业意识、职业选择及技能训练等培养内容。因此，"生计教育"在美国劳动教育发展史上画上了浓墨重彩的一笔。

"生计教育"倡议一出，很快便获得美国社会的多方认可。联邦和各州政府大力支持发展"生计教育"，一系列计划和行动指南破土而出，使得"生计教育"运动在美国各州轰轰烈烈地发展起来。

3. 法律法规支撑了美国劳动教育的实施

早在 20 世纪 60 年代，美国就已经关注到了劳动教育领域内的家校合作。联邦政府通过颁布一系列法律法规促使家长更加积极地参与到孩子的劳动教育中。1970 年颁布的《初等和中等教育法》给予了家长参与学校教育的权利。1977 年美国国会颁布的《生计教育促进法》则有效保障了"生计教育"的落实。2001 年出台了《不让一个孩子落后法案》，明确规定了家长对学校事务的知情权和参与权。

这些法案的颁布赋予了家长参与学校教育的合法性，不仅在基础学科的学习中得以展现，更体现在学校开展的各色综合实践项目中，也使得家校协同实施劳动教育有了强有力的法律支持。[2]

(二) 美国劳动教育的实施

1. 基于成为家庭有效成员的劳动教育

美国虽然在小学的日常课程中没有设置专门的劳动教育课程，但在家庭生活和学校生活中却有着各式各样的劳动教育活动。在家庭生活方面，小学生会为家庭分担一些力所能及的家务，如帮助父母修剪花园草坪、自己打扫房间、自己收纳物品等；在学

1　张晓帆，徐建华.美国劳动教育的演进历程、特点及启示[J].教学与管理，2021(01)：82—84.

2　汪静，李炳煌.美国中小学家校协同开展劳动教育的特点及启示[J].教学与管理，2021(21)：81—84.

校生活方面,老师会组织开展各类活动以培养学生良好的劳动习惯,如通过让学生回收饮料瓶等可回收资源来换取诸如小礼物、班级积分等奖励。老师还会鼓励高年级学生帮助低年级学生。不同学校有各具特色的活动方式。在这样的劳动中,锻炼了学生帮助人、照顾人、关怀人的能力,更重要的是通过这些服务活动培养学生的责任感以及服务精神。总之,凡与孩子自立成长有关的一切事情,家庭和学校都非常重视并通过各种实际行动最大限度地让他们自己去处理、解决,提升个人能力。

20 世纪 50 年代末开始,美国大部分综合中学都会设立劳动选修课,课程内容比较丰富,常见的有家政、园艺、木工、手工、烹饪等,在一些地理环境特殊的学校还设置具有当地特色的石工、木工课等手工课程。以学生选修烹饪课为例,烹饪课上课也遵循循序渐进的原则,包括了解简单的营养学知识并学习独立烹饪、提升烹饪技能、学习烹饪具有民族特色的餐食、学会七个拿手菜并探究饮食背后的文化四个部分,四个部分一共可以获得 2 学分。值得注意的是,学生只有在上一部分考核合格后才能进行下一部分内容的学习。

2. 基于就业的劳动教育

"生计教育"践行了美国"基于就业的劳动教育"的理念。20 世纪 70 年代,大约有 1/3 的美国高中生处于"毕业即失业"的困境,既无法继续接受高等教育,也没有就业谋生的能力,美国大众对此深感不满。因此,为了解决毕业生就业问题,美国当时的教育署长提出了"生计教育"计划,具体措施为:(1)"生计教育"面向所有学生;(2)"生计教育"贯穿所有年级;(3)让学生在学校切实地获得一些可以谋生的一技之长后再进入社会工作。

"生计教育"面向 1 年级到 12 年级的学生,可分为三个阶段。

表 1-1 "生计教育"的三个阶段

阶段	第一阶段	第二阶段	第三阶段
年级	1—6 年级	7—10 年级	10—12 年级
任务	1. 了解他们将面临的各种职业; 2. 培养职业兴趣; 3. 通过现场参观加深学生认识。	1. 熟悉美国 15 大职业分类; 2. 对职业进行深入研究; 3. 增加访问、见习、实际操作的机会,积累实践经验,深化对职业的认知。	1. 选定一种职业进行更为深入的学习、研究和实际训练; 2. 选择职业学习课程。

20 世纪 80 年代，美国基础教育滑坡，"生计教育"也遭受了专家和大众的质疑与批评，美国的中小学教育也因此再次回归到重视数学、科学、英语等学术性课程的局面。然而，"生计教育"所大力倡导的"为就业作准备"的理念却在不同程度上得以保存和继承，并一直影响至今。随着时代发展，课程种类日益丰富，除了传统的手工类、体力类课程外，如今又出现了许多全新课程，如计算机维修、文字信息处理、计算机辅助绘画、商业电子分析等课程。

3. 基于公民培养的劳动教育

美国十分重视对公民的培养，中小学教育是培养公民的重要途径，因此会鼓励学生参与到"志愿服务/社区服务"与"服务学习"之中。

"服务学习"于 20 世纪 60 年代兴起于美国。1969 年美国南部地区教育委员会、亚特兰大市政府和亚特兰大城市联盟等联合召开会议，商讨"服务学习"在教育领域的重要性。会议达成了三点共识：(1) 学校必须鼓励和支持学生参与社区服务活动，并给予认可；(2) 社会各界应协同合作以保障学生获得参与服务学习的机会和一定的专项资金；(3) 服务学习的规划与实施过程必须由师生共同参与。

美国还出台了相关的政策法规保障学生"社区服务"的实施。1990 年 2 月，总统布什签署了《国家与社区服务法》，首次在法律上明确了"服务学习""社区服务"的地位。1993 年 3 月，总统克林顿签署了《国家与国家服务信托法》，规定了联邦政府通过资金支持来鼓励其他社会组织联合起来探索新的社会服务模式。此项法案的颁布极大地推动了服务学习的发展。[1] 时至今日，美国各州都会开展服务学习，有些州还将其纳入公民教育计划，学生也需要完成相应的社会服务才能顺利毕业。

美国政府还通过设置公民成就奖来鼓励 5—9 年级的学生参与到社会服务之中。目前，美国大部分学校都会开展一定的社区志愿服务活动，如清洁社区、为正处于特殊期的家庭提供服务、与残疾学校联谊、为残疾人捐献生活物品、去疗养院服务、关怀老人和儿童等。对于学生来说，这些社会服务活动不仅使学生接受了劳动教育，也使学生更富有同情心和责任感，从而也提升了学生的公民素质。

总体来看，美国劳动教育有着鲜明的特点：一是各州、各学校能够因地制宜、因时制宜地开展劳动教育，摆脱固化课程，致力于提升课程种类的丰富性；二是强调"做中

1　汪静、李炳煌. 美国中小学家校协同开展劳动教育的特点及启示[J]. 教学与管理，2021(21)：81—84.

学",使劳动教育理论与实践紧密结合,摆脱唯书本的学习;三是强调劳动教育的长期性与家校合作的重要性,即在家校合作中培养影响学生终身劳动的习惯和品质;四是以一定的理论基础为依托,建立完善的法律法规体系来保障劳动教育的开展,并联合家庭、学校、社区、企业等多方以协同实施劳动教育。

二、 与职业教育相融合: 德国的劳动教育

德国经济位居全球前列,这与其对教育的重视密不可分,尤其是在基础教育阶段就十分重视将劳动教育同职业教育相融合。

(一)课程发展与课程目标

德国的劳动教育既有促进个体全面发展的重要意义,还有为学生未来生活作准备的重要价值。其劳动教育具有鲜明的实用性,强调让学生通过了解各职业要求,以了解经济技术发展趋向,从而为未来的职业选择作铺垫。[1]

1. 课程发展

德国在 20 世纪 60—80 年代出台了三个指导性文件,用以明确劳动教育的目的和主要内容。1964 年,《关于建设主体中学的建议》出台,首次将劳动相关课程纳入主体中学的课程体系之中,且对这类劳动课程进行了相应的规定:应满足现代经济和技术的基本要求;应着眼于职前技能培养;应以劳动结构为导向,通过实践活动来达成劳动教育目的。1969 年,《关于主体中学的建议》出台,指出需要通过开展劳动教育的方式让学生承担起公民责任。1987 年,《关于中等教育第一阶段劳动学学习领域的材料》出台,明确从技术、经济、家政和职业四个部分划分劳动教育,并且将所有初中学生作为劳动教育的对象;在具体的课程实施中则允许各州各学校采用因地制宜的弹性模式;教学对象为全体初中生,并建议各州和各个学校根据自身需求确定课程形式与课时;具体到劳动课程内部,则有丰富多样的教学方式,如让学生到企业参观实习、让学生进行案例调查等。[2]

2. 课程目标

德国劳动教育的课程从专业认知、能力培养、意识和态度三个方面来建构目标。

---

1 孙进,陈囡.德国中小学的劳动教育课程:目标·内容·考评[J].比较教育研究,2020(07):73—81.

2 同上.

具体而言,专业认知方面的目标是使小学高年级和中学学生掌握相关的基础性知识;能力培养方面的目标是使学生具有独立生活和参与公共生活的基本技能;意识和态度方面的目标是使学生认识和了解世界,提升学生的自我管理能力,注重对其进行价值观教育,同时为其升学与就业作准备。[1]

(二) 课程实施

德国劳动教育课程具有很强的融合性和实践性,既有在专用教室开展的室内学习课程,还有诸如到企业实习等丰富的实践环节。目前,在劳动教育的内容和目标上,德国各地基本一致,因此接下来以德国教育质量最高的巴符州为例阐述其劳动教育课程。[2]

1. 小学阶段的劳动教育课程

德国在小学阶段未设置专门的劳动教育课程,但小学阶段的一些课程涉及劳动教育的因素。

(1) 小学艺术/手工课。小学 1—4 年级开设了艺术/手工课,目的是让学生在完成手工作品的过程中培养他们的创新意识和审美能力。通过该阶段的课程学习,学生能使用一些简单的工具并完成相应任务,如能在缝纫纺织类劳动中运用不同技术,能在手工创意类劳动中制作简单物品,能运用多样化形式来展示自己的劳动成果等。

(2) 小学综合知识课。课程目标为初步学习社会、经济、自然、技术等各领域知识,帮助学生进一步了解周围世界,丰富对生活的认知。教师会教授与劳动相关的知识,培养学生的生活劳动能力;社会机构也常为小学生提供有意义的活动,如巴符州的妇女协会与家庭主妇协会组织发起了许多家政教育活动,学生还可以在完成部分课程的学习后通过考核获得相应的证书。[3]

2. 中学阶段的劳动教育课程

中学阶段具体指的是中学 5—10 年级。中学阶段的劳动教育课程中有四个较典型的综合性课程。

(1) 生物—自然现象—技术课。这类课程主要针对 5—6 年级的学生开设,教学内容包括三个板块:综合能力、生物知识和技术能力。"综合能力"从思维方式和行事

1　张欣鑫. 中德中小学劳动教育比较及经验启示[J]. 教育科学论坛,2020(20):18—21.

2　田钰析. 德国中小学劳动教育课程对我国的启示[J]. 现代交际. 2021(11):181—183.

3　关于巴符州的案例参考自:孙进,陈囡. 德国中小学的劳动教育课程:目标·内容·考评[J]. 比较教育研究,2020(07):73—81.

方式的视角出发,致力于开阔学生的思维方式,从而帮助他们形成在实践中的做事方式,具体内容包括让学生了解和有效利用不同的物质与能源;"生物知识"从科学知识的视角出发,致力于让学生了解动植物、人类等生物学方面的知识;"技术能力"从实践的视角出发,致力于让学生在了解基础材料的基础上动手制作可以活动的实物。总的来说,一个5—6年级的中学生每周能有6—8个课时的时间花在这类劳动课程中。

(2)经济/职业与大学学业导向课。这类课程针对7—10年级的学生开设,充分发挥了劳动教育的社会价值。其教学目的如下:一是使学生了解经济生活中的问题;二是作为职业选择过渡期帮助学生找到兴趣和方向;三是引导学生认识到合作的价值;四是提高学生对经济问题的洞察力,了解经济形势对工作和社会的影响。教学内容分为三个板块:消费者、求职者和经济社会公民。"消费者"板块从消费视角出发,致力于让学生了解基础性的经济常识;"求职者"板块从求职就业视角出发,致力于发展学生的求职能力,具体内容则有了解与就业相关的法律法规,学会分析自身在劳动力市场中的优势,懂得撰写求职简历等;"经济社会公民"板块从合格公民的视角出发,致力于让学生处理个体与社会之间的关系。总的来说,一个7—10年级的中学生每周能有3—5个课时的时间花在这类劳动课程中。

(3)日常文化—饮食—社会事务课和技术课。这类课程针对7—10年级的中学生开设,且其中的技术课往往作为选修课推出。其教学目的如下:一是培养学生的责任感,养成可持续发展观念;二是培养学生安排日常生活的能力;三是让学生获得职业发展方面的有益扶持。该课程内容有五大板块:在社会实践中学习营养学、健康、消费与生活问题的解决。技术课程围绕着技术,致力于在理论层面让学生了解当今社会的基础性技术以及对人类社会的重要作用,在实践层面则希望学生能够掌握基本技术。

(4)自然科学与技术课。这类课程针对8—10年级的中学生开设,要求学生在知识获取与研究、开发与制造、交流与组织、意义与评价四个领域内掌握一系列相应能力,每一个领域都规定了细致的培养要求,如在"知识获取与研究"领域,即在"搜索""实验""使用模型""关联式研究"方面对学生进行劳动教育之后的能力养成进行了说明。此类课程既注重理论,又关注实操,同时强调对学生进行跨学科能力的培养。值得注意的一点是,德国中学中的这类课程还会与社会进行合作,如使用一些企业或研究院的设备,或邀请这些机构中的专业人士进入课堂开展教学。

(三)课程评价方式

虽然德国的联邦州在劳动教育的内容和目标上基本类似,但是各地的劳动教育评价却不尽相同,评价模式呈现出视角和形式多样的特点。总的来说,在劳动教育课程的评价中兼顾形成性评价与终结性评价,重视学生包括语言能力、动手实践能力、合作能力在内的多方面素质的评价。评价的作用在于提高学生劳动的积极性,这种积极性表现为学生是否出勤此类劳动教育课程、课堂的参与度如何、与教师及同伴的沟通情况如何等。

课程评价的主体也呈现出多元化特征,有学生自评、互评、教师评价三种主要评价方式。为了提升学生对劳动课程的重视度,劳动课程的成绩要与其他文化课成绩一同记录到毕业成绩之中,毕业成绩达到一定标准方可毕业拿到证书。因此劳动教育课程对于升学具有重要意义,对于偏科严重但是又擅长劳动课程的学生来说,高分的劳动课成绩有助于他们整体毕业成绩的提升,最终帮助他们升入文理高中。[1]

(四) 课程特点

1. 课程教学具有创新性

德国中小学劳动教育的课堂大多采用项目教学法,在教学过程中以教师为主导,重视学生的主体作用。为了加强学生独立自主的学习能力,教师将知识寓于项目中,并引导学生在逐步完成项目的过程中学习知识。为了提升学生的课堂参与度与团队合作意识,此类项目大多在小组中通过交流、讨论、解决问题等环节完成。[2]

2. 课程内容丰富

德国各州的劳动教育教学大纲只对教学目标作出规定,具体教学内容则由教师根据实际情况自行安排。为了让学生了解和体验不同职业的特点和培养学生的兴趣,劳动教育课程还辅以丰富的校外实践环节。为了培养学生的实践能力、合作探究能力,学校鼓励学生积极参与各类劳动教育活动,从而为今后的职业发展奠定基础。[3]

3. 课程设置具有融合性

为了将学生培养成能够应对挑战性和复杂性社会问题的多元化人才[4],德国中小学劳动课程设置注重多元融合,强调多学科融合,并将学习与社会工作、生活等主题进行结合,关注跨学科教学、实践操作和理论教学。

---

1 孙进,陈囡.德国中小学的劳动教育课程:目标·内容·考评[J].比较教育研究,2020(07):73—81.

2 田钰析.德国中小学劳动教育课程对我国的启示[J].现代交际.2021(11):181—183.

3 同上.

4 德国:劳动教育承担对个体进行"社会—经济教化"的重要功能[J].中小学德育,2019(12):78.

三、 落实课程： 日本的劳动教育

日本的劳动教育以自我服务性劳动教育、家务劳动教育、简单生产劳动教育为主要劳动教育形式。劳动教育有四大特点，即注重培养学生独立生活与自我管理能力，注重男女共育下知识教学与实操相结合，强调地域合作下道德教育与活动教育并举，强调生产活动与产业学习并重。

（一）日本小学劳动教育的形式

二战后，日本小学劳动教育在生活科、家庭科、道德科、社会科、特别活动、综合学习时间等学科课程与活动中渗透着以下四大类劳动教育。

1. 自我服务性劳动教育

自我服务性劳动，指的是为自己或自己所在集体直接服务的劳动。

（1）自我服务劳动教育。主要在1—2年级开设的生活科和5—6年级开设的家庭科进行。生活科与家庭科都重视学生对劳动的亲身体验，在帮助学生掌握基本生活自理能力的同时致力于培养学生的自我服务意识。

（2）集体服务劳动教育。这类课程以班级活动、儿童会活动、社团活动、学校行事四类特别活动为开展形式，以学生自主性为核心，使学生在亲身参与中发展自我管理和服务集体的意识。如"班级活动"以班级为单位进行，让学生在集体中发现生活与学习中存在的问题，并以小组合作的形式，每个人都为集体贡献自身优势，从而促进问题的顺利解决。这类实践活动既能提升学生解决问题的能力，也能在问题解决中提升学生的集体意识和社会责任感。[1]

2. 家务劳动教育

家务劳动，指的是为家庭衣食住行直接服务的劳动。

（1）男女共育。日本文部省于1947年将1879年设置的裁缝科与家事科融合成新学科——家庭科，教育对象则由女生扩大到全体学生，教学内容也扩充为家庭生活、衣食住生活、消费生活等。但此时的男女生使用不同的教材，学习不同的教学内容，因此教育中仍存在一定程度的性别歧视。

（2）衣食住全面教学。目前日本小学家庭科教学内容以衣食住为主。以开隆堂

---

1 蒋洪池,熊英.日本小学劳动教育：形式、特点及启示[J].外国教育研究,2020,47(12)：71—81.

出版株式会社 2019 年出版的教科书《家庭科》为例，里面的学习内容涵盖了饮食、衣物制作、居住环境改善。[1]

3. 公益劳动教育

公益劳动，指的是直接服务于社会公益事业的无偿劳动。

(1) 公益劳动德育。自 1989 年文部省颁布《小学学习指导要领》起，道德教育的内容被概括为四大部分：与个人相关，与他人相关，与集体、社会相关，与生命、自然相关。伴随着 2015 年《学习指导要领》的修订，道德作为特别学科诞生，并将四大部分划分为不同年级段的不同主题。公益劳动的德育目标层层递进，但培养学生为他人劳动的意识的宗旨贯穿始终。

(2) 公益活动教育。作为公益劳动德育的补充，1998 年《学习指导要领》首次正式提出了公益活动教育。日本小学的公益活动主要有两大类：美化环境与关怀老人。[2]

4. 简单生产劳动教育

简单生产劳动教育，指的是对生产工具的认识和使用，以及与工农业生产知识和技能相关的教育。

(1) 勤劳生产活动。这是一种生产劳动体验活动，主要在生活科与特别活动中开展，以栽培活动为主，并根据学生不同阶段的身心发展特点设有对应侧重点。如在低年级，主要使学生通过栽培活动，亲近自然，学会完成简单的劳动任务。学生在此类活动中通过直接的生产劳动，接触大自然，不仅能在一定程度上学会栽培的知识和技能，丰富自己的业余生活与劳动体验，还能培养其珍惜劳动成果之情与对大自然的敬畏之情。

(2) 产业学习。主要在社会科中进行，着重进行服务业、农业、水产业、工业的实地见学和相关知识学习。产业学习从 3 年级开始，且主要集中在 5 年级。在 3 年级注重实地见学、亲身感知，而 5 年级转向知识的强化学习。[3]

(二) 日本小学劳动教育的特点

1. 注重培养学生独立生活与自我管理能力

日本小学的自我服务性劳动教育在培养学生独立生活能力的宗旨下，不论是生活科、家庭科，还是特别活动，都以学生的自主实践和自主管理为主。

---

1 蒋洪池，熊英. 日本小学劳动教育：形式、特点及启示[J]. 外国教育研究，2020，47（12）：71—81.

2 同上.

3 同上.

2. 注重男女共育下知识教学与实操相结合

日本小学的家务劳动教育是面向全体学生的知识教学和实操相结合的教育形式。2006 年修订的《教育基本法》为家庭科实施男女共育提供了法理依据。在物质生活水平高度发达的当代,家庭科应势增加了与饮食和居住生活相关的教育内容,普及健康饮食、营养知识和低碳环保的生活方式。且伴随着女性教育水平的提升和就职比例的增加,家庭科实施无差别的男女共育,对消除女性歧视与减轻女性压力具有积极意义。

3. 强调地域合作下道德教育与活动教育并举

日本小学与所在地域紧密合作,实施道德教育与活动教育并举的公益劳动教育。不论是美化环境还是关怀老人的公益活动,都离不开地域的支持,地域为开展各类公益活动提供了场所和机会等。

4. 强调生产活动与产业学习并重

日本小学的生产劳动教育是一种生产活动体验、实地见学、产业知识学习并重的教育,主要表现在"勤劳生产活动"与"产业学习"中,针对不同年级的学生,循序渐进地开展简单生产劳动教育。

(三)日本小学劳动教育的启示

日本小学的劳动教育有其优势所在,具有一定的借鉴意义,因此我国在大力发展劳动教育的同时或许可以多多学习其做法。这些对于小学劳动教育的启示包括:(1) 渗透全方位劳动教育,即在已有学科或课外活动中有机融入劳动教育内容。(2) 重视多样化劳动体验,即在课外活动中,结合当地自然、历史、地理、人文等条件,因地制宜地开展多样化劳动体验活动,丰富学生的劳动体验和生活经验。(3) 注重系统劳动知识学习,即在小学恢复独立的劳动教育课程,或借鉴日本在现行的各学科中普及基本的劳动知识。(4) 强化"家校社"协同共育,即我国小学应注重形成以学校为主体、以家庭为基础、以社会为依托的劳动教育"家校社"协同共育模式,凝聚劳动教育发展与改革的多方力量。[1]

四、 重视课程评价: 芬兰的劳动教育

芬兰拥有令世界瞩目的先进教育体系,素有尊重劳动的传统,也是世界上首个将

---

[1] 蒋洪池,熊英.日本小学劳动教育:形式、特点及启示[J].外国教育研究,2020,47(12):71—81.

劳动教育纳入中小学必修课程的国家。

(一) 劳动教育课程

芬兰的劳动教育不仅注重传统手工技艺的传承,也很重视现代科技的融入,是传统与创新相结合的模范。基于此,芬兰劳动教育课程主要有三大类:手工课、家政课和综合课程。作为必修课的手工课不仅注重培养学生的动手能力,更注重培养学生对工艺和材料的综合感知能力;家政课是7—9年级学生的必修课,以培养学生的基本生活能力为目标;综合课程注重实践能力的培养。有些学校会将综合课程与科技课、自然课结合开设,前者重视实操,后者则侧重于理论知识的积累和学习。

1. 必修课程

(1) 手工艺课程。这是基础教育中1—7年级的必修课程,8—9年级的选修课程,每周至少有11个课时,周课时量很大。芬兰根据传统的材料分类,把手工艺分为两大领域:"软"材料手工艺多指纺织工艺,"硬"材料手工艺则多指技术工艺。

(2) 家政课程。这是7—9年级教育阶段的必修课程,基础教育内任何学段的学生可以将家政课程作为一门选修课程。家政课程由食品专业知识和食物文化、公共资源和生活、家庭消费和经济知识三大核心部分组成。家政课程注重理论与实践的结合,主要任务是培养学生成为能够维持家庭基本生活条件的消费者,发展学生日常家庭管理和可持续未来所需要的知识、技能、态度和能力。

2. 选修课程

选修课程的目的在于拓宽学生的研究领域,并提高其研究技能,主要分为艺术和实用性选修课程、公共选修课程两大类。艺术和实用性选修课程包括音乐、体育、家政、视觉艺术、手工艺,公共选修课程则涵盖所有的艺术和实用性选修课程、跨学科课程、学术类课程以及校本课程。

3. 跨学科学习模块

芬兰的基础教育重视"现象教学",即整合了不同学科内容,从多学科角度共同研究某一种现象。这有助于培养学生跨学科学习的能力,在融合不同学科的基础上,激发学生学习兴趣的同时培养学生横贯不同领域的能力。[1] 如在"大气变化"这一课程主题之下就融合了物理、地理、手工艺等课程,即从物理层面了解大气知识,从地理层

---

1 黎诗敏,施雨丹.从历史中走来:芬兰劳动技术课程改革及现实挑战[J].外国教育研究,2021,48(07):43—57.

面了解人与环境的关系,从手工艺层面创造艺术作品。如此学习过程,沟通了不同学科,发展了学生的整体性思维。[1]

(二)劳动课程评价:形成性评价与多元化评价相结合

1. 形成性评价

芬兰学生在整个基础教育阶段没有统一的标准化测试,基础教育阶段的评价形式也以形成性评价为主,目的在于了解发展情况并给予能够促使学生继续向前发展的正向反馈。评价的具体表现为,在电子档案中记录学生在课程开展过程中的表现。为了提升劳动教育的地位,此档案还会作为学生今后升学与就业的重要参考指标。

芬兰低年级段学生没有家庭作业,教师所作的评价主要依据学生在教学过程中掌握知识和技能的程度。低年级学生往往会获得以书面评价为主的评价,而到了8年级之后,则采用分数评定的方式。

2. 多元化评价

芬兰的劳动技术课程注重多视角、多主体、多元化评价。如在手工艺课程中,教师会从学生工艺作品的结构角度、创新角度、技术角度等多个角度作出评价。除了从劳动作品入手,教师还会从学生劳动过程中的学生思维发展的视角入手对学生的手工艺劳动过程作出评价,如教师通过询问学生在创作过程中与整个劳动过程相关的一些问题来感知学生思维的发展。学生除了会得到教师的评价之外,也会在教师的引导之下,进行自评和互评。[2]

多视角评价能够激励学生多方面发展,多主体评价则能发展学生的自我评估能力和评价他人技能,提高学生的反思能力。

五、 知识教育与劳动教育之间多次摇摆: 俄罗斯的劳动教育

俄罗斯的劳动教育可以追溯至苏联时期,总体来说,苏联和俄罗斯教育的发展一直在知识教育与劳动教育之间不停摇摆,出现此消彼长的现象。

(一)苏联:劳动教育与生产实践相结合

苏联是世界上第一个社会主义国家,在经济、政治、文化、教育各个方面都进行了

---

1 黎诗敏,施雨丹. 从历史中走来:芬兰劳动技术课程改革及现实挑战[J].外国教育研究,2021,48(07):43—57.

2 同上.

许多实践与探索，为我国开展社会主义建设提供了有益参考。在劳动教育方面，苏联坚持以马克思列宁主义思想为指导，涌现出苏霍姆林斯基、马卡连柯、克鲁普斯卡娅等许多优秀的教育家，他们在劳动教育方面进行了六十多年的艰苦探索，这些宝贵的经验也成为了我们开展青少年劳动教育的重要基础。

苏联劳动教育贯穿从幼儿园到大学的全过程，主要包括教学计划内外两个部分。教学计划内的劳动教育有劳动技能理论课、农技实践课、校办工厂实操等；教学计划外的劳动教育包括劳动夏令营、勤工俭学、支农、支教等。在课程保障方面，由全俄苏维埃代表大会牵头，教育人民委员会负责制定课程标准和规划，各级各类学校负责贯彻落实。除此之外，苏联采取教育法令的形式来监督各项劳动教育政策的落实。在教学资源配置方面，苏联政府为每个基层学校配备了专职的劳动教员和督导员，按期为其发放劳动教育经费，各级政府负责帮助学校建立校办工厂和实践农场，为教学实践提供劳动机具、运输设备、动力设施和经费支持。

苏联教育部门还根据儿童的年龄特点制定了不同的教学规划和内容，如1—4年级的学生必须参加手工劳动课，每周实习2小时；5—7年级的学生需参加教学农场和工厂的劳动，每周实习4小时；8—10年级的学生要参加与工农业生产基础课程相关的劳动，每周实习6小时。苏联教育委员会规定，除了修满必修课程的学分外，3年级以上的学生还必须参加课外自愿劳动小组，小组组长由高年级同学担任，由专门的老师负责指导。中学生则要参加各式各样的学科小组，这类小组往往专业性较强，要求较高，是培养学生未来职业兴趣的重要途径。[1]

(二) 苏联中小学劳动教育与综合技术教育的历史回顾

苏联继承与发展了马克思主义关于综合技术教育的理论，在劳动教育与综合技术教育方面独树一帜。而后政治经济体制大为不同的俄罗斯吸取了一部分苏联劳动教育的经验，并在此基础上不断发展完善，最终形成了独具特色的劳动与综合技术教育模式。[2] 因此有必要回顾苏联中小学劳动教育与综合技术教育的历程，探索其中宝贵的经验。具体来说，苏联的劳动技术教育可以分为如下5个阶段。

1. 第一阶段(1917—1929)：盲目强化阶段

1917—1929年，苏联处于新旧教育体制更替的过程中，教育改革的重点为抓生产

---

1 孙晋超.新时代青少年劳动教育研究[D].上海：上海师范大学，2020.

2 汝骅.俄罗斯中小学的劳动教育与综合技术教育[J].苏州教育学院学报，2002，19(01)：96—99.

劳动教育,其间颁布了《统一劳动学校规程》和《统一劳动基本原则》等,在相关法案的颁布下,劳动教育得到空前重视。但由于过多强调劳动教育,从而使得学校的劳动教育和综合技术教育与各类学科知识相脱离。[1]

2. 第二阶段(1929—1958):削弱停滞阶段

这一阶段是苏联的第二次教育改革,其重点从抓劳动教育转为抓基础知识教育。在这一理念的指导下,学校大大削减了劳动的时间,从而又出现了学校教育与实际生活相脱离的误区,劳动与综合技术教育实践被忽视。[2]

3. 第三阶段(1958—1964):调整提高阶段

为了改变前一阶段教育改革的弊端,苏联第三次教育改革的指导思想是加强学校教育与实际生活的联系,因此劳动教育与综合技术教育又再次回到大众视野,同时辅以生产教育。1959 年 12 月苏联通过了《兼施生产教学的劳动综合技术普通中学条例》,改普通中学为"兼施生产教学的劳动综合技术普通中学",要求学生自 15 岁起,除了接受普通教育外,还需要接受职业训练,以便毕业后能直接在某一国民经济或文化部门就业。但由于条件不够成熟,措施偏激而没有达到预期效果。[3]

4. 第四阶段(1964—1984):徘徊整理阶段

1964—1984 年苏联进行了第四次教育改革,改革侧重点为抓科学知识教育和普及中等教育,从而又削减了生产教育和劳动的时间,劳动教育与综合技术教育再次被忽视。值得注意的一点是,在这一阶段仍有一些以加强劳动教育为目的的文件法规出台。[4]

5. 第五阶段(1984—1991):改革深入阶段

《普通中学和职业学校改革的基本方针》的颁布,标志着苏联进入了第五次教育改革。以列宁"统一的、劳动的、综合技术的学校"为原则,实行"教育、生产、科学一体化",劳动教育及综合技术教育又再次站在了教育界的顶端。具体表现为大量增加普通中学劳动教育和职业训练的课时。这一法规还把苏联在 1964 年制定的"三五二"学制恢复为"四五二"学制,即儿童从 6 岁或 7 岁起上学,小学学习年限一般为 4 年,基础

---

1 汝骅.俄罗斯中小学的劳动教育与综合技术教育[J].苏州教育学院学报,2002,19(01):
96—99.
2 同上.
3 同上.
4 同上.

中学为 5 年,高级中学一般为 2 年。[1]

(三) 俄罗斯: 劳动教育在德育中的重要地位

从苏联的 5 次教育改革中我们可以发现,其教育侧重点一直在知识教育和劳动教育之间摇摆,但总体来说,劳动教育一直都是教育界关注的重点。

20 世纪 90 年代,苏联解体后分裂为不同的国家,其中俄罗斯占据着苏联的主要国土。90 年代后期俄罗斯的劳动教育地位弱化。俄罗斯中小学开设了"综合技术"课,并承担了以往劳动教育和综合技术教育在劳动技能、劳动观培养、生涯教育方面的功能。但总体而言,俄罗斯中小学生进行实践劳动的机会较少,几乎不参加体力劳动、社会公益性劳动及生产性劳动。劳动教育地位的弱化导致了一些错误价值观念的出现,如不尊重体力劳动、年轻人缺乏劳动积极性等。这样的生活态度和价值观引起了俄罗斯社会各界的担忧。在教育实践中,越来越多的中小学校通过制定《劳动教育条例》,在经过家长和学生本人同意的情况下,组织学生利用课余时间和假期参加力所能及的劳动活动。[2]

2015 年发布的《2025 年前俄罗斯联邦德育发展战略》指出,劳动教育是道德教育的主要内容,要吸收儿童参与劳动活动和社会公益性活动。通过劳动教育培养儿童尊重劳动、劳动者和劳动成果;培养儿童自我服务的技能及劳动的需求,以及认真、负责、创造性地对待劳动的态度;培养儿童合作劳动和独立劳动的能力,并能够正确评价劳动的意义和价值;促进儿童通过参加社会活动帮助其将来更加理性地选择职业。2016年,俄罗斯教育科学部部长在俄罗斯联邦委员会会议上倡议中小学校恢复劳动教育。[3]

1　汝骅.俄罗斯中小学的劳动教育与综合技术教育[J].苏州教育学院学报,2002,19(01):96—99.
2　姜晓燕.俄罗斯:重拾劳动的德育功能[J].平安校园,2018(12):82—83.
3　同上.

第二节　我国的劳动教育发展轨迹

我国自古以来就有劳动教育的传统。古代社会的"耕读"初具劳动教育的雏形。新民主主义革命时期将劳动教育同民族独立、人民解放相联系,凸显了劳动教育的社会功能,为中华人民共和国成立后劳动教育的探索奠定了重要基础。新时代劳动教育则在整合以往经验的基础上,致力于从理论和实践出发构建一个新时代劳动教育体系。

一、 古代社会的劳动教育

中国古代的劳动教育以"耕读"为特色,即书生一面耕作一面自学,或者指的是施教者通过在教育过程中增添耕作劳动的方式来教育学生。我们接下来的论述主要以后者为主。

这种"耕读"现象最早可以追溯到远古,《吴越春秋(吴太伯传第一)》论载:"尧聘弃,使教民山居,随地造区,研营种之术。……乃拜弃为农师,封之台,号为后稷,姓姬氏","后稷教民稼穑,树艺五谷;五谷熟,而民人育"。可见古代的教育是与生产劳动紧密联系在一起的,只不过当时还没有专设的教育机构,教育尚未从社会生产中分离出来。原始社会的生产力状况与社会发展程度导致了教育是与生产劳动相结合的;但事实上,古代中国在步入阶级社会后,各朝各代仍有关于"耕读"的记载。

西周时国学与乡学的学习内容有"礼、乐、射、御、书、数",其中"御",是指驾车。驾车是为了征战,也是为了生产。西周为了培养不脱离农业生产的士,还有"三时务农,而一时讲武"的说法。《尚书大传》载云:"糇锄已藏,祈乐已入,岁事已毕,余子皆入学。年十五始入小学,见小节,践小义焉;年十八始入大学,见大节,践大义焉。距冬至四十五日,始出学,傅农事。"此段话展现了从季节变化和农事耕作规律出发,使得教育与生产劳动相结合,大概意思就是乡中孩子在收割农作物结束后就去上学,在冬至之后的四十五天后就要离开学校参与到农事劳动之中。

孔子虽然强调学习礼乐仁义,一定程度上忽视了生产劳动,但他并没有完全对此排斥。春秋时的墨家私学,既是政治团体又是学术团体,师生"多以裘褐为衣,以跂蹻为服",既从事教学,也从事劳动生产,尤其是手工业生产。他们崇尚的是大禹"自操橐耜","沐甚雨,栉疾风,置万国","形劳天下"的刻苦精神。汉代独尊儒术,官学中抛弃了相关生产知识,除了那些因贫困而需要边读书边劳作谋生的学生之外,很难再看到"耕读"现象。例如仇览、匡衡、翟方进、公沙穆等人,都是靠做佣做工学成于太学的,这些可以算是原始的半工半读。[1] 汉代私学中却有较多关于"耕读"的记载。如郑玄"客耕东莱,学徒相随已数百千人"。孙期,在大泽中放猪,"远人从其学者,皆执经垄畔以追之"。晋朝的徐苗,边耕边教育,"乡邻有死者,便辍耕助营棺椁;门生亡于家,即敛于讲堂"。唐代的龚履素,"居南雪山三十余年,倾产买书,聚徒教授讲肆之暇,荷锄躬耕。弟子自远而至者,与均衣食"。宋代陆九渊在象山精舍,率领弟子开山造田,聚粮筑室,相与讲习,终于创下陆派学术与讲学的基地。[2] 元代"社学"制度中规定,"每社立学校一,择通晓经书者为学师,农隙使子弟入学。如学文有成者,申复官司照验"。"社学"是季节性的农耕与教育的结合。

　　明代吴与弼耕读结合的事例更为典型。"(与弼)居乡,躬耕食力,弟子从游者甚众。……(与弼)雨中被蓑笠,负耒耜,与门人并耕,谈乾、坤及坎、离、艮、震、兑、巽,于所耕之耒耜可见。归则解犁,饭糁、蔬豆共食。陈白沙自广来学,晨光才辨,先生(与弼)手自簸谷。白沙未起,先生大声曰:'秀才若为懒惰,即他日何从到伊川门下? 又何从到孟子门下?'一日刈禾,镰伤厥指,先生负痛,曰:'何可为物所胜?'竟刈如初。"明末清初的颜元的"耕读"不仅很好地践行了"耕读",更是将其上升到另一个新高度。颜元认为每个人都应该参与到生产劳动之中,且一生都在身体力行地劳动。他把礼、乐、射、御、书、数、兵、农、钱、谷、水、火、工、虞等经世之学作为教育内容。我们可以发现在这些教育内容之中,农事有着与礼乐、兵事同样重要的地位,他还在为门人所列的"教条"中专列"农学"一科。颜元主张通过"习行"来开展教育,他指出:"诗书六艺,亦非徒列坐讲听,要唯一讲即教习,习至难处来问,方再与讲。讲之功有限,习之功无已。"其中"习"并非我们今日所谓的学习,而是实践。农业生产技术的娴熟只有以实践为依托才能真正有所得。颜元门下既有学习礼乐的人,也有学习兵农水火的人,因此他通过"习行"不仅培养出农事劳作的能手,也培养出精于制作小仪器的学生。清代孙奇逢

1　刘阳月.浅析中国古代生产与教育结合的方式对现今大学生劳动教育的启示[J].市场周刊,
　　2018(8):205.

2　同上。

"率子弟躬耕，四方来学者亦授田使耕，所居成聚"。以上各朝代关于"耕读"的记载不过是历史长河中的几个案例，除此之外，中国古代的艺徒制其实也是教育与生产相结合的例子。如唐代少府监训练艺徒就有如下规定："钿镂之工，教以四年；车路乐器之工，三年；平漫刀稍之工，二年；矢镞、竹漆、屈柳之工，半焉；冠冕弁帻之工，九月。教作者传家技，四季以令丞试之，岁终以监试之，皆物勒工名。"这种艺徒制中的教育并非发生在正规学校之中，但在某种程度上也体现了古代社会中的"耕读"现象。

在上述历史记载中，我们可以清楚地看到，"耕读"现象始终贯穿于中国古代历史。中国古代社会，剥削阶级统治了几千年，教育与生产劳动严重分离，但为什么还会出现连续不断的"耕读"现象呢？

从历史上看，中国古代的耕读除了西周的官学里有一点点学"御"的记载外，基本上都是在私学里进行的。从私学的教师与学生这一对教学的参与者来看，施行"耕读"的多是贫困师生。这类私学往往教育经费有限，教师地位低下。郑玄家贫，孙期贫穷难以养母，徐苗、刘兰无一不是穷教书匠。陆九渊虽出身于大家族，但要创建象山精舍，还是心有余而力不足，他为了摆脱办学经费窘困的现状，甚至要依靠妻子的帮助。吴与弼负债难还，生理蹇涩，常以借谷度日。至于私学学生中贫穷潦倒，食不果腹，家贫无以自资的记载更是不胜枚举。清人李静山有诗云："蒙馆舌耕不自由，读书人到下场头。每逢年节先生苦，亲去沿门要束脩。"孔尚任也在给友人的诗中写道："算袋诗囊不离身，低垂白发走红尘。我通乐律君精历，都是长安乞米人。"孔尚任时任国子监博士，地位远远超过一般私学教师，他尚且如此，下层私学教师的窘况就更加可想而知了。教师的清贫，再加上他们的学生又多为广大民间子弟，为生计虑，边耕边读既可解决教书读书问题，又可缓解衣食温饱，产生于这种背景下的耕读结合，实际上是我国古代的半工半读。至于那些既躬耕田亩又读书自励的士子，更是以个体为单位的半工半读了。

把农耕当作培养道德的途径，还与中国古代士人的隐逸风气与山林文化密切相关。汉魏两晋南北朝以至隋唐，是我国山林文化的形成与发展时期，再加上佛道两家的影响，不少士人程度不同地吸取了佛道两家的出世观，如此便为古已有之的"退处则为乡党自好""穷则独善其身"的人生态度赋予了一种新的超脱精神，走上了所谓隐逸或隐遁的道路，因此这一时期出现了读书山林的风尚。东晋陶渊明"采菊东篱下，悠然见南山。山气日夕佳，飞鸟相与还。此中有真意，欲辨已忘言"的诗句，是这种志趣与情操的真实写照。就是在羽扇纶巾的诸葛亮身上也依稀可见隐逸风骨。他年轻时就曾打算过"躬耕南阳，苟全性命于乱世，不求闻达于诸侯"的生活，只是由于刘备求贤若渴，他才"遂许先帝（刘备）以驱驰"。读书山林的风尚在唐代更盛，北方的嵩山、中条山，南方的庐山是隐居读书人数最多的地方。比如庐山，有姓名可考的隐居读书者就有二十多人。之后各代读书山林的风气一直未减。躬耕田亩、隐遁山林是中国古代一大批知识分子的共同选择，他们结庐胜景，不求苟进，徜徉山水，寄情林泉，兼耕兼读，边耕边教，在这里领略人生的妙趣，同时在优美宁静的田园山水中陶冶性灵，培养德操。朱熹对白鹿洞书院"无市井之喧，有泉石之胜，真群居讲学、遁迹著书之所"的感叹是很有代表性的。因此，古代士子的隐逸风骨、山林读书、胜境讲学、陶冶性灵的传统是"耕读"现象产生的重要文化背景。

还有一些士子则把耕读结合作为实现自己改良社会幻想的一种途径。元代郑玉写过具有代表性的《耕读堂记》，指出："夫古之时，一夫受田百亩，无不耕之士，家有塾、党有庠、术有序，无不学之人。秦废井田，开阡陌，焚诗书，坑学士，先王之道灭矣。"西周的教育，尤其是乡学教育，多少有劳动生产的成分，汉兴以来"士农分矣"。作为一个知识分子，他毕竟看到了当时社会的劳心者与劳力者的分离，看到了这种社会现象给士农两个阶层带来的不良后果。他倡耕读结合，不仅是对劳心与劳力相分离的社会现象的抨击，也是对未来社会的憧憬。郑玉看到了历史与现实当中某些知识分子在学习与教学过程中尚未完全脱离农耕的事实，并幻想把这并不普遍的做法向全社会推广，幻想人人"尽耕田之力"，人人"有读书之功"，憧憬"厚人情，淳风俗"社会的到来，尽管这些主张有复古主义的倾向，尽管作为改良社会的一个药方，它无法在封建社会实现，但郑玉毕竟接触到了封建教育的一个痼疾，并提出了自己的解决办法，他的精神是可贵的。

元明清时期，地方设有教育农家子弟的社学，这些孩子以生产劳动为主，农闲时接受教育，这种教育基本属于蒙学阶段，是统治阶级利用教育推广教化、稳定秩序、发展农桑的重要措施。当然，它对于农家子弟文化水平的提高和农桑耕作技术的推广也是有很大作用的。

耕读结合在中国古代并不是普遍现象，特别是在高等教育阶段，只是少数地存在于私学教育之中，然而它的影响与作用却是不可忽视的。首先，耕读教育解决了一批青年士子读书受教育的问题，这些青年出身贫困，难以脱离农耕而又热望接受教育，耕读无疑给他们提供了接受教育的有利条件，扩大了教育的社会基础。其次，实施耕读者大多贫穷，所受教育又与生产劳动相结合，这样培养出来的知识分子容易走平民化的道路。私学教师中有大量不屑"仕进""事权贵"的人,如吴与弼、郑玉、颜元都是终身不仕,与下层劳动人民密切结合。他们的弟子胡居仁、陈献章、鲍元康等也是走平民化的道路。胡居仁一生布衣"鹑衣脱粟,萧然有自得之色"。胡九韶"家甚贫,课儿力耕,仅给衣食"。鲍元康分家财为十等,家财之一待亲友之有患难者,立社仓而不取其息,以其中之一赈济族党姻邻。这种平民化的知识分子对于文化教育的提高,对于维护百姓的权益是有所贡献的。"耕读"师生中当然也不乏日后成为富贵权势者,他们对于民间疾苦的留意是大大超过累世显宦后裔的。孙奇逢本人率弟子保卫容城及易州五公山,不顾个人安危,为保护百姓不受满清军队的蹂躏而奋起抵抗,即为一例。最后,耕读结合还是对传统观念的挑战。中国封建社会漫长,剥削阶级读书做官,鄙视生产劳动、贪图享受的观念毒害着知识分子。统治阶级以读书做官笼络收买知识分子,将一切荣华享乐的可能性作为诱饵吸引着他们。当读书做官、科举入仕向全知识阶层开放的同时,对知识阶层心灵的腐蚀便也开始了。利用耕作来使学生保持心地的纯洁,阻止或延阻腐化的进程,其用心是良苦的,这对生产劳动的观念无疑是一种挑战。[1]

二、 新民主主义革命时期的劳动教育

五四运动至中华人民共和国成立之前,反思中国传统教育并在学习西方先进教育思想的基础上对中国教育进行改革,是当时教育界的主流思潮。劳动教育成为教育界仁人志士们改革教育的一大重要方式。他们看到了劳动教育能够改变社会贫困状况,能够提升民众的知识与能力,当然更为重要的是,劳动教育可以为当时的革命事业服务来实现民族独立。劳动教育中国化的理念由此诞生。

"劳动教育"是中国语境中的一种特有表达,其目的是培养学生正确的劳动价值观,帮助学生形成良好的劳动素养。通过历史回顾我们已经知道"劳动教育"早已出现在我国古代社会的"耕读"之中。虽然"耕读"在当时是一种较为普遍的现象,但是中国却没有明确提出过具有现代意义的"劳动教育"概念,"劳动教育"更没有受到知识阶层的关注,当然也没有被纳入到主流正规的教育体系之中。[2]

1　陆信礼. 劳动教育应汲取传统智慧[EB/OL]. (2019 - 04 - 29)[2022 - 03 - 01]. http://www. shmbjy. org/item-detail. aspx? NewsID=10368. html.

2　罗生全,杨柳. 中国劳动教育发展 100 年[J]. 西南大学学报(社会科学版),2021,47(4):129—141.

教育思想随着社会历史的发展而不断更新。现代性"劳动教育"概念的诞生经历了新思想的引进、调适与创化的过程。"五四"前后，当时社会发出了实业救国、科技救国、教育救国的呐喊。学校作为社会改革的重要力量之一，主动回应社会呐喊，开始借鉴西方先进的教育思想和实践。众多民间教育社团相继诞生，通过各种方式来传播新思想，并通过各种教育实践来"启民智与开思想"。[1]

1917年，中华职业教育社成立并发布宣言："方今吾国最重要最困难之问题，无过于生计。根本解决，惟有沟通教育与职业。其目的在于为个人谋生之准备，为个人服务社会之准备，为国家及世界增进生产力之准备。"可以说，这一时期的职业教育为今后的劳动教育奠定了重要的基础。[2]

1923年，"中华平民教育促进会"成立大会成立，晏阳初在会上提出："平民教育的目的就是教人做人。做什么人？做整个的人：第一要有知识力，第二要有生产力，第三要有公共心。"平民教育思潮虽然在后期经历了分化，但诸如毛泽东等人却主动深入到人民大众之间，不仅给人民群众带去了基础性的生存知识，更是唤醒了民间的革命斗志，从而在促进战后劳动教育发展中发挥了重要作用。[3]

"五四"以来的"工读"思潮是近代中国教育史上早期教育与生产劳动相结合的思想实验。在"工读"思潮中，工读结合的模式使得知识分子与工农密切联系，随后也成为了革命根据地中劳动教育的重要方式。第一次国共合作期间进行了新学制改革，也因此使得学校教育有了一定的发展，但此时工农群众的学习意识和革命意识已经觉醒，因此当时的教育仍不能满足社会的需求。基于此，在继续坚持工读结合的基础上，中国共产党创办了一批农民学习、工人补习和培养革命干部的教育单位，积极探索出了劳动教育的具体实践形式。[4]

1934年，苏维埃文化教育总方针中明确提出"文化教育为革命战争与阶级斗争服务，在于使教育与生产劳动联系起来"。这一总方针的目的在于提升革命干部的文化素养，并使革命干部有意识地与工农群众紧密结合，从而为"将来完全消灭智力劳动与体力劳动之间的分别和对立"创造条件。基于此，苏区列宁小学实行了"半天在校学

1　罗生全,杨柳.中国劳动教育发展100年[J].西南大学学报(社会科学版),2021,47(4):129—141.

2　同上.

3　同上.

4　同上.

习,半天在家劳动"的教育制度。在课程设置中,苏区小学十分注重将知识教育、劳动教育和政治思想教育相结合。这种渗透着劳动教育思想的教育模式在让学生了解劳动知识、参与劳动实践的同时,尤其注重培养学生正确的劳动价值观,因而不仅是适应当时战争环境的重要举措,也为战后的劳动教育提供了宝贵的经验财富。除此之外,工农业余教育、师范教育、农业学校也都是苏区重视和探索劳动教育的重要体现。抗战时期,共产党在思想上仍旧强调要将教育与劳动紧密结合,在实践中则鼓励广大师生参加生产劳动,并注意将生产劳动列入教育计划中提升人民大众对其重视度。[1]

1939年,毛泽东在《青年运动的方向》这篇文章中讲到,延安的青年们开发了千亩万亩的荒地,在革命理论学习的同时,也从事生产劳动,是全国青年运动的学习模范。[2]

1941年,中共中央颁布了《关于延安干部学校的决定》。此决定中要求,凡带专门性质的学校应以学用一致为原则,课程设置要重视联系实际,安排校外各种实习活动。其中,延安大学规定教员和职员必须参加开荒种地、养猪、织布等生产劳动,学员参加生产劳动的时间不少于学习总时数的20%。[3]

解放战争时期沿袭了革命根据地关于劳动教育的优良传统。如山东省在1948年教育会议中提出,中学应继续实行"半工半读","以生产养学",普遍地组织学生或种菜、养猪,或开办各种手工作坊,或设购销门市部。[4]

通过上述关于旧中国劳动教育的历史回顾,我们可以了解到当时的劳动教育是与革命紧紧联系在一起的,即希望通过教育的改革来实现革命的成功,从而最终实现民族独立、人民解放。虽然这一时期将劳动教育同革命联系在了一起,但是此时的劳动教育带有明显的职业教育特点,或者说仅仅是用"劳动教育"替代了"职业教育",至于在"劳动教育"真正含义究竟是什么的问题上并没有进一步推进与探讨。当然这也是可以理解的,因为动荡的社会亟需找到一种摆脱战争的方法,而劳动教育恰恰能够锻炼干部与民众的体力,磨炼中华民族的战斗意志,因而劳动教育被高度重视。虽然这

1 罗生全,杨柳. 中国劳动教育发展100年[J]. 西南大学学报(社会科学版),2021,47(4):129—141.

2 同上.

3 同上.

4 同上.

样的劳动教育难免将"劳动"与"教育"进行简单机械的结合,但是我们同时也应该认识到,这一时期的劳动教育相较于古代社会的耕读结合下的劳动教育已经有了很大的提升,至少在目的上已经与社会发展进行了勾连,凸显了劳动教育的社会价值。因此,旧中国的劳动教育已经初具现代劳动教育的雏形了,为我们新时代劳动教育的探索奠定了重要的基础。

三、 新中国的劳动教育

新中国成立后,学校教育中明确了劳动教育的观念。但是,在不同的时期,人们关于劳动的看法也是不同的。探索新中国劳动教育的发展其实就是研究在一个新兴国家人们关于劳动教育的看法。而探索劳动教育概念的发展过程,再现特定历史条件下人们关于劳动教育及其活动的看法,有助于厘清并深化当下对劳动教育的价值和意义的再认识,更好地理解和把握劳动教育在立德树人以及培养全面发展的时代新人中的地位和价值。[1]

(一) 从毕业生出路思考劳动教育的政治伦理与社会秩序建构价值

劳动教育为新中国的建立作出了重要的贡献,但是在中华人民共和国成立后的最初几年,劳动教育却很少受到社会关注。新中国致力于发展科学的、民族的和大众的教育,因此召开了很多全国性会议来推进教育的改革。然而,这些重要会议以及相关会议报告上也鲜有劳动教育的身影。1952 年,教育部颁发了《中学暂行规程(草案)》《小学暂行规程(草案)》,其中提到对学生实施德、智、体、美等全面发展的教育,却未提及劳动教育。[2] 这与新民主主义革命时期强调教育与劳动相结合的做法以及与马克思主义的劳动教育观相去甚远。

从 1953 年开始,劳动教育被忽视的现象得到了改变,劳动教育重回大众视野。这主要与 1953 年暑假期间高小、初中毕业生的升学问题有关。为了解决毕业生的升学问题,人们开始从劳动教育中寻求出路。1953 年到 1955 年期间,中央的各级各类会议及领导讲话中无不强调要加强劳动教育。《人民日报》提出"引导农村高小毕业生参加农业生产,乃是解决他们的出路问题的基本办法"的社论。时任教育部副部长钱俊

---

1 周兴国,曹荣荣. 新中国的劳动教育:观念演变与发展[J]. 中国教育科学(中英文),2020,3(03):25—34.

2 同上。

瑞指出将劳动教育作为思想政治教育的重要内容,明确要求"大力加强劳动教育"。在1954年3月召开的全国文化教育工作会议上,劳动教育成为重要的议题。习仲勋在全国文化教育工作会议上指出"中学教育的任务,一方面为高等学校培养新生,另一方面为国家各项建设事业供应具有一定文化科学知识的劳动后备力量",因此要"积极组织和引导大部分高小毕业生和初中毕业生参加生产建设"。随后政务院发布了《关于改进和发展中学教育的指示》,改变了此前对劳动教育的忽视状况,并指出劳动教育是思想政治教育的重要内容。《教育部、高等教育部对高中毕业生进行关于升学的思想教育的通知》提出,"要使学生树立社会主义的劳动观点"。中小学教育的目的是培养全面发展的社会主义社会成员,激发人民群众的劳动积极性,端正人民群众的劳动态度,并树立劳动光荣的观念,更要将劳动看作是有劳动能力之人应尽的义务。小学教育是义务教育的基础阶段,因此要特别重视劳动教育,尤其注重树立学生的劳动意识;中学教育除了要为高等教育输送人才之外,更要注意为国家和社会培养出具有政治觉悟和文化素养的劳动力。[1]

新中国成立之后,劳动教育从最初的被忽视转变为后来的高度重视,这反映了劳动教育在解决社会问题中的重要价值,也促进我们进一步反思中小学教育的本质和主要目的。1954年,时任教育部副部长董纯才在《中国青年报》劳动教育座谈会上指出,劳动教育是实际工作中的一个带有根本性质的问题。[2] 劳动教育不仅事关劳动意识的提高,更是事关人民的思想政治觉悟,我们的学生不仅要认识到劳动最光荣,从而尊重和热爱劳动教育,还要意识到自己是社会主义中国的劳动者。中小学生学习劳动知识和技能,树立劳动正确价值观,就是为了能够更好地参与到劳动之中,从而成为社会主义事业的贡献者。[3]

这一时期主要从政治伦理和社会价值来建构劳动教育。虽然一开始是为了解决学校毕业生的升学和就业问题,但是学生的出路问题其实在深层上事关社会稳定和谐发展的问题,因为就业乃民生之本。而劳动教育能够提升人民群众的政治觉悟和维护社会稳定,是因为它能影响每一个社会成员的思想,只有深层的思想和观念发生了转变,实际中的民生就业和社会改革才能有序进行。这一时期对劳动教育的重视体现在各类

---

1 周兴国,曹荣荣.新中国的劳动教育:观念演变与发展[J].中国教育科学(中英文),2020,3(03):25—34.

2 同上.

3 同上.

会议文件、政府报告之中,这是劳动教育在政治语境中的反映。除此之外,劳动教育的社会价值还体现在相关理论的论述中,如曹孚在《劳动教育问题》中提出"劳动教育是共产主义道德教育的一个重要部分"。共产主义道德教育的要义之一就是通过劳动教育,促进学生身心发展,即一方面锻炼学生的身体;另一方面提升学生的思想认识,即提升学生对劳动重要性的认识,当然更为重要的是希望学生能将所学知识运用到实践之中。[1]

(二) 劳动教育的多重价值确认:从"加强劳动教育"到"教育与生产劳动相结合"

前一阶段的"加强劳动教育"强调的是从思想政治教育或共产主义道德教育的角度来开展劳动教育,让学生"更好地参加劳动"。1957 年则明确提出了"教育与生产劳动相结合",强调了劳动教育在政治发展、社会发展、教育发展以及人的全面发展方面的价值。自此,劳动教育的多重价值开始被确认。

1957 年,毛泽东在《关于正确处理人民内部矛盾的问题》中提到"我们的教育方针,应该使受教育者在德育、智育、体育几个方面都得到发展,成为有社会主义觉悟的有文化的劳动者。"这里指的是通过将教育与生产劳动相结合,培养出具有政治和文化双重素养,并兼顾脑力劳动和体力劳动的人。可以说,具有这样品质的劳动者也只能通过教育与生产劳动相结合的劳动教育来培养。1958 年 8 月,陆定一根据党中央召开的教育工作会议发表《教育必须与生产劳动相结合》,阐明中国共产党的教育方针是"教育为工人阶级的政治服务,教育与生产劳动相结合"。毛泽东在审阅该文件时写下:"儿童时期需要发展身体,这种发展要是健全的。儿童时期需要发展共产主义的情操、风格和集体英雄主义的气概,就是我们时代的德育。这二者同智育是连结一道的。二者都同从事劳动有关,所以教育与劳动结合的原则是不可移易的。"1958 年 9 月,中共中央、国务院发布《关于教育工作的指示》,明确指出"党的教育方针是教育为无产阶级的政治服务,教育与生产劳动相结合",强调"培养学生的劳动观点即脑力劳动和体力劳动结合的观点"。以上文件的颁布标志着教育与生产劳动相结合已经作为国家的教育方针加以确立,并且明确了作为教育内容和教育目标的劳动教育的地位。[2]

陆定一在《教育必须与生产劳动相结合》中指出:"教育与生产劳动结合,是社会主义革命所需要的,是社会主义建设所需要的,是建设共产主义社会的远大目标所需要的,是多快好省地发展教育事业所需要的。"这"四个需要"的论述再一次确认了劳动教

1　周兴国,曹荣荣. 新中国的劳动教育:观念演变与发展[J]. 中国教育科学(中英文),2020,3(03):25—34.

2　同上。

育的多重价值所在,即不仅具有促进教育全方位发展的价值,也具有促进社会发展的价值。除此之外,这种具有多重价值的"四个需要"勾勒了一个学习型社会:"就是使我国六亿人口,除了不能生产和不能学习的以外,人人都生产,人人都学习。"[1] 劳动教育多重价值的确立有助于提升社会对劳动教育的重视,但是过多内涵的赋予可能也消解了一部分劳动教育的核心要素和应有之义,如过多局限在劳动教育的思想层面和多面价值之中,而忽视了教育本质的育人属性。教育是关于人的事业,社会发展也是靠社会成员来推动,因此如果劳动教育中忽视了通过实践来育人,那么劳动教育的其他价值可能也只能成为空中楼阁。

当劳动教育发展至教育与生产劳动相结合的阶段,其就有了双重意蕴。一方面指向"劳动分子知识化"的"在劳动中进行教育",另一方面指向"知识分子劳动化"的"在教育中开展劳动"。前者是为了构筑一个学习型社会,后者是为了在中小学教育中纳入劳动教育课程。劳动教育的这种双重意蕴有助于勤工俭学的开展,"勤工"所带来的生产效益则充实了教育经费,教育经费的充实则尤能助力劳动教育的发展,以此进行的良性循环使得劳动教育真正展现出促进社会稳定和谐发展、促进教育高质量发展、促进个体全面发展的三方面价值。[2]

通过这一阶段劳动教育特点的回顾,我们发现劳动教育具有了促进社会发展、教育发展、人的发展的三重价值属性。但是我们也不应忽视多方价值确认之后出现的弱化劳动实践的缺陷。基于此,中共中央于1963年印发了《全日制中学暂行工作条例(草案)》《全日制小学暂行工作条例(草案)》,确立"以教学为主"的原则,帮助澄清劳动教育和教学之间的关系。

四、 改革开放后的劳动教育

(一) 不够平衡与不够充分的劳动教育(1978—2018 年)

1978 年的十一届三中全会拉开了中国改革开放的序幕,也使得中国的生产力和经济得到了飞跃式发展。社会主义市场经济的提出更是极大地促进了社会上各生产要素的流动,使得人人都可以根据自身情况充分发挥劳动的积极性,也涌现了一大批

1　周兴国,曹荣荣. 新中国的劳动教育:观念演变与发展[J]. 中国教育科学(中英文),2020,3(03):25—34.

2　同上。

创造性劳动者。随着物质逐渐丰盈,我国的教育事业也在不断进步。教育事业的飞速发展不仅受益于物质财富的提升,也反过来改善了民生、就业等社会诸多领域。但教育发展又从来都不是一帆风顺的,这一时期的学校教育处在不够平衡和不够充分的困境之中。这些困境的出现,一方面是学校中的劳动教育跟不上学校教育的发展步伐,唯分数造成的学生课业负担和应试压力使得劳动教育不得不偏居一隅,长期无法得到重视;另一方面是社会上一些错误价值观的存在,如少许社会成员缺乏为人民服务的觉悟。[1]

错误价值观一方面表现在,狭隘地理解"劳动者"的内涵与外延。随着国民素质不断提升的是全社会对劳动和劳动教育概念理解的窄化,具体可以表现为社会和家庭普遍认为体力劳动者是"劳动者",而公务员、律师、医生等就不是"劳动者"。虽然我们都明白在以马克思主义作为发展向导的中国,"劳动"是一个褒义词,具有积极正向的内涵,任何一个行业中的工作人员作出的贡献都应该是劳动,但是我们却也倾向于只将普通劳动者,尤其是体力劳动者,视为"劳动者"。出现这种错误价值观的原因,首先是传统价值观的错误引导,如"学而优则仕""万般皆下品,唯有读书高"等观念的影响;其次还在于民众错误解读了一些政策性文件,如《国家中长期教育改革和发展规划纲要》(2010—2020 年)仅在"大力发展职业教育"中提出要"满足经济社会对高素质劳动者和技能型人才的需要",而将高等教育的培养目标定位于培养"信念执着、品德优良、知识丰富、本领过硬的高素质专门人才和拔尖创新人才",这其实是不同教育类型侧重点的不同,职业教育与高等教育也不应该有高低优劣之分,但是民众可能会误将侧重点作为劳动等级划分的依据。[2]

错误价值观另一方面还表现在把"读书"与"劳动"相分离。从教育领域来看,按照传统,我们往往习惯将"读书"归于智育,而"劳动"则属于劳动教育。但事实上,随着新时代劳动出现新形态,产业出现新业态,劳动早已从生产性劳动转变为了包括生产性劳动在内的服务性劳动与创新性劳动,即便是体力劳动,目前也融入了更多的智力性因素。因而在新时代我们完全不能将"读书"与"劳动"进行割裂。从教育评价来看,长久以来我国主要还是通过考试和分数来评定教育成果,因而学生笼罩在应试教育的学业压力之下,大部分学校也往往只注重系统性科学知识的识记,而忽视了要通过劳动

1 刘长海,龚慧香.中国学校劳动教育的回望与前瞻[J].江苏教育,2021(67):25—31.
2 同上.

实践来促进学生的全方面发展。在当今这样一个飞速发展的时代,手脑分离是培养不出社会主义事业的合格建设者和可靠接班人的,因而强调劳动教育,强调身心并用、手脑合一是新时代社会主义中国教育事业的应有之义。

(二)愈发被重视的劳动教育(2018 年全国教育大会后)

在 2018 年的全国教育大会上,习近平总书记铿锵有力地提出了"劳动最光荣、劳动最崇高、劳动最伟大、劳动最美丽"的劳动观,并关切地指出希望我们的学生要学会"辛勤劳动、诚实劳动、创造性劳动"。在 2020 年全国劳动模范和先进工作者表彰大会上,总书记又明确提出"把劳动教育纳入人才培养全过程,贯通大中小学各学段和家庭、学校、社会各方面,教育引导青少年树立以辛勤劳动为荣、以好逸恶劳为耻的劳动观,培养一代又一代热爱劳动、勤于劳动、善于劳动的高素质劳动者"。

以习近平总书记为核心的党中央高度重视新时代劳动教育的发展,2020 年发布了《关于全面加强新时代大中小学劳动教育的意见》,从宏观角度澄清了新时代劳动教育发展方向,随后教育部还印发了《大中小学劳动教育指导纲要(试行)》,从更为微观具体的视角入手阐明了大中小学劳动教育施行的要点。

劳动在创造个体生命价值和创造人类历史中具有重要作用。《中华人民共和国宪法》规定:中华人民共和国公民有劳动的权利和义务。因此,劳动对于新时代的社会主义事业具有举足轻重的地位,我们应该帮助新生一代抵御不劳而获的错误价值观,帮助他们树立自力更生创造美好生活的正确价值观,同时鼓励我们的学生在集体中通过合作劳动不断提升自身的社会责任感,最终促进整个社会的和谐稳定发展。

第二章

阐述：
"新劳动教育"的理论解读

新时期,对劳动教育的意义及价值有了新的追求,劳动教育的实施从一校范围走向家庭、社会协同育人的维度,"新劳动教育"应运而生。在传统价值引领的基础上,回应时代需求,以"从小热爱劳动"为宗旨,以"丰富自我,理解社会"为目标,面向儿童发展、面向乡村振兴、面向家校共育,实现劳动育人。

第一节 "新劳动教育"的价值定位

在 2018 年的全国教育大会上,习近平总书记再次强调"劳动最光荣、劳动最崇高、劳动最伟大、劳动最美丽",学生要学会"辛勤劳动、诚实劳动、创造性劳动"。[1] 在 2020 年的全国劳动模范和先进工作者表彰大会上,他又明确提出"把劳动教育纳入人才培养全过程,贯通大中小学各学段和家庭、学校、社会各方面,教育引导青少年树立以辛勤劳动为荣、以好逸恶劳为耻的劳动观,培养一代又一代热爱劳动、勤于劳动、善于劳动的高素质劳动者"。[2] 习近平总书记系列讲话表达了党和国家对劳动教育的重视。

一、 基于价值引领

(一) 劳动创造了人本身

古人言,无劳动不成人。劳动对人、人类的生产和人类社会的形成和发展具有根本的规定性意义,这是马克思主义劳动观的基本判定。[3] 可以说,人类是劳动的产物,以劳动为基础,开始学会生存;也是在劳动过程中,人类的双手、大脑等身体能力得以发展,思维、语言逐渐出现,人类生活由此展开。劳动教育的意义不仅在于让受教育者学会基本的劳动技能,得以谋生,更重要的是能够在劳动的过程中彰显自身价值并享受为社会创造价值的乐趣。

马克思认为劳动是人类的本质,是人的存在方式,消灭"异化劳动"是对人的本质

---

1 习近平. 坚持中国特色社会主义教育发展道路 培养德智体美劳全面发展的社会主义建设者和接班人 [EB/OL]. http://www. moe. gov. cn/jyb_xwfb/s6052/moe_838/201809/t20180910_348145. html.

2 习近平出席全国劳动模范和先进工作者表彰大会并发表重要讲话[EB/OL]. http://www. gov. cn/xinwen/2020—11/24/content_5563856. htm.

3 张自永. 身体规训与人格塑造: 建国以来我国劳动教育的理论反思[J]. 贵阳学院学报(社会科学版),2019,14(03): 29—33.

的回归,因此劳动的内涵是人类本质的实现。[1] 劳动的范围不局限于单一的生存手段,而是回归到人本身,实现真正意义上的劳动育人。基于此,劳动教育也不仅仅是简单地传递劳动知识和技能,而是要呼应教育育人的本质,满足人的发展需要,帮助实现自身价值和社会价值。新时代的劳动教育,在曾经作为培养人的工具意义的基础上,着眼于人的价值需求,逐渐走向寻求存在价值。

(二) 劳动是幸福的源泉

幸福感不是一种感觉,而是从创造幸福到体验幸福的全过程,也是从浅层次的幸福到深层次幸福的提升过程。实现成长和创造,实现自我和社会的价值。[2] 劳动过程是"制造使用价值的有目的的活动,是为了人类的需要而对自然物的占有,是人和自然之间的物质变换的一般条件"。[3] 因此可以说,劳动是幸福实现的基础,劳动不仅使人的需要得到满足,并且随着社会实践的发展也不断创造新的需求。享用功能是使每个个体实现其某种需要、愿望,从中体验满足、快乐、幸福,获得一种精神上的享受。[4]

与"劳动光荣"不同,劳动幸福在更高的意义上是主体的深层愉悦与体验的问题,相比于"光荣"这种依赖于外在肯定和认同的荣誉,劳动的幸福却是依赖于内在体验的。劳动自身就蕴含着精神和心理上的满足与享受,劳动教育的本体价值就根植于它能够使劳动的享用功能得以充分实现。

二、 回应时代需求

(一) 指向构建命运共同体

人类只有一个地球,一个世界。2011 年《中国的和平发展》白皮书提出,要以"命运共同体"的新视角,寻求人类的共同利益和共同价值的新内涵。[5] 2012 年 11 月中共十八大明确提出要倡导"人类命运共同体"意识。当今世界面临着百年未有之大变局,

---

1 张旸,陈珊珊. 中小学劳动教育的价值困境与本真复归[J]. 现代教育管理,2021(11):11—18.

2 娄雨. 什么是"劳动的独特育人价值"——论劳动之于"体、技、心"的教育意义[J]. 中国教育学刊,2020(08):12—17.

3 张旸,陈珊珊. 中小学劳动教育的价值困境与本真复归[J]. 现代教育管理,2021(11):11—18.

4 鲁洁. 试论德育之个体享用性功能[J]. 教育研究,1994(06):46—47.

5 孔寒冰. 新形势下更应以平和心态看世界[J]. 人民论坛·学术前沿,2020(07):51—57.

粮食安全、资源短缺、气候变化、环境污染等全球非传统安全问题层出不穷,对国际秩序和人类生存都构成了严峻挑战。近年来,随着新冠肺炎疫情在全球肆虐,叠加极端天气增加等环境变化,地球生命正在经受考验。面对生态问题的挑战,全地球生命是一荣俱荣、一损俱损的命运共同体。2021 年 10 月 12 日,《生物多样性公约》第十五次缔约方大会领导人峰会在昆明举行,聚焦全球生物多样性保护,倡议共建地球生命共同体,实现人类和地球的可持续性一体化发展。

"劳动首先是人与自然之间的过程,是人以自身的活动来中介、调整和控制自然和自然之间物质变量的过程。"[1]在人与自然交互的过程中,人类借助劳动实践作用于自然并改变自然,同时也改变着人类自身。原本人类在与自然的交互过程中,人类与自然相互促进、相互成长。然而,在资本主义创造的异化劳动世界中,人类的生产沦为动物式的片面生产,不再是按照美的规律来进行构造活动。此时,无论是自然界还是人类的能力,都表现出了异己的本质,变成仅仅是维持个人生存的手段。因此,在异化劳动中,人与自然的关系逐步异化,工人为了生存,资本家为了逐利对自然界展开疯狂掠夺,构成了严峻的生态危机。

而在作为人类自我异化扬弃的社会主义制度下,劳动不再是异化的、外化的、脱离人类的生活本质的东西,劳动者在劳动过程中占有人本应该具有的本质,在劳动中不断肯定自己,在劳动中创造幸福,在劳动中体现人与人之间的平等关系,在劳动活动中促进人与人、人与社会、人与自然的和谐共生关系。因此,生态文明建设不仅需要通过外在的自然修复以维持生态平衡,更需要在劳动教育中引导生态价值取向、生态人格品质的平衡。在推动人与自然和谐共生的过程中,还需要通过劳动教育实践活动培育青年学生尊重自然、顺应自然的生态价值观,培塑青年学生绿色生活方式,推动绿色生产发展,践行保护自然的实际行动,从而推动人与自然的和谐共生。

(二)指向教育教学改革

为了加快推进教育现代化,建设教育强国,办好人民满意的教育,2019 年 7 月 8 日,中共中央、国务院发布《关于深化教育教学改革全面提高义务教育质量的意见》,明确提出"坚持立德树人,着力培养担当民族复兴大任的时代新人"。立德树人是教育的根本任务。"培养什么人、怎样培养人、为谁培养人"是教育的根本问题。2018 年全国教育大会的重要讲话指明,我们办的是社会主义教育,必须坚持教育为人民服务、为中

---

1 马克思.资本论:第一卷[M].北京:人民出版社,2004:57.

国共产党治国理政服务、为巩固和发展中国特色社会主义制度服务、为改革开放和社会主义现代化建设服务。与此同时,现代技术的快速发展和对人才需求的变化,对劳动教育提出了新的要求。坚持"五育"并举,全面发展素质教育成为新时代教育教学改革的目标追求,要求必须充分发挥劳动综合育人功能。

面向未来人才培养需求,"新劳动教育"包括学习和体验以科学知识为基础的有技术含量的现代劳动。"新劳动教育"提出"从小热爱劳动"的目标,突出强调指向劳动价值观的劳动教育思想,实质上是从"立德树人"的视角对劳动教育的时代诠释和重新架构,是立足于人的全面而个性自由发展的教育形态。它以让学生回归生活,在实践中创新,学会合作分享为基本原则;以实践为价值取向,基于真实情景开展学习,并以正心立德、劳动育人作为基本定位,在传统劳动教育的基础上,进一步丰富劳动教育的内涵,实现从被动到主动的历史创新,从静止到发展的内容创新,从工具到存在的功能创新,从单一到整合的实践创新,使其成为实践育人的重要途径。[1] 通过"新劳动教育"的实践体验,感受到劳动的艰辛,体会在劳动中发现大自然对人类的奉献;感到劳动有趣,在劳动中发现自我才能,获得成长乐趣,促进学生德智体美劳全面发展。[2]

(三) 指向新农村建设

党的十九大报告提出了两个目标:一是优先发展教育,推动城乡义务教育一体化发展,高度重视农村义务教育;二是实施乡村振兴战略,总体要求是产业兴旺、生态宜居、乡风文明、治理有序、生活富裕。[3] 这两个目标相互影响、相互作用,发展教育是乡村振兴的必由之路。目前,城乡教育水平差距较大,这意味着在城市与乡村实施劳动教育不应一概而论,而应根据城市和农村不同的教育环境因地制宜开展劳动教育。其中,乡村资源是劳动教育资源开发的重要源泉,依托乡村得天独厚的地理环境优势设计探索劳动实践课程,是发展乡村劳动教育的切入点和突破口。

"新劳动教育"结合国家新农村建设战略,"新劳动教育"将劳动教育场域拓展到乡村,利用乡村自然资源、农业资源、农耕文化资源、农民资源丰富劳动教育课程内容,搭建新的实践平台、师资队伍,开辟劳动教育乡村发展的新路径,创"新劳动教育"协同化

1 章振乐.杭州市富春七小:新劳动教育课程学习的探索[J].中国德育,2019(06):52—54.
2 章振乐.办落地有痕的劳动教育——浙江省杭州市富阳区富春第七小学的"新劳动教育"实践[J].福建基础教育研究,2019(11):4—7.
3 张国岩.小学劳动课程建设:助推乡村教育振兴[J].现代教育,2020(03):27—28.

发展的新格局。

在参与劳动教育的过程中,可以加深学生对农业农村的了解,引导学生理解新时代农业农村工作的战略重点、政策体系及战略影响,思考乡村振兴战略实施与农业农村创新驱动发展的新动力、新思路和新策略,进而理解乡村振兴战略对中国特色社会主义新时代决胜小康社会、实现农业农村现代化的重大意义,认识我国农业农村社会变革的大趋势和新机遇,有助于培养学生未来服务乡村振兴的意识。[1] 通过劳动教育还可以促使学生用辩证的思维提升乡村治理的效率,用创新的思维促进乡村振兴的发展,用战略的思维谋划农业农村的全局。

三、 实现劳动育人

(一) 形成健全人格

劳动教育作为促进人自由全面发展的育人活动,对人格的形成具有重要作用。人格又称个性,是个人带有倾向性的、本质的、比较稳定的心理特征(兴趣、爱好、能力、气质、性格等)的总和。[2] 青少年人格发展出现在 13—18 岁期间。在这一阶段,青少年个体意识逐渐成熟,知识经验积累逐渐丰富,抽象思维能力在得到发展的同时,逐步形成了较为稳定的人生观和世界观。当前,受社会转型及不良风气等复杂环境的影响,加上青少年生长发育期间心智尚未成熟,人格发展面临独立人格缺失、集体人格不足、社会人格不显等问题。

独立人格缺失是指青少年在成长过程的某一阶段所表现出来的人格依赖性、盲从性,缺乏独立性、自主性。集体人格不足则是缺乏集体意识和团结合作精神,社会人格不显是指孩子们尚未养成良好的奉献习惯,不能主动承担身为社会成员的责任与义务。[3] 究其原因,首先,很大部分是家长们宁愿让孩子花更多时间在学习上,也不愿意让他们做该做的事,长此以往,孩子们越来越依赖家长;其次,学校在一定程度上弱化了劳育,学生缺乏集体劳动的机会,导致劳动技能欠缺;最后,受社会价值观影响,在意识上总把体力劳动与贫穷落后捆绑在一起,容易导致孩子们瞧不起体力劳动,不愿参

---

1 鲍文,黄茜. 现代农业创新与乡村振兴战略课程大纲探讨[J]. 现代农业科技,2019(03):254+256.

2 赵培尧. 将劳动教育融入青少年的人格培育[J]. 现代教育,2020(09):28—30.

3 同上.

加体力劳动,进而出现浪费粮食、不珍惜劳动成果的现象。

青少年人格教育需要劳动教育,劳动教育可以激发青少年对劳动的兴趣与热爱,可以磨砺青少年意志,提升其劳动能力,可以潜移默化地养成青少年的劳动习惯,培养青少年独立人格、团结合作精神及奉献人格,形成尊重劳动、尊重创造的思想意识,进而形成重视劳动、劳动光荣的价值理念,逐渐形成艰苦奋斗、不畏困难、敢于拼搏的气质和性格。

(二) 促进身心健康

"劳动首先是人和自然之间的过程,是人以自身的活动来中介、调整和控制人和自然之间的物质交换的过程。"[1]身体是生命力的物质承担者,是有行为知觉、能自由活动的有机体。人类对身体的规训,是一种主观能动的表现,它着意通过文化、权力或道德等因素,对人的身体进行自我改造,而唯一的形式就是劳动。[2] 因此劳动教育最基础的价值,就是回归最朴素的身心培养,实现一个人与自己身体的协调与和解。

无论是何种形式的劳动,都一定能还原到对劳动者身体的使用上去。如陶行知说"人有两个宝,双手和大脑。双手会做工,大脑会思考",完整的劳动教育是整个身体的运用能力促进而不是限于手(技能)的培养。出于身体培育的立场,劳动教育是要教会学生正确使用自己的体力,能灵巧地运用自己的身体并实现各部分之间的协调,尤其是在与外界、对象的互动关系中感受到这些,同时还要学会维持自己的体力。因此,在劳动教育中不能将体力和脑力对立起来,尤其不宜过早排斥劳动教育中的体力部分,健康首先是身体的健康,能力首先是身体的能力,勇敢首先是身体的勇敢,美德首先是身体的美德。要让孩子体会到,劳动在劳累的同时也富有趣味;在使用体力的同时也要发展体力,在坚持和忍耐的同时也能发展出熟练和轻快。

在心理健康层面,劳动教育本身相对于学校其他学科教育来说,成效不是在同伴之间的竞争、排名比较,而是具体落实到某项实用性劳动技能的掌握、劳动精神的领悟方面,这种掌握、领悟并不存在排他性和唯一性,每个人都可以成为第一名。并且,这种知识、技能的习得与掌握,同样需要参与者付出相当的精力与努力,克服劳动过程中

---

1 娄雨.什么是"劳动的独特育人价值"——论劳动之于"体、技、心"的教育意义[J].中国教育学刊,2020(08):12—17.

2 张自永.身体规训与人格塑造:建国以来我国劳动教育的理论反思[J].贵阳学院学报(社会科学版),2019,14(03):29—33.

的困难与挑战,进而在这一过程中产生积极的成功性体验,以提升学生的自我效能感,侧面达到提升学生心理健康水平的目的。同时,劳动教育的内容偏重具体的劳动实践活动,在与同伴一起参与劳动活动的过程中,可以创造出共同参与的场景,学生能够学习如何表达自己的想法、观念,学习并掌握人际交往的技巧,建立良好的人际关系,学会团结合作,有效应对成长过程中的挫折与挑战。

(三) 树立理想信念

苏霍姆林斯基曾说:"对于真正的劳动,儿童感到的失望比他感到的疲劳还来得更早些。"[1]儿童在开始接触劳动时,是完全稚嫩、尚未领会劳动意义的阶段,他们"对自己力量的意识和对事物的主宰感越强烈,他们克服困难的精神就会越顽强和坚韧,日常的平凡劳动在他们看来就越有趣"[2]。

劳动教育最终的落脚点是价值观培育。首先,要帮助儿童建立正确的劳动价值观和劳动品德。通过劳动教育,使劳动者明确劳动在个人成长及社会、国家发展中的重要作用,在此基础上形成正确的道德认知。通过弘扬"体面劳动"观念,使人们认识到"体面劳动是合道德的劳动,不体面劳动自然是应该受道德批判的劳动";通过树立"劳动幸福"的观念,批判享乐主义和拜金主义,引导形成以热爱劳动为荣、以好逸恶劳为耻的价值观;通过阐发劳动的多维价值,使人们认识到并非只有创造经济效益的劳动才是有价值的劳动,避免唯利是图、功利主义的价值取向,培育讲规则、守诚信、求合作、谋共赢的道德观念。

其次,劳动教育不仅是培养学生的劳动素养,树立劳动价值观,提高实践能力,厚植劳动情感,还可以与智育、德育、体育、美育融合。在劳动的过程中,促进对劳动知识与技能的掌握,引导世界观、人生观、价值观体系的建构,提高身体素质,培育感知、想象和欣赏美的情感,增强学生的综合素质。劳动教育与其他四育的互蕴互融,浸入人的身心发展的各个方面,促进知情意行的统一,发挥综合育人价值。

---

1 朱丹. 论劳动教育[J]. 河南教育(基础版),2020(Z1):14—16.
2 B. A. 苏霍姆林斯基. 苏霍姆林斯基论教育[M]. 北京:教育科学出版社,2019.

第二节 “新劳动教育”的内涵解读

在新时代的劳动教育中,劳动被赋予了新的意义。“新劳动教育”全面育人、综合育人、实践育人,是以提升学生劳动素养的方式促进学生全面发展的教育活动。

一、 明确“新劳动教育”的时代使命

随着21世纪经济全球化趋势的进一步加深,产业结构由工业经济向“知识经济”过渡,间接劳动、脑力劳动、创造性劳动等新劳动形态逐步取代直接劳动、体力劳动、重复性劳动,人类劳动正在发生根本变化。明确学校劳动教育的时代使命是我们构建“新劳动教育”体系的前提。为此,杭州市富阳区发布《“新时代劳动教育”指导意见》,对这些历史性变化作出及时回应。

首先,信息时代带来新的生产方式和劳动方式,消费性劳动更是成为主流。认为生产就是劳动是狭隘的、传统的劳动观,新时代的劳动教育不应过分强调“生产劳动”属性,而应突破生产性劳动的空间,将劳动延伸到消费领域,拓展劳动的时间与空间。富阳明确提出“大中小学应开设农事特色课程,从栽种到收获,让学生全程参与劳动”,鼓励“开展财商课、举办美食节等活动,利用劳动成果买卖,对学生进行生活理财、消费指导等现代生活的商品劳动体验”,让学生在生产性劳动中感受“劳动创造价值”的同时,更能在其后延伸的消费性劳动里培养商业服务意识,让劳动成果由“产品”转为“商品”,理解“消费是生产的根本目的”。

其次,伴随劳动分工日益细化,产业门类更加多元,劳动力结构的变化在为青少年施展特长、实现自我方面提供了广阔的舞台,也对大中小学学生的劳动素养提出了更高的要求。富阳建议应“利用富阳区数字赋能优势,在劳动教育基地建设与课程开发中引入现代科技,整合并活化物化知识,提高学生对高科技技术产业的认知和探索”。此外,为了激发创新创造能力,富阳提出“向全区发布劳动任务清单,明确规定劳动任务的底线要求,切实考核学生劳动成果,支持劳动成果展示多样化、评价方式多维化”。“新劳动教育”不再是狭义的劳动技术教育。它要让学生在劳动实践中练就过硬本领,

掌握新时代劳动素养所需的知识、技能、思维等,成为知识型、技能型、创新型的高素质劳动者,在劳动中塑造自己,获得全面发展。

最后,依靠劳动为人类谋福利是马克思主义劳动观的重要思想,新时代的劳动教育更是与中国特色社会主义事业建设息息相关。新时代劳动教育呼唤时代新人的新担当。富阳对志愿服务类劳动提出具体建议,将环境保护、尊老爱幼、社会治理、民主建设、民族精神、文化传承等社会话题融入劳动实践。学生在劳动中学会建设世界,不同社会群体间因为辛勤劳动、诚实劳动、创造性劳动这一共同点,相互理解尊重,产生认同感,增强对劳动人民的感情,把个人成长与人民的需要、民族的振兴、时代的使命紧密联系在一起。

二、 破解“新劳动教育”的内涵定位

新时代的劳动教育具有新的内涵和定位,它不再是狭义的劳动技术教育。新时代的劳动教育应当着力破解和实践“新”“劳”“育”三个关键字。

“新”:在对传统劳动教育扬弃的基础上,坚持立德树人的根本任务,强调与新时代相呼应,发挥劳动综合育人价值,赋予劳动教育新的内涵。面对浙江富裕起来的一代人的全面发展、健康成长这一新的时代需求,重新界定劳动教育的新目标,注重让学生懂得“劳动是财富的源泉,也是幸福的源泉”,注重勤俭节约,爱惜劳动成果,注重尊重劳动人民、学会劳动,培养吃苦耐劳、艰苦奋斗的精神,培养有理想、有本领、有担当的时代新人。

“劳”:培养学生“从小热爱劳动”,在劳动教育中培养其正确的价值观。首先,以劳动教育为核心,贯穿学校教育的始终和育人体系的方方面面;其次,“新劳动教育”以体力劳动为主,不因现代科技智能化发展而弱化体力劳动,要让学生在实践体验中经历劳动创业的艰辛,体会劳动的意义,培养奋斗精神;最后,“新劳动教育”从小学一年级开始,在学生成长初期进行正确的劳动价值观教育,培养“从小热爱劳动”的精神品质。

“育”:从知识到实践,从活动到课程,根据教育目标,针对不同学段、类型学生的特点,以体力劳动为主要内容开展劳动教育,通过真实情境中的劳动实践,体验父辈曾经经历过的那些改变落后面貌的奋斗历程,体验现代生产劳动、服务性劳动、创意竞争的艰难历程。“新劳动教育”以劳动教育为核心,在与德育、智育、体育和美育的融合实践中,将理论学习和实践锻炼相结合,将劳动教育与其他教育活动相结合,将培养学生勤俭奋斗的传统美德与现代教育技术的新手段相结合,让学生主动选择、主动获取,成

为自身成长的力量。

富阳的"新劳动教育"源于劳动,又不止于劳动,而是将"五育"融合起来。我们不仅要对学生进行劳动技能的培养,提高他们动手实践的能力,更重要的是以劳动为载体,进行树德、增智、强体、育美的教育,引导儿童通过劳动提升生命力,培养儿童通过劳动形成正确的价值观,鼓励与塑造他们创造幸福生活的能力,形成崇尚劳动、重视劳动的教育氛围。新时代的劳动教育走的是整合性的教育道路,学校努力构建一个劳动教育的综合体。[1]

三、 厘清"新劳动教育"的目标追求

(一) 丰富自我

一是走出小我,善"小我"济"大我"。引导学生在劳动中提升自己,在奉献中成就自我,践行"幸福是奋斗出来的"劳动观,把个人成长与人民的需要、民族的振兴、时代的使命紧密联系在一起。引领学生争做有智慧、有技术、能发明、会创新的劳动奉献者,明道德、立志向、修品行、练本领,学会责任与担当。

二是追求新我,激发创新创造。"新劳动教育"主张让学生在劳动的过程中学会不盲从、不迷信权威,不简单地全盘吸收书本知识;在劳动的过程中求真、求新,学会质疑和创造;变知识的接受者为知识的创造者,塑造实事求是的"独立"品格。

三是以劳动为熔炉,锤炼真诚之我。发挥"劳动独特育人价值",培养崇尚劳动、尊重劳动的意识。好的劳动教育,就像一个熔炉。不管是学校的课程环节,还是家庭生活实践,在接受熔炉冶炼后,不仅个体人格得到完善,世界观、人生观、价值观得到锤炼,同时人与人之间增加理解和爱,不同社会背景家庭中出来的社会成员有更多的认同感与共识度,从而实现强化与劳动人民血肉相连的劳动者身份认同,促进全社会各种劳动者凝聚人心融合团结。[2]

(二) 理解社会

1. 理解历史与当代

一方面,在乡野生活中亲近自然,在劳作采收中获取知识,了解传统的乡土文脉;

---

1 章振乐.办落地有痕的劳动教育——浙江省杭州市富阳区富春第七小学的"新劳动教育"实践[J].福建基础教育研究

2 杨斌.劳动教育的熔炉价值[J].教育家,2021(04):73.

另一方面,产教融合,结合产业新业态、劳动新形态开展"新劳动教育",让学生体验当代的一切新技术、新思维、新生活方式。学会面向创新时代,理解传统型劳动与创新型劳动的关系。

2. 理解生产与消费

学生在生产过程中直接经历物质财富的创造过程,更好地理解劳动创造价值。"新劳动教育"突破劳动成果层面,将劳动产品延续至商品层面,通过财商课等形式培养商业服务意识,理解消费是生产的根本目的。

3. 理解虚拟与真实

"新劳动教育"面向真实的生活世界和职业世界开展劳动实践体验活动,让学生面对真实的个人生活、生产和社会性服务任务情境,亲历实际的劳动过程,善于观察思考,注重运用所学知识解决实际问题,提高劳动质量和效率。[1] 与此同时,利用信息技术赋能,重视生产劳动锻炼,积极参加实习实训、专业服务和创新创业活动,重视新知识、新技术、新工艺、新方法的运用;采用 VR 沉浸式职业体验(救火、救援等危险性职业)等新技术,理解手段是虚拟的,但模拟对象依然是真实的劳动世界。

4. 理解本土与全球

"新劳动教育"主张让学生在劳动中了解新国际劳动分工、知识经济特征;明确全球人才竞争、劳动素质新要求;理解社会主义与资本主义制度的区别。学校、家庭、社会追求探索具有中国特色的劳动教育模式,因地制宜地开发具有本土特色的劳动资源。最终,帮助学生适应全球化竞争、适应数字化生存、适应创意经济。

四、 把握"新劳动教育"的本质特征

(一)与新时代发展同步

过去,我国生产力水平较低,当时的劳动教育对于个体而言,其基本价值在于工具性的谋生手段。作为工具性的劳动教育,更多的是解决个体的谋生问题。在这种情况下,人更多的是被劳动所奴役,此时的劳动对于个体来说,是一种不得不为的无奈之举。[2]

新时代,社会主要矛盾转变。随着社会生产力的快速发展,温饱问题得到解决。

---

1 王翠珍. 中学历史教学中劳动观念的培养[J]. 工业技术与职业教育,2021,19(04): 112—114.

2 班建武."新"劳动教育的内涵特征与实践路径[J]. 教育研究,2019(01): 21—26.

当前,我国社会主要矛盾是人民日益增长的美好生活需要和不平衡不充分的发展之间的矛盾。同时,劳动形态的急剧变迁,劳动自身的存在性价值将会日益凸显。当代劳动教育对于个体而言不仅具有工具性的外在价值,更具有存在性的内在价值。[1] 新时代的劳动教育越来越成为当代人最重要的存在方式。

总之,在立场上,"新劳动教育"倡导以一种自觉的意识和主动的态度迎接新时代的社会挑战;在功能上,"新劳动教育"强调劳动之于个体的存在性价值,目的是赋予个体在劳动教育中获得自我存在的价值感和意义感,丰富其关系属性并提升其审美人格;在实践上,"新劳动教育"走的是整合性的教育道路,追求的是科学性和专业化的实现路径,最终完成的是一种作为学校文化的劳动教育。[2]

(二) 与学校建设同步

2009 年,杭州市富阳区富春第七小学(以下简称七小)成立,开学不到半年,就利用学校周边的 20 亩土地,创办了"开心农场",逐步建设了一个集学习、劳动、体验、探究于一体的教育综合体,从回归自然角度切入,探索育人模式的转变,让劳动回归校园,并与课程逐步融合,形成了一大批特色课程群;与学科教学相渗透,让学科教学有了新鲜的元素,使之扎实而接地气。[3]

从 2009 年到 2019 年十一年间,当初网络 QQ 版的"开心农场"已经销声匿迹,而七小现实版的开心农场却欣欣向荣,呈现出蓬勃的生命力。从最初开辟"开心农场"劳动教育基地,将劳动作为一种课外活动;到立足"开心农场"构建农事特色课程,开展德育主题活动;再到整体架构"新劳动教育"课程体系,发挥劳动综合实践育人功能,开发三大课程群,对近 60 个子课程进行项目选择性学习,探索劳动教育全科的融合和延伸。七小的劳动教育,以润物细无声的方式将"立德树人"融入学校教育的方方面面,形成一个个动人的教育场景,开启了孩子幸福人生的一扇大门。

(三) 与育人要求同步

1. 协同育人,强化家校社政一体实施机制

习近平总书记在 2015 年春节团拜会上说:"家庭是社会的基本细胞,是人生的第

1 朱德全,熊晴. 我国劳动教育课程的演进逻辑与重建理路[J]. 教师教育学报,2020,7(06):7—15.
2 赵庭,赵广忠. 新劳动教育:打造劳动教育新样态——访杭州市富阳区教育局局长宋国胜[J]. 中国德育,2019(20):53—56.
3 章振乐. 用劳动点亮儿童生命底色[J]. 中国教师,2020(03):34—38.

一所学校。"劳动教育的开展离不开家庭的配合和支持,小手拉大手,大家一起走。家庭是孩子第一所学校,家长是孩子终身的教师。家庭教育对于人的成长有着重要影响。在劳动教育实施的过程中,学校不仅通过育人的成效获得家长的认可,还要联合家长,形成教育的合力。让学生不仅在学校参与劳动教育,在家里也要学习劳动技能,积极做家务。[1]

2. 课程育人,形成循序渐进的内容架构

2019年,《关于深化教育教学改革全面提高义务教育质量的意见》提出:要突出德育实效、提升智育水平、强化体育锻炼、增强美育熏陶和加强劳动教育。这是有关回归本真的劳动教育政策,也是新时代赋予中小学劳动教育课程建构和实施的新要求和新理念。

新时代劳动教育的实施,需要在教育目标、内容、方式、评价上进行新的探索,赋予劳动教育新的内涵定位,建构一套体现劳动教育综合育人功能的教育体系。[2] 在区域内全面推进学校劳动教育,需要拟定目标体系、内容架构以及政策机制。而在学校层面落实劳动教育,则要建立系统化的课程体系,明确各年段的教育目标,让"教什么""怎么实践"等都有据可依,有样本可学。

3. 实践育人,开展面向真实的实践体验

"纸上得来终觉浅,绝知此事要躬行。"对学生的劳动教育不能只停留在口头上,更需要通过多种社会实践途径,激发学生自主参与的积极性,才能获得理想的效果。[3]新时代劳动教育的实践性特点,要求劳动教育必须动手实践,出力流汗。而实践基地是进行劳动实践的必要条件。根据当地实际,宜工则工,宜农则农,搭建丰富的基地平台,有助于开展劳动实践,保证学生都能在真实的劳动实践中经历成长,都能走村入户下地参与农事体验,帮助中小学生了解家乡发展、开阔眼界、增长知识,更好地感受民俗民风。[4]

---

1 章振乐.办落地有痕的劳动教育——浙江省杭州市富阳区富春第七小学的"新劳动教育"实践[J].福建基础教育研究,2019(11):4—7.
2 章振乐.区域统筹 协同育人——新时代劳动教育的"富阳经验"[J].中小学德育,2020(11):61—64.
3 章振乐.崇自然之道,育完整之人[J].环境教育,2020(03):64—65.
4 章振乐.区域统筹 协同育人——新时代劳动教育的"富阳经验"[J].中小学德育,2020(11):61—64.

4. 生活育人,构建回归生活的体验平台

近代著名教育家陶行知就把劳动教育当作生活教育的组成部分,提出"生活即教育""行是知之始"等劳动教育思想。他认为,只要有心,生活中处处可为劳动教育。[1]《关于加强大中小学劳动教育的意见》就将落实相关课程、开展校内劳动、组织校外劳动、鼓励家务劳动作为劳动教育的四个关键环节。

杭州市富阳区发布小学生"劳动清单",给出劳动时间建议。每所小学都可以根据实际情况,量身定做自己的"清单"。纵观这份清单,可谓内容丰富,颇具教育价值。比如,"饭前帮家人盛饭、摆碗筷,饭后收拾、擦桌子",能够培养孩子的文明礼仪;"独立上超市购物""管理家里一周的生活开支,并做数据分析,给出建议",可以锻炼孩子的社交能力,培养管理思维。

"劳动清单"使得劳动教育不再空洞空泛,而变得更为具象,打通了劳动教育在家庭落地的"最后一公里"。一方面,推出劳动家庭作业,对学校教育来说,是一次纠偏,是在补上劳动实践教育的短板,为学校提供了指引,可以循序渐进、稳步实施,让学生们在每个年龄段得到应有的锻炼,既强身健体,又乐在其中;另一方面,对孩子家庭来说,也能促使他们注重对孩子的劳动教育,有助于端正家长的理念,让孩子适当帮家里干点力所能及的活,既能一定程度上减轻父母的生活压力,还能有利于孩子锻炼身体,培养他们吃苦耐劳的精神。当意识到劳动教育可以如此丰富多彩,广大家长自然会积极响应学校建议,主动配合做好家校共育。

5. 活动育人,营造良好的劳动文化氛围

劳动文化是指明确劳动的地位和价值并维护劳动者尊严和权利的文化,是社会主义先进文化的组成部分。[2] 新时代的劳动文化建设以弘扬劳动者的主体地位为核心,选取适当的文化载体,融入劳动精神、劳模精神、工匠精神,旨在帮助学生树立正确的劳动价值观,养成劳动习惯,具有思想性和实践性。

劳动文化具有鲜明的思想性,校园劳动文化建设始终注重引导学生树立正确的劳动价值观,从"劳动光荣"到"劳动幸福"不断转变。"劳动光荣"是学生通过劳动从外部获得的一种赞扬和荣誉,而"劳动幸福"是学生从自身的劳动成果之中获得一种本质力量的确证和肯定。孩子们在劳动中志存高远,传承劳动精神,把个人成长与人民需要、

---

1 谭照楚.劳动清单 让劳动教育不再空泛[J].陕西教育(综合版),2021(10):53.

2 徐雪平.新时代职业院校劳动教育的实施困境及应对策略[J].教育理论与实践,2021,41(12):15—18.

民族振兴、时代使命紧密联系在一起,锤炼价值观,学会热爱劳动,热爱劳动人民,通过劳动为社会作贡献,真正把"小我"融入"大我"。

劳动文化具有显著的实践性,通过开展各项劳动实践活动,搭建劳动育人的平台,学生出力流汗,亲历劳动,在劳动中完善人格,学会责任与担当;在劳动中求真求新,变知识的接受者为知识的创造者,学会质疑和创造。

(四)与乡村振兴同步

1. 走进乡村:"新劳动教育"拓展教育天地

2019年4月,杭州市富阳区"新劳动教育"走出了跨越性的一步——从校园走进乡村,在富阳区洞桥镇建立了首个"新劳动教育"实践体验基地。学生走进乡村体验农耕劳作、学习传统手艺、尝试土灶做饭等,以真实劳动和沉浸式场景体悟劳动教育的真谛,同时也开启了"新劳动教育"与乡村融合发展的新探索。[1]

富阳区在传统劳动方面有古法造纸、竹编工艺、豆腐制作等非遗传统项目,在现代新型劳动方面有造纸工业、光缆生产、球拍制作、水稻种植等特色项目,劳动教育资源多元且丰富。富阳区充分挖掘乡村特色空间资源,为"新劳动教育"的深入开展提供了便利。

2. 三大课堂:"新劳动教育"创新成长载体

富阳区"新劳动教育"实践体验基地通过"农耕课堂""农户课堂""手艺课堂"三大课堂的设置,带领学生开展具有富阳乡村特色的"新劳动教育"实践课程。同时,乡村实践体验基地活动还利用乡村文化礼堂、废弃小学校舍等闲置空间场所和农田、溪流、山林等广袤的自然空间作为开展活动的教学场所,让整个村域空间变成劳动教育的开放式课堂,让自然乡野成为孩子劳动启蒙的最佳场所。

"新劳动教育",不仅让田间地头成为滋养学生身体和心灵的新课堂,而且为乡村振兴注入了新动能。在"新劳动教育"实践体验活动开展期间,参与度最高、受益最多的是当地村民。在活动筹备期,由各乡镇"新劳动教育"实践体验基地村委会协助统计并筛选符合活动要求(如年龄、健康状况、表达能力、责任心等)的村民进行统一培训,他们有普通农户、乡村特色手艺人、乡村退休教师、家庭妇女等。通过培训,他们均以"村民教师"的身份参与活动执行。从村民到"村民教师"这一身份的转变,大大提高了村民参与活动的热情和积极性,帮助村民在实现增收的同时还提高了村民自身的责任

1　章振乐."新劳动教育"促乡村振兴[N].中国教师报.2020-11-11.

感和荣誉感。[1]

"新劳动教育"实践体验活动发源于乡村,生长于乡村。乡村的农耕文化是"农耕课堂"的基石,乡村的农户家庭成了"新劳动教育"的"农户课堂",富有乡村特色的传统文化和手工技艺则是"手艺课堂"的灵感源泉。[2]

3. 乡村振兴:"新劳动教育"的新使命

从劳动综合育人的角度,开发具有富阳乡村特色、体现传统民间工匠精神的劳动教育实践活动,如洞桥状元馒头制作、永昌竹编、古法造纸、渔山米粿等。"新劳动教育"让参与活动执行的村民得到物质与精神上的回馈,使乡村资源得到很好的开发,劳动教育及乡村文化实践体验活动成为产业,带动乡村研学游、亲子游,推动地方美丽乡村的构建与发展。[3]

尤其是"新劳动教育"为乡风文明建设带来了新动力。通过"新劳动教育"实践体验活动的筹备培训、活动执行和考核反馈等,富阳区培育了一批"村民教师",使其在劳动教育活动中重获自我价值认同,并将文明理念进一步渗透到乡村;学生教师、运营团队和游客的不断到来,让村民的物质生活和精神生活得以改善,使乡风文明建设进入良性循环。[4]

富阳区在开展"新劳动教育"实践体验活动过程中筛选庭院整洁、家风良好、邻里和睦的农户家庭作为实践体验点,并组织农户进行文明礼仪、当地文化、饮食卫生等方面的培训,引导农户"扫干净、堆整齐、种满园、点漂亮",无形中提升了乡风文明水平,助力乡村振兴战略实施。

(五) 与评价体系改革同步

长期以来,在对中小学生的劳动教育进行评价时,存在诸多问题,具体地说,主要表现在"三重三轻":

1. 重结果而轻过程

劳动总是有一定的成果的。因其"可视"且直观,在实践中,许多学校习惯直接根据劳动成果来评价学生的劳动教育成效。这导致劳动教育评价过于关注结果而忽视

1　章振乐."新劳动教育"促乡村振兴[N].中国教师报.2020 - 11 - 11.

2　同上。

3　同上。

4　同上。

了劳动的过程。[1] 例如,在评价学生"生活整理"劳动时,许多教师往往依据学生整理抽屉和书包的结果作出评判。整理得又快又整齐的学生会得到"优秀",不够整齐的则被给予较差的评价。[2] 简单地以结果来评价,并不能准确地考察学生在劳动教育中的收获与成长。如此评价忽视了学生在劳动过程中的学习状况,不能全面体现学生参与劳动的状况,更难以激发学生的劳动热情。

2. 重技能而轻素养

传统的劳动教育将培养劳动技能作为重要目标,因此,许多学校习惯将习得劳动技能作为评价依据,而很少关注学习过程中学生劳动价值观的形成和劳动素养的提升。实际上,劳动技能并不能等同于劳动素养。例如,有学校在开展"农耕"课程学习评价时,着重考核学生是否学会了种植某一种蔬菜,是否了解种植的技术等,而忽略了学生在参与种植过程中对蔬菜的研究、对种植的探究、对自然规律的发现……学生是否形成了正确的劳动价值观,是否提升了劳动综合素养,并在劳动中形成了健全人格与良好的道德品质,这才是新时代劳动教育的价值追求,自当是评价的重点。[3]

3. 重形式而轻体验

当前,新时代劳动教育日益受到学校的重视,并在区域进行推广落实。然而,在实践中,由于学科教学的压力,导致劳动教育走过场的现象并不鲜见。一些学校所开展的劳动教育"点到为止",学生仅是浅层地参与而缺乏深层的体验。以农场活动为例,学校或是将学生带到菜地拔一个萝卜,或是带到果园摘果子,学生轻松劳动,尝尝水果,通过各种姿势摆拍表达采摘的乐趣。[4] 这样的劳动教育自然以"拍照留念"作为评价,只关注走完了劳动形式,学生的劳动体验却无从谈起。养成良好的劳动习惯,提升劳动素养是一个长期的过程,需要教师、家长的不断鼓励,通过引导性评价等进一步加强和改进学校劳动教育工作。[5]

2020 年 10 月,中共中央、国务院印发《深化新时代教育评价改革总体方案》,明确提出加强劳动教育评价。实施大中小学劳动教育指导纲要,明确不同学段、不同年级

---

1 章振乐. 新时代劳动教育评价改革的思考与实践[J]. 中小学德育,2020(04):63—64.

2 郭杰惠. 新时代劳动教育评价改革的思考与实践[C]. //2020 课程教学与管理学术研讨会论文集. 2020:185—188.

3 章振乐. 新时代劳动教育评价改革的思考与实践[J]. 中小学德育,2020(04):63—64.

4 同上.

5 同上.

劳动教育的目标要求,引导学生崇尚劳动、尊重劳动。探索建立劳动清单制度,明确学生参加劳动的具体内容和要求,让学生在实践中养成劳动习惯,学会劳动、学会勤俭。加强过程性评价,将参与劳动教育课程学习和实践情况纳入学生综合素质档案。

新时代劳动教育实质上是一种立足于人的全面而自由发展的教育形态,是对传统劳动教育的主动继承和积极扬弃。劳动素养的全面提升成为新时代劳动教育的应然选择,学校应积极探索新的评价策略,发挥其对学生劳动素养的培养、促进、引导和激励作用。

第三章

设计：
"新劳动教育"的整体架构

杭州市富春七小从 2009 年建校起开始"新劳动教育"的探索,在 13 年实践探索与顶层设计的持续互动和总结反思中,不断地丰富劳动教育的内涵,积极探索"新劳动教育"体系建构,解决了劳动教育在实践场所、课程内容、整体实施、辐射引领等方面的问题。

第一节 我校"新劳动教育"的发展历程

"天下佳山水,古今推富春。"七百多年前,元代大画家黄公望以富春江为背景,创作了绝世名画《富春山居图》。画中人或钓鱼,或砍柴,或耕读,在休闲与劳作中与自然融为一体。无论时代如何变迁,作为连接社会与自然界的纽带,劳动始终是人类永恒的主题。七百多年后的今天,一幅现代化的富春山居图正在富阳这片热土上徐徐展开,"新劳动教育"便是其中浓墨重彩的一笔。十余年来,学校一直坚持"为孩子的幸福人生奠基"这一办学理念,在年轻的富春七小种下了"新劳动教育"的种子,走出了一条"五育融合、家校社协同"的劳动教育创新之路,构建了全国知名的劳动教育"富阳模式"。

富阳作为"新劳动教育"理念的原创地和全国中小学劳动教育实验区,其开展的劳动教育一直走在全国前列,多次受到教育部及省市领导的肯定。而富春七小则是"新劳动教育"的发源地,至今已经走过了十余年的历程。

一、"新劳动教育"的缘起

从富春七小创办起,我们一直在思考,怎样才能"为孩子的幸福人生奠基"?"没有亲近过土地的孩子,就没有幸福快乐的童年。"正如诗人艾青所说,我们认为,儿童的幸福一定要有田野中的嬉戏,土地上的劳作,要挖过野菜,听过蝉鸣……只有走出课堂,走进自然,才会拥有田园式的快乐童年。当时网上十分流行的 QQ 开心农场给大家带来了灵感,学校领导班子反复研究讨论,做出了大胆的决策——开展劳动教育。谋在脑中,干在实处,经过多方奔走,反复沟通,开学不到半年,从附近村里租来的十几亩土地就变成了孩子们的"开心农场"。1

2010 年 5 月,"开心农场"迎来了第一个收获季。五年级学生种的土豆丰收了,一年级的老师想让孩子们体验一把亲手挖土豆的快乐。由于没有专用的小锄头,孩子们

---

1 周仕凭.章振乐:新劳动教育探路人[J].环境教育,2018(01):62—65.

有的带上种花的小铲子,有的带上玩沙的小耙子,还有的甚至拿着小木棍……带着满载而归的希冀,蹦蹦跳跳地来到农场。一到"开心农场"门口,老师正打算讲一讲注意事项,一个孩子举手了,着急地问道:"老师,怎么没有土豆啊? 我们是不是来晚了,别的班都收走了!"老师觉得有些奇怪,便问道:"你怎么知道没有土豆啊?"他连忙说:"老师,你看,地里一棵'土豆树'都没有,肯定是五年级的哥哥姐姐把土豆摘完了,把树也砍掉了!"听到他的回答,知道究竟的同学都哈哈大笑起来。

这件事在教师群里传开后,我们清楚地认识到,现在的孩子对农作物的了解太少,他们生活在校园、家庭、公园、游乐园,却很少有机会去接近土地,从事劳作。人的心智是通过感官和知觉综合形成的。长期处于虚拟世界中,对生命的认知就会越来越低,就会渐渐地忽视生命甚至缺乏对生命的敬畏。

"不能任由这种远离自然的情况持续下去!""一定要让孩子亲近土地,让儿童更多地接触自然,用视觉、嗅觉、听觉、触觉等多种感官亲身感受大自然的神奇和美妙!""只有亲近自然,才能更好地顺应天性,激发潜能。"怀着这样的认识和信念,富春七小研究团队开始了"新劳动教育"探索。

二、"新劳动教育"的发展历程

从 2009 年,富春七小通过构建"新劳动教育"的新思想内涵,探索行之有效的课程体系,契合新农村建设,创新家校社一体的协同育人模式,经历了 4 个阶段,以期解决劳动教育内涵探索、课程建设、保障支持、组织实施等问题。

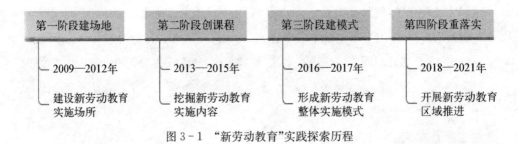

图 3-1 "新劳动教育"实践探索历程

(一) 第一阶段(2009—2012 年) 建场地:解决劳动教育实施中的场所问题

2009 年,学校向社区租用 20 亩土地,开辟"开心农场",用于全校学生开展种植劳动,为劳动教育实施提供了场地支持。2011 年,围绕省规划课题《基于"开心农场"的育人模式设计与实施的研究》展开研究。推进"开心农场"建设,创建了"农耕博物馆""蔬菜种植区""开心画廊""小小农科院"等区域,开展以体验农耕文化、探究与创意、亲历与实践、合作与爱心和成果分享为主题的劳动实践。

2012 年,以"学会从小爱劳动"为核心,提出"新劳动教育"理念,在目标、内容、途径、评价等方面进行劳动育人的创新实践探索。

这一阶段的特点:上世纪末,学校普遍忙于应试,在开展教学改革的背景下,我校在办学实践中认识到劳动教育具有重要的育人功能,意识到加强劳动教育刻不容缓,率先提出"新劳动教育"理念,首先建立劳动实践基地,解决劳动教育实施中的场所问题,为"新劳动教育"的落实提供保障。

(二)第二阶段(2013—2015 年) 创课程:解决劳动教育实施中的内容问题

2013 年,为了解决劳动教育实施内容,围绕《田野大课堂:"农事"特色课程群的架构与实施》,开始劳动教育学科融合的实践探索。丰富劳动教育内容,依托国家课程教材,将劳动实践与学科知识相结合,突破传统教学模式,提炼各年段主题,以项目化形式实施,注重知识和能力的综合和迁移。《朵朵葵花向阳开》获浙江省精品课程。

2014 年,学校从"开心农场""生活整理"和"亲子合作"三大途径推行"新劳动教育"课程,将其列入必修课实施,课程向多元化发展。

2015 年,在浙江省课改选择性探索背景下,学校提出了"基于选择性思想的'新劳动教育'课程的架构与实施"课题研究,通过选课、选项、选群、选师、选法及选评价的实施方式,突出了课程的选择性、个性化发展。

这一阶段的特点:以劳动教育为抓手,与"德育、智育、体育、美育"相融通,进行全方位、全过程的贯穿渗透,劳动教育的内容逐渐规范化、系列化。学校育人模式实现了从知识到实践、从活动到课程、从课本到生活的转变。其标志性成果是完成了《小学新劳动教育论稿》一书,在劳动教育的理论与实践探索中取得了突破。

(三)第三阶段(2016—2017 年) 建模式:解决劳动教育实施中的整体实施问题

2017 年,学校的"新劳动教育"课程群是从新时代"立德树人"的视角对劳动教育的新诠释和架构,以实践为价值取向,以正心立德、劳动育人为基本定位,以尊重兴趣、基于经验、联系生活、多元选择、着眼发展为理念,基于真实情境开展学习,为发展学生核心素养、达成育人目标提供了丰富的载体和有力的依托。[1]

1　章振乐.“党建＋”劳动教育新探索[J].创新人才教育,2021(02):38—41＋47.

通过《"新劳动教育"：基于实践育人的八年探索》对"新劳动教育"实践作出阶段性总结。这一阶段的特点：学校通过整体规划、分阶段实施，不断深化对劳动教育中实施纲要、课程体系、基地保障、评价管理的探索，加深与家庭、社会的合作，构建了目标指向明确、课程内容完整、组织实施有序的"新劳动教育"的完整模式，推动了基于劳动教育的实践育人改革。

(四) 第四阶段(2018—2021 年)　重落实：解决"新劳动教育"的区域推进问题

2018—2021 年，学校"新劳动教育"从课程优化、基地升级、家校协同等领域不断深化。提出"一个核心、五个主张"的创新理论，在多元评价、协同育人、区域推进、助力乡村四项机制的保障下，落细落实劳动教育实施。

在这一阶段中，基于前期实践的丰硕成果，学校逐渐成为全国劳动教育实践样本，为多地劳动教育提供经验。发布《小学生劳动清单》，明确各年级劳动教育目标和内容；推出"新劳动教育"实践体验活动，走进乡村，开辟与农民同吃同住同劳动的新途径，拓展劳动教育渠道，增进学生与劳动人民的感情。学校逐渐成为全国劳动教育实践样本，为多地劳动教育提供经验。"新劳动教育"吸引区内外学校共同参与，政府行政支持，促成全区"新劳动教育"33 校联盟，形成区域推进的整体态势。2019 年富阳区提出"做强七小，做大联盟，做实全域"的口号，开始全域推进"新劳动教育"。

第二节　"新劳动教育"体系的架构

新时代的劳动教育,不是对过去"教育与生产劳动相结合"方针的机械重复,更不是要回到过去一度淡化课堂教学而去学工、学农的单一模式。新时代的劳动教育有新的内涵和定位。[1] 富春七小不仅重视学生劳动习惯、劳动态度、劳动品德的培养,还重视劳动认知、劳动知识与技能、劳动价值观等的培养,使他们形成全面、系统的劳动素养。新时代的劳动教育走的是整合性的教育道路。

一、"新劳动教育"的原则

富春七小的"新劳动教育"在教育改革的背景下,深化素质教育,提升核心素养,努力构建全方位支持、全课程融入、全社会参与的生态圈,保障劳动教育常态化、机制化。

(一)生活化原则

基于育人的理念,创设多样的劳动任务,让劳动与生活碰撞生成智慧,让学生在劳动体验中加深对劳动的理解与感受,充实劳动知识、增进劳动能力、丰富劳动情感,促进学生的社会性发展,让他们成为生活的主人。

(二)课程化原则

课程是实施劳动教育的主要载体,为"新劳动教育"的落地提供丰富的载体和有力的依托。在实施过程中进一步优化丰富、多元的劳动教育课程群,指导区域内各校结合本校实际,开发有特色的校本课程,并以尊重兴趣、基于经验、联系生活、多元选择、着眼发展为理念,完善具体普适性的"新劳动教育"的课程体系,引导学生在真实情境中劳动与学习。积极探索劳动教育学科的渗透与融入,让劳动教育无痕渗透于学生的生活与学习中。

(三)社会性原则

"新劳动教育"转换了育人模式,从课堂育人到开放育人,打开了课堂的边界,推动

1　赵庭,赵广忠. 新劳动教育:打造劳动教育新样态——访杭州市富阳区教育局局长宋国胜[J]. 中国德育,2019(20):53—56.

学生走向更广阔的空间。需要加强政府统筹，整合家校社各方力量，打通教育围墙，要多渠道引入社会力量参与学校劳动教育，也要让学校的劳动教育走向社会，拓展教育资源和优化生态空间，形成协同育人格局。

(四) 实践性原则

劳动教育的本质是实践的。"新劳动教育"强调在真实的体验与实践中塑造和形成学生正确的劳动价值观和劳动态度，在实践中综合育人、开放育人。因此，要正确解读教育与生产劳动相结合的思想，指导新时代劳动教育实践，有机整合活动资源，构建适应学生身心发展规律的、分层推进的劳动教育实践序列，建立开放的劳动教育实践体系，以提升劳动教育的实效性。

(五) 多元化原则

评价是保障劳动教育能真正落地的有效手段。要研究构建学生劳动素养评价指标和评价体系，基于劳动教育的过程性特点，采用诸如参与式评价、展示式评价、竞技式评价等多元评价方法，使劳动教育评价真正成为学生综合素养评价的内容之一。同时，要突出加强区域和学校履行劳动教育职责的督导评价这一关键环节，不断完善家庭、学校、社会全覆盖的责任链条，让各方各尽其责、各施所长，共同推动劳动教育高质量发展。

二、"新劳动教育"的基本架构

在学生发展核心素养已成为教育主流的今天，富春七小对核心素养视角下的劳动教育进行再思考，实现劳动目标与核心素养目标的融合，紧密联系时代发展，认清现代

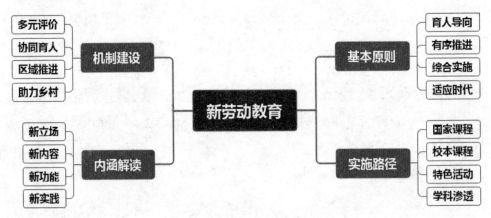

图 3-2 "新劳动教育"的整体架构

劳动的本质与需求,对劳动教育的内涵进行准确定位。

新时代劳动教育的内涵体现在教育目标、教育理念以及教育内容的转变上,逐步突破传统劳动教育的内涵,赋予劳动新的意义。"新劳动教育"注重全面育人、综合育人、实践育人,是以提升学生劳动素养的方式促进学生全面发展的教育活动。它作为教育的综合体,强调课程育人,形成循序渐进的内容架构;协同育人,强化家校社一体综合实施;实践育人,构建回归生活的体验平台;文化育人,达成提升素养的价值引领。

"新劳动教育"的整体思路,是在对劳动教育的基本内涵进行解读的前提下,进一步挖掘新时代劳动教育在立场、内容、实践、功能四个方面的新内涵及新的实践形态,形成新的理论。在此前提下,以育人导向为指引,把握新时代新要求,根据教育规律和学生的身心发展特点,通过国家课程的实施、劳动教育校本课程的开发、主题式特色活动的创设与全学科劳动教育的渗透等实施路径,分层有序地推进劳动教育,使劳动教育在学校能全方位落地。

建立多元评价制度。"新劳动教育"评价关注过程性评价,关注学生在劳动实践中的丰富经历,激发学生兴趣,从"技能+素养"出发,以劳育人立新标;从"过程+结果"评定,关注全过程出新招;从"校内+校外",多元参与全员评价。

建立协同育人机制。通过政府层面政策导向、社会各部门联动、家庭与学校和谐共建以及校社之间的互动联系,建构新时期劳动教育推广的家校社协同育人支持系统。

建立区域推进机制。在政府部门的推动下,整合区域内各行政部门的力量,通过富春七小的典型案例的引领,解决区域内学校在劳动教育推进过程中面临的种种问题,从而构建起全区域学校一体化的劳动教育体系,建立在区域内以点带面、资源共建共享、师生共同成长的运行机制。

助力乡村建设。"新劳动教育"让田间地头成为滋养学生身体和心灵的新课堂,为学生走向社会、体验生产劳动提供了丰富的实践载体,充分挖掘当地的文化底蕴,促进乡村文化发展、非遗传承,也为乡村经济振兴提供持续动力,成为撬动乡村振兴的支点。

三、"新劳动教育"的场所建设

劳动教育实践基地是拓宽与创"新劳动教育"形式的有力抓手,也是学校劳动教育的延伸和补充。多渠道拓展劳动实践体验基地是满足各年龄段学生参加劳动的内在需求。"新劳动教育"实践基地在充分利用和挖掘校内资源的基础上,通过政府的行政推动,打造了100个各具特色的"新劳动教育"实践体验活动精品村,培育了1000个挂靠规范和教育有效的"新劳动教育"实践体验活动示范农户,建设了以大规模综合基地、乡村实践基地、农户体验点为主体的"三位一体""新劳动教育"实践基地网络,致力于打造"新劳动教育"的重要窗口,实现美好教育与乡村振兴的有机结合,同时也解决了开展多样化、社会化劳动教育面临的短板。

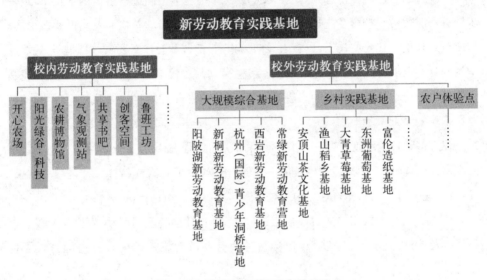

图3-3 "新劳动教育"的实践基地

(一) 建立"新劳动教育"校内实践基地

十余年来,学校充分挖掘劳动教育资源,进行劳动教育实践基地建设。将"开心农

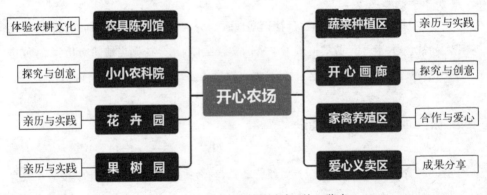

图3-4 "开心农场"主要活动区块一览表

场"逐步建设成为拥有 20 亩土地的"新劳动教育实践基地"。"农具陈列馆""开心画廊""小小农科院""蔬菜种植区"以其丰富的内容和独特的形式让学生在亲近土地、感受农耕文化、体验农业劳动艰辛的过程中,发挥了育人的功效。

学校积极探索劳动教育新课堂,解决劳动教育实施过程中的场所问题,建立了农具陈列馆、木工教室、中草药种植园、阳光绿谷现代农业园、气象观测站、厨余垃圾处理中心等实践基地,为劳动教育的深入开展提供了资源保障。

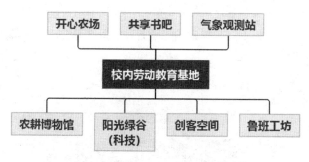

图 3-5　校内劳动教育基地分布

(二) 拓宽"新劳动教育"实践校外空间

富阳区"新劳动教育"实践基地网络包括"5 个大规模综合实践体验基地""41 个乡村实践体验基地"和"100 个精品村",计划培育"1 000 个示范农户""2 000 名村民教师"。杭州(国际)青少年洞桥营地作为全国"新劳动教育"实践基地,成为我区第一个大规模劳动教育实践基地。同时,富春山居集团、浙江永耀文旅集团将启动五四村"新劳动教育"基地、西岩村"新劳动教育"基地两个基地建设项目。

另外,富阳区常绿镇依托常绿"红""绿""篮""古"四色资源建立"新劳动教育"营地,新桐"新劳动教育"研学小镇也正在紧锣密鼓地建设。

富阳区出台《"新劳动教育"实践基地认定标准和申报流程》,以农耕及农户课堂为标准,开展具有乡村特色的"新劳动教育"实践体验,为区域内学生提供丰富多彩的劳动体验。2020 年首批 24 个"新劳动教育"基地已审批挂牌并定期接受考核。区委区政府发布区中小学生"新劳动教育"实践体验活动方案,组织全区 4.4 万余名 3—8 年级学生,每年安排 1—2 次"新劳动教育"研学旅行活动。农户通过担任"村民老师"、提供餐饮等生活服务,实现一定的经济收入,也挖掘了当地文化资源,推动了美丽乡村建设。

近年来,富春七小协同劳动教育研究院,在区政府及教育行政部门的统筹下,参与设计并开拓了包括"龙舟竞渡"在内的 7 条"新劳动教育"乡村体验线路,供学生在假期参加实践活动。在此基础上,2021年对乡村体验线路进行了二次完善及设计,挖掘富阳本地的红色资源,新辟了7条富阳区"红色+"新劳动教育""实践体验活动线路,在追寻红色印迹的同时,感受劳动之美。2021年,富阳区被评为全国劳动教育示范区。

四、"新劳动教育"的课程建设

基于"开心农场"平台和家校资源,富春七小经过十余年的研究实践,逐步架构起农事劳动和创意劳动课程以及家校联动与融合的美好生活三大校本课程群,课程群以尊重兴趣、基于经验、联系生活、多元选择、着眼发展为理念,每一个课程群由若干具体子课程组成,在大主题的引领下,以半开放、长期做、坚持做为实践要点,并以项目的形式予以实施。

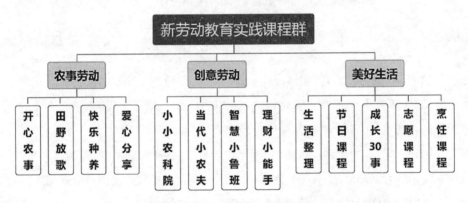

图 3-6 "新劳动教育"实践课程体系

劳动是财富的源泉,也是幸福的源泉,以勤俭节约、爱惜劳动成果、尊重劳动人民、学会劳动为重点,立足学生全面发展需要,我们基于国家课程、校本课程实施的角度,将富春七小的劳动教育的课程实施又分为专门化课程、渗透化课程、项目化课程和综合化课程,见下图 3-7。

(一) 专门化课程

专门化课程集中开展劳动教育,每周一个课时。课程主要通过省编《劳动》教材、校本劳动教育必修课程,组织以生活劳动为主体的劳动实践。以学校为主要劳动场所,以主题学习为主要方式,促进学生日常生活劳动技能的习得、劳动习惯的形成以及劳动观念、劳动精神的养成。

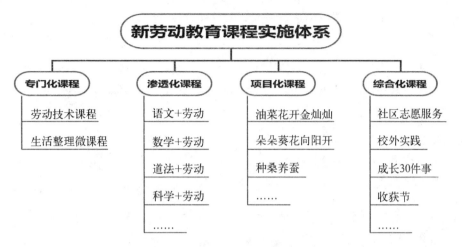

图 3-7 "新劳动教育"课程实施体系

(二) 渗透化课程

立足于学科课程,将劳动教育与语文、数学、科学、美术等学科相融合,梳理各个学科课程中富有劳动教育价值的契合点,开展劳动实践学习,促进"五育融合",贯穿学校育人体系。

(三) 项目化课程

项目化课程,是以项目为引领,开展长周期的劳动实践课程。每个课程围绕一个项目,主题涉及多个学科。学生通过完成综合实践任务,经历完整的劳动过程,从而全面提升劳动素养。

(四) 综合化课程

综合化课程引导学生参加社会公益劳动,如宣传社区垃圾分类,参与雷锋志愿、敬老院慰问等服务,参与社区或村组志愿服务等,培养学生的社会责任感和提高积极参与公益劳动的意识。联合家长和社会共同参与劳动教育,成为劳动教育的指导者、参与者和协助者。[1]

五、"新劳动教育"的实施路径

2020 年 3 月颁布的《中共中央国务院关于全面加强新时代大中小学劳动教育的

1　章振乐. 新劳动教育课程体系的建构与实施[J]. 人民教育,2020(19):69—71.

意见》明确提出学校要切实承担劳动教育的重要责任并对劳动教育的内容及实施时间、开展形式等提出了要求。

劳动教育强调实践育人，学校以活动为载体，构建了系列化活动体系，对活动进行系统的规划与设计，避免了劳动的临时性、随意性、运动式等为活动而活动的现象，使劳动教育能真正有效落地。

富春七小的劳动教育坚持每周开展一至两次的劳动课，保障劳动教育的内容与时间，研究劳动教育实施的策略与路径。充分落实省编教材，从《劳动与技术》到 2021 年浙江省《劳动》教材，开展课堂研讨；积极探索学科渗透劳动教育路径，发挥学科中劳动教育资源与育人功能；结合学校特色资源积极开发并落实校本课程等，通过课程化实施劳动教育。

1. 依托基础课程与整合实施

（1）学科课堂渗透。学科渗透劳动教育是劳动教育落实的另一条途径。《大中小学劳动教育指导纲要（试行）》特别提到要积极拓展劳动教育实施途径，在学科专业中有机渗透劳动教育。《全面加强新时代大中小学劳动意见》中也提到，除了必修课程外，其他课程结合学科、专业特点，有机融入劳动教育内容。独立设课与学科渗透教学有机结合，促进横向贯通。从学科的角度做到全员、全程、全方位的劳动教育渗透是时代对劳动教育的要求。

不同年级、不同学科的教材均有劳动教育的元素，在学科专业中，挖掘各学科教材中的劳动教育元素，在课堂教学中对学生的劳动知识、劳动技能、劳动态度、劳动精神等方面进行渗透与融合，如在语文等人文学科教学中渗透劳动观念、劳动意识、劳动价值等方面的教育；在数学、科学等学科教学中注重劳动技能、劳动创造与劳动精神等方面教育，培养拥有正确劳动观、积极创造美好生活的学生，使其最终成为未来社会的建设者和生力军。

（2）省编《劳动》教材落实。劳动教材是实施劳动教育的主要载体，2021 年浙江省编写的《劳动》教材正式投入使用。作为一本全新的劳动教材，省编《劳动》教材积极践行了《意见》所倡导的劳动教育理念，解决了原来教材中"以劳代技"或"以技掩劳"的倾向，教材提供了项目式开展活动的课程体系，在实施中学生的活动空间非常丰富，教材的编排特点也让自主实施的空间更为宽广。学校有 17 位教师参加了这一教材的编写，对开展教材的解读与培训提供了有利的资源，在此基础上加强教师的培训、《劳动》教材落实的课堂研讨等，形成了一定的课堂模式。

2. 依托校本课程与独立实施

十多年的坚守与探索,学校逐步形成了包括农事劳动、创意劳动、美好生活劳动在内的,兼顾课内外、校内外,具有时代性和普适性的劳动教育三大校本特色课程群。课程在大主题的引领下,以半开放、长期做、坚持做为实践要点,并以项目的形式予以实施。在三大课程群下,还有若干子课程,根据年段特点有序实施。有学校层面的校本课程,如各年级的快乐种养课程,每个年级课程内容不同,但是课程的实施从启动仪式、传授经验到自主开展、丰富体验,再到成果汇报、展示评价都经历了一个完整有序的过程。

学校"新劳动教育"课程以实践、观察、体验等学习方式为主,注重知识和能力的综合和迁移,在真实的生活情境中培养学生的劳动实践能力。课程在实施的过程中积累了大量的实践经验,并不断地完善与优化。课程体系经过多年实施、多次完善,不断精进,目标更加清晰、内容更加丰富、途径更加鲜明。校本课程群努力以劳动教育特有的融通性去激发和丰富德智体美诸育,并在相互渗透和相互完善中促进学生的成长。

3. 校园环境及劳动文化建设

在校园文化建设中强化劳动文化是将劳动教育纳入人才培养的全过程,丰富、拓展劳动教育实施的重要途径。《大中小学劳动教育指导纲要(试行)》要求:学校要将劳动习惯、劳动品质的养成融入校园文化建设中,通过劳动文化环境打造、宣传推动,达到劳动价值观的形成,劳动习惯和品质的养成。[1] 学校劳动文化建设是对新时代背景下劳动教育内容的丰富发展,也是发挥劳动的育人功能的需要。

我校渗透于学生日常生活、学习中的"新劳动教育"校园文化不仅能促进学生在德、智、体、美、劳五个方面的发展,落实立德树人的根本任务,而且有助于学生树立正确的劳动价值观,养成良好的劳动习惯和劳动品质,提升劳动素养。我校主要通过校园环境布置、节日教育、主题活动、宣传展示等途径,坚持显性教育与隐性浸润相结合,通过校园环境及文化氛围的营造,以及丰富多彩的校园活动的开展,让劳动教育润物细无声。

此外,我校还抓住节日教育的契机,将"新劳动教育"精神融合在节日教育活动之中。让学生在欢庆节日的同时,也感悟到劳动之美、劳动之意义,让新劳动精神得到弘扬与传承。劳模进校园、工匠大讲堂,将校园文化渗透到"新劳动教育"精神的培养中,

---

1　章振乐.学校劳动文化建设的价值追求与实践路径[J].创新人才教育,2021(03):22—25.

使"新劳动教育"精神根植在学生的身心之中,让优秀的品质得到传承与弘扬。

4. 基于活动的"新劳动教育"的实施

没有实践便没有真正的劳动。中共中央　国务院《关于全面加强新时代大中小学劳动教育的意见》要求各学校根据实际采取多种方式开展劳动教育。除了贴近学生生活实际的特色劳动教育课程,"新劳动教育"强化劳动实践对于学生劳动思想形成、劳动技能习得和劳动习惯培养的意义,根据教育规律及学生的身心发展特点,学校有序构建、分层推进劳动实践活动。

表3-1　富春七小学校劳动教育常态实践活动安排

活 动 主 题	活动时间	活 动 内 容	活动年级
用劳动迎接幸福生活	一月	迎新活动	各年级
热爱劳动,传承文化	二月	春季开学劳动周	各年级
公益劳动,服务社会	三月	志愿者服务月	各年级
劳动合作,职业体验	四月	劳动周	五年级
劳动美丽,工匠精神	五月	收获节、劳模报告会	各年级
学习独立,学会感恩	六月	成长礼	四年级
熟知国防,练就精神	七、八月	学军活动	五年级
劳动收获,尊重劳动者	九月	秋季晒秋周、农民丰收节	各年级
劳动艰辛,创造劳动	十月	学工	六年级
劳动情感,技能展示	十一月	劳动技能大赛	各年级
劳动自信,劳动传承	十二月	劳动大讲堂	三年级
劳动习惯,学会生活	每周	落实家庭劳动清单	各年级
传统文化,民族自豪	每个节气	习俗体验	各年级轮流

通过组织学生参加形式多样的实践活动,对学生进行热爱劳动、热爱劳动人民的教育,切实解决有劳动无教育的问题。通过组织学生参加形式多样的实践活动,丰富劳动教育载体,不断拓宽育人途径,坚持显性教育与隐性浸润相结合,通过校园环境及文化氛围的营造,以及丰富多彩的校园活动的开展,让劳动教育润物细无声。

六、"新劳动教育"的评价机制

基于"新劳动教育"的过程性特点,我校采用了诸如参与式评价、展示式评价、竞技式评价等多元评价方法,使"新劳动教育"评价真正成为学生综合素养评价的内容之一。结合学生劳动素养的养成需求,开发了"i劳动·学生劳动素养培育和提升平台",构建了劳动教育智能管理和监测评价体系,实施了劳动实践体验反馈单评价、劳动争章评价、劳动币评价等多种评价方式。

(一)评价设计

学校以"劳动实践清单"为指导,通过数字化规范平台、信息化管理平台、智慧化测评系统,打造"新劳动教育"平台。以物联网的形式实现,以劳动教育的信息化平台管理。通过大数据,将评测系统智慧化,以"一站式评价"的方式,实现智慧化评测,有效解决了劳动教育评价过程记录难、数据信息多、花费时间大、结果应用弱等诸多难题。

(二)评价载体

留存有价值的劳动教育成果,对于充实劳动教育课程资源、丰富课程内容、提升课程质量,具有非常重要的意义。"新劳动教育"评价关注过程性评价,关注学生在劳动实践中的丰富经历,激发学生兴趣。从"技能+素养"出发,以劳育人立新标;从"过程+结果"评定,关注全过程出新招;从"校内+校外",多元参与全员评价。

学校还设计特有的"劳动币"作为评价奖励的一个手段。劳动币在学校举行的收获节上可以兑换美食、书籍、演出机会、管理机会等。针对课程学习过程中产生的物化结果,例如研究报告、绘本集、自然笔记、科学小论文、摄影摄像等,我们或分主题举办成果展,展示优秀作品;或开办劳动讲坛,由各方面有特长的学生作为小专家,进行专题报告,以一个孩子带动一批孩子。

第四章

基地：
"新劳动教育"的场所建设

我校充分挖掘劳动教育资源，在校内建立
"开心农场""阳光绿谷"等基地，为学生就近开展
"新劳动教育"提供保障。在校外打造"综合＋专
项""紧密＋松散""国有＋市场"等"新劳动教育"
实践体验基地网络，开辟"营地＋农户"的新时代
劳动教育实践的富阳模式。

中共中央国务院 2020 年 3 月 20 日发布的《关于全面加强新时代大中小学劳动教育的意见》中第十四条指出：各地区要统筹中央补助资金和自有财力，多种形式筹措资金，加快建设校内劳动教育场所和校外劳动教育实践基地，加强学校劳动教育设施标准化建设，建立学校劳动教育器材、耗材补充机制。可见，校内校外基地建设是落实劳动教育的重要举措。我们在"新劳动教育"的基地建设中，遵循立德树人是教育的根本任务这一宗旨，通过让学生只在真实的学习情境中劳动实践，从而在劳动中亲近自然、回归自然，激发生命的活力，培养学生多元能力，促进生命成长。[1]

第一节　"新劳动教育"的校内基地建设

校内"新劳动教育"的基地建设是学校开展劳动教育最有力的保障，我们根据学校实际，因地制宜，充分挖掘劳动教育资源，在校内建立了"新劳动教育"的实践基地，为学生就近开展"新劳动教育"提供保障。

一、开心农场："新劳动教育"的专门基地

从网络的"种地"变为真实的"开心农场"，学校因此转变了育人模式。"开心农场"成为富春七小师生乃至家长最受欢迎的校内"新劳动教育"的专门基地。

（一）"根据地"式垦荒

十余年来，从小小的"一块地"，历经开垦、除石、增肥、种植……反复轮回，慢慢地将"开心农场"逐步建设成为拥有 20 亩土地的"'新劳动教育'实践专门基地"。从一片杂草丛生、毫无用处的砾石地，变为生机勃勃的"绿色生态园"。不仅仅扩充了活动场域，更改善了土壤的质地。经历了垦荒期，这块土地不知不觉中发生了改变，成为师生

1　章振乐.正心立德　劳动树人——小学"新劳动教育"的实践与思考[J].中国特殊教育,2017（05）：27—29.

亲近自然、亲近土地的后方"根据地"。[1]

(二)"接地气"式设计

学生在"开心农场"学得轻松、学得开心、学得活泼,学生走出教室,天天"接地气",时时"接地气",不亦乐乎。

"开心农场"以学生身心发展的特点来设计活动框架,以"开心农场"为载体,从五个方面开展活动:农具陈列室、小小农科院、躬耕园、爱心义卖、收获节。

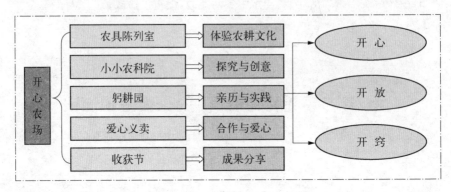

图4-1 "开心农场"活动框架

我们以"农具陈列室"体验农耕文化,以"小小农科院"让学生学会探究与创意,以"躬耕园"促进学生亲历农耕与劳动实践,以"爱心义卖"活动来促使学生学会合作与激发爱心,以学校大型活动"收获节"来让学生学会成果分享。所有以"开心农场"为载体的实践体验活动,最终目标就是让每一个"七小"学子能够在活动体验中获得"开心",学会"开放",让心灵"开窍"。

师生、家长逐渐改变重分数轻素质、重知识轻能力、重课内轻课外的教学理念,改变"以分数为唯一标准"的评价制度,从而使校园涌动着生命的活力,使少年拥有富有生命力的五彩童年,使儿童的成长充满着幸福和快乐。"开心农场"逐级做好顶层设计,以激发学生的学习活力为基点,立足新理念、新视角、新途径、新构架,在开放多元的空间里,开展学生喜爱的课内外教育活动,深入教育内涵,推进素质教育的实施。

(三)"试验区"式模块

学校逐渐开发区域模块,"农博馆""开心廊亭""小小农科院""百草园""蔬菜种植

---

1 章振乐,陈万勇.立己达人:劳动教育的推广与振兴之路——全国劳动教育实验学校联盟的价值追求与运作实施[J].中小学德育,2018(07):21—23.

区"等应运而生,以其丰富的内容和独特的形式铺展开来。

　　"开心农场"要成为学生学习的乐园,不是光种菜就可以的,必须挖掘、创建更多的区块和设施,丰富农场的内容。我校利用已有的场域和资源,根据学生自己的愿望,开发了"农博馆""班级种植区""小小农科院""百草园""果树园""精灵屋"和"开心画廊"等区块。在这些区块中,我们布置了各类与农耕文化相联系的宣传画,摆放各类"开心农场"学习所需的器具。为了方便学生在各个区块进行活动,学校根据各区块的学习要求,自主申报,专人负责管理。

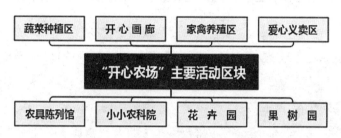

图4-2 "开心农场"主要活动区块

　　如农博馆,搜集展览了风车、牛车、石磨、锄头、蓑衣等几十件农事用品,这些东西是大部分孩子没有见过的。每个学生在参观时都兴致勃勃,对这些用品充满了好奇。在看一看、听一听、摸一摸、用一用的过程中,孩子们增长了知识,也产生了对农业劳动的兴趣。在蔬菜种植园里,学生们个个都是农场主。他们在班级责任田里种植各种蔬菜、瓜果和花卉,收获时节采摘成熟的果实。这里成了学生们名副其实的"开心农场"。

表4-1 "开心农场"主要活动区块一览表

阵 地	内 容	功 能
农博馆	1. 参观农博馆 2. 学习"节气课程" 3. "蔬菜小博士"评选	1. 搜集展览各类农具,认识农具; 2. 学习"二十四节气",了解节气与农业的关系; 3. 学习认识蔬菜相关知识。
小小农科院	1. 小课题研究 2. "我的农场我设计"	1. 研究农作物生长的基本规律; 2. 根据儿童视角设计"开心农场"。
躬耕园	1. 班级承包种植蔬菜 2. "开心农场"夏令营 3. "我心中的开心农场"征文	1. 班级承包种植,体验劳动的艰辛; 2. 用文字表达对农场的认识以及活动感受。

阵 地	内 容	功 能
开心画廊	1."亲子墙绘"比赛 2. 蔬果造型设计	1. 与父母合作,展开想象,美化农场; 2. 设计蔬果造型,培养对农作物的情感。
爱心义卖区	收获、义卖蔬菜	1. 在义卖活动中,学习买卖、包装、推销以及人际交往; 2. 培养学生的爱心、合作精神。

"农具陈列馆""开心画廊""小小农科院""蔬菜种植区"以其丰富的内容和独特的形式让学生在亲近土地、感受农耕文化、体验农业劳动艰辛的过程中,发挥了育人的功效。

(四)"多维度"式体系

每个班都有属于自己的一块"蔬菜种植区",即"班级责任地"。每个学生必有一棵插着自己名字的"蔬菜",让贫瘠的责任地变得有了生命力。这块地,带着神圣的使命感,伴随着学生六年的小学生涯,体现了学校对学生寄予的厚望,将使学生终身受用。

1. 主题开发

从"耕读世家"缓缓走来的农耕世界,徐徐展现在学生的"开心农场"里,让学生有充分的时间和空间亲近土地。在种植过程中,体验农业劳动的艰辛,在劳动中感受农耕文化,发挥育人的功效。学校依托"开心农场"资源,根据不同年段学生的身心特点,结合农事实际,整理编制了六大主题,开发了纵向排列的序列化农事体验课程,主要是:一年级种蚕豆、二年级种土豆、三年级种桑养蚕、四年级种油菜、五年级种向日葵、六年级兔子养殖。[1]

2. 分层排列

采用低、中、高三个学段六个年级的排列方式,以学生身心不断发展的主线来架构课程,遵循了学生认知发展的规律;并且在各年级不同的课程中,以农作物生长规律和农事安排的先后时间顺序来编排课程内容,遵循了事物发展的客观规律。从面上分析,在单个课程的单元板块和课时教学内容上,注重在课程目标的多维度横向拓展和教学空间的多方位横向扩展。在课程开发中,我们根据各年级的农事项目特点和学科

---

1 章振乐,陈万勇. 立己达人:劳动教育的推广与振兴之路——全国劳动教育实验学校联盟的价值追求与运作实施[J]. 中小学德育,2018(07):21—23.

课程实际,以单元主题的形式对所涉及的农事体验内容进行横向拓展和整合,形成了大小不一的单元模块教学内容,从而架构了"线面结合"这一系统而丰富的农事体验课程体系。

3. 实践体验

以"开心农场"的农事体验为主的特色实践课程,有别于教室的、书籍的学习活动,为学生提供了一个真实的学习情境,学生在真实的情境下学习,获得最真切的学习体验。通过自觉参与、主动探究、自我认知,自然而然地体验到劳动的艰辛和亲近土地的快乐。在"开心农场"的一系列活动的观察、测量、研究和劳动实践中,获得了知识和技能,经历了学习的过程,习得了学习的方法。在"开心农场"中的体验式学习,和生活中任何体验一样,是内在的、情感的,是个人在形体、情绪、知识上参与的获得。

4. 学科融合

在"开心农场"里还开展语文、数学、科学、英语各个学科的实践活动,有亲历、有实践、有体验、有收获,学生们在这样的活动中积极主动,他们看到的不再是虚拟世界里的情境;他们笔尖流露的不再是硬挤出来的,而是自然而然的真实,是油然而生的情感。"开心农场"里的植物、动物、农具,为学生制造了亲近自然的机会,亲历生活的氛围,从而产生表达的欲望和自然的灵感。不但增长了观察能力,还增强了多维的兴趣和情感。

(五)"深下沉"式评价

每学期,学校还有"美丽农场"评比,"开心农场"开启美好生活。根据富春第七小学"美丽农场"每月一评制度,班级责任地各显光彩。

评选从杂草除尽、整洁、及时开垦、播种、布局合理美观、班级标牌挺立、农作物标牌及时更新、小导游解说形式丰富多彩、农作物长势喜人进行评分,评委有学生代表、德育处老师、科学组和美术组骨干老师、班主任、年级组长等。

评比周期为每月一评,每月 16 日评比。各班做好周期维护,发挥集体智慧,记录农场"开心亮点",鼓励自主创设,每月评选"美丽农场",学期结束评选出学期"美丽农场"。奖励"新鲜蔬菜"及劳动币,班级一起分享。学生辛勤耕耘,在"开心农场"收获劳作的快乐,知晓"种植"中季节的馈赠外,每日行动也增添了更多的期待。

(六)"三育人"式建树

"开心农场"活动着力于挖掘田园教育资源,着力于改变学生的学习方式,着力于提升学生的基本素质,不仅得到了社会以及家长的高度认可,而且有效地提升了学校的整体办学水平和教育质量,使学校、校园充满着生命的活力,充满着成长的活力,充满着创新的活力。[1]

在"开心农场"活动的实施过程中,我校的育人模式实现了转换。学校教育从课堂育人到开放育人,从书本育人到生活育人,从知识育人到实践育人。在一个更开放的空间中转变了学校的育人模式,使学校教育更加富有活力。[2]

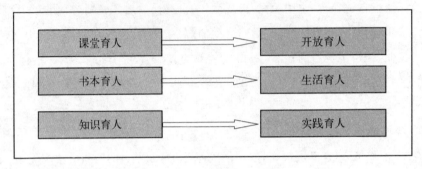

图 4-3 "三育人"示意图

在课题实施过程中,育人模式的成功转换,即"三育人"转变已成为学校素养提升的一大优势,成为劳动教育基地建树之一。

二、 阳光绿谷:"新劳动教育"的赋能基地

阳光绿谷即现代农业园,已经建成的玻璃阳光温室,目前已经有的是电动外遮阳、风机浴帘等降温设施,地面以整体铺砖为主,顶面是阳光板,整体采光比较理想。阳光绿谷温室内部空间环境具有适宜性之后,便作为学校活动场馆和特色课堂教室,成为了真正意义上的阳光绿谷。生态空间是为人员活动提供环境保障的,富春七小的玻璃温室空间景观生态化,让人在一种绿色的氛围内倍感舒适,学生在老师的带领下进行"新劳动教育",用水培、气培、雾培等方式进行室内耕作。还有鱼菜共生等复合耕作体系,体验科技耕作。在舒适的基地空间,让学生开展劳动特色教育课程。科技耕作劳动课程设计具体如下图:

---

1 章振乐. 新时代劳动教育的实践路径[J]. 人民教育,2021(12):60—62.

2 同上.

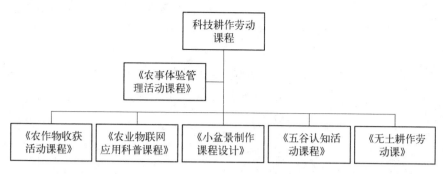

图 4-4　科技耕作劳动课程图

　　阳光绿谷的生态空间在物联网环境信息控制系统的作用下,各种设备自动运行,学生在阳光绿谷里学习包括劳动教育在内的各种课程,根据实际教学不断探究课程,富春七小的学生将在这里编织无限的梦想。

　　学校对"开心农场"实施班级承包制,学生以"农业创客劳动"的形式参与。在阳光绿谷高科技种植馆、农具陈列馆、蔬菜种植区等劳动基地,学生了解现代农业在高科技下的发展成果,在农业局专家的指导下开展新型栽培,习得从传统的劳动密集型产业向机械化程度较高的现代产业转型的知识与技能,激发了学生对农业科普的兴趣。

　　以物联网技术背景下"高科技种植"为例:学校的"阳光绿谷"智慧大棚里,有室内智慧生态实验室,装备有智慧生态土培箱、水培箱、生态育苗箱等。物联数据是智慧生态教育学习平台的核心,可以观看视频直播下植物的生长状态,而那些看不见的温度、湿度等,可以利用传感器把数据呈现出来,为学生的现代种植与养护提供更多的科学依据。

　　我们根据与现代农业相关的种子、土壤、栽培、灌溉、气候 5 个主题,通过知识学习、科学实验、探究发现和拓展延伸四个环节的学习,指导学生在设计对比实验活动和自动控制方案的过程中,综合运用观察、体验、制作、设计、种植等多种形式,产生对科学研究的兴趣。通过智慧农业劳动的实施,感受科学对农业发展的影响和作用,提高实践能力和创新精神。

表 4-2　智慧农业劳动课程内容表

序号	劳动主题	探　究　内　容	年级
1	现代种植	无土栽培之水培——以生菜为例 无土栽培之雾培——以小番茄为例 土培 VS 无土栽培	3—6

序号	劳动主题	探　究　内　容	年级
2	种子	传统育苗与智慧生态育苗箱 研究影响种子发芽的因素 种子内部结构 观察种子在生长过程中的变化	3—6
3	土壤 探秘	分析土壤成分,了解土壤的生态系统 检测土壤中氮磷钾的含量,选择同一种植物种植开展实验 了解土地污染的现状与后果,研究对策 寻找解决开心农场土壤板结、贫瘠的有效方法	3—6
4	栽培	水培箱的内部构造及实时数据 水中溶解氧对水培植物生长状态的影响 水培植物的选择、养料的秘密 观察不同植物的生长规律,监测植物的生长	3—6
5	温室环境 气候	研究温室中的碳循环 通过智能设备控制温度,为蔬果提供优质的生长环境	3—6
6	灌溉	研究水的 pH 值 了解阳光绿谷的水循环并能利用智能设备进行灌溉 传统灌溉与现代灌溉的优劣对比 为家中植物设计自动浇水器 设计土壤湿度传感器	3—6

　　在高科技种植课程中,学生可以以小组为单位选择种植养护项目,运用掌握的物联网知识和智能设施为种植作物提供适宜的生长条件,尝试撰写物联网种植学习实验报告与科学小论文等,让农业种植因为新技术的加入而充满智慧。

第二节 "新劳动教育"的校外基地建设

校外劳动教育实践基地各具特色,多样化的劳动实践课程为学生走出校园、走向更广阔的天地,为劳动教育的深入开展提供了资源保障和更大的实践体验平台。

富阳区作为浙江省劳动教育示范区,充分利用品牌优势,力争打造国家级标准化劳动教育基地。富阳区"新劳动教育"工作也将努力实现从"新劳动教育"原创地到样板地,从全国劳动基地到全国劳动教育窗口的两个转变。[1] 大力拓展实践场所,满足各级各类学校多样化劳动实践需求,着力提升劳动教育支撑保障能力。全区将打造"综合+专项""紧密+松散""国有+市场"的"新劳动教育"实践体验基地网络,开辟"营地+农户"的新时代劳动教育实践的富阳模式。富阳区"新劳动教育"实践基地网络包括"5 个大规模综合实践体验基地""41 个乡村实践体验基地""100 个精品村",计划培育"1 000 个示范农户""2 000 名村民教师"。

深化发展"1+N+X"模式,完善基地功能。完善 1 个研究院、N 个公办"新劳动教育"实践基地、X 个社会化"新劳动教育"体验点相结合的"1+N+X"模式,不断扩大"新劳动教育"实践基地和体验点规模和数量。富阳区呈现大规模综合基地、乡村实践基地、农户体验点三位一体的"新劳动教育"实践基地新模式。[2]

一、 大规模综合基地

根据《意见》精神,针对劳动育人的目标,打造全区内涵丰富、形式多样的大规模综合基地,是"新劳动教育"区域化发展的必然需求。"新劳动教育"大规模基地建设稳步推进。富阳区"新劳动教育"5 个大规模综合实践体验基地,构成富阳区研学实践基地主体,为区内外学生研学实践活动提供了良好的实践场所。

---

1 章振乐.区域统筹 协同育人——新时代劳动教育的"富阳经验"[J].中小学德育,2020(11):61—64.

2 同上.

(一) 杭州(国际)青少年洞桥营地

杭州(国际)青少年洞桥营地是全国"新劳动教育"实践基地,是我区第一个大规模劳动教育实践基地。同时,富春山居集团、浙江永耀文旅集团启动的五四村"新劳动教育"基地、西岩村"新劳动教育"基地两个基地建设项目已经初具规模。[1] 银湖街道坑西的"乐岩"NHT自然艺术营地,依托西岩文旅项目,打造以"自然、人文、科技"为主题的特色基地。一期基地占地24 000平方米,配套的种植梯田、水库、大草坪等设施已经建成;占地27 000平方米的二期项目也已提上日程。

(二) 常绿镇"新劳动教育"营地

富阳区常绿镇依托常绿"红""绿""篮""古"四色资源建立了"新劳动教育"营地。常绿研学基地以"富硒'新劳动教育'基地"和"状元+红色研学旅行营地"为载体,将为学生提供红色文化、绿色生态、篮球运动、非遗体验的综合性实践活动。

(三) "小桐洲""阳陂湖"大型劳动实践基地

在区委区政府的高度重视和大力支持下,以"小桐洲""阳陂湖"为代表的大型劳动实践基地建设正在稳步推进。"小桐洲"即新桐"新劳动教育"研学小镇,阳陂湖实践基地也正在紧锣密鼓地建设,二者各具特色。

小桐洲研学基地项目,以新桐乡全域作为开放式营地,规划结构为"一心多区多点",即1个综合基地服务中心,多个不同主题的体验区,并串联农户、加工厂等多元的特色体验点。服务中心占地总面积为23 334平方米,项目建设将分两期推进,一期项目已于2022年9月投入运营。

阳陂湖研学基地项目,占地总面积为11 211平方米,设计建筑面积为17 000平方米,将充分利用阳陂湖的历史底蕴、景区内涵和区位优势,结合"一湖六园"的特点(一湖是指主湖区阳陂湖,六园分别为农耕园、渔趣园、汀洲园、清水园、花漫园、荷香园),从千年湖景文化、稻作(农耕)文化、水利文化、渔文化等方面做好特色研学课程的开发。

大规模综合实践体验基地无疑是"中枢",从硬实力到软实力,引领着"新劳动教育"实践体验基地的发展。为了把富阳区"新劳动教育"进一步打造成为全国新时代劳动教育的"重要窗口",努力实现从"新劳动教育"原创地向样板地、试点型向窗口型"两个转变",我们将以"基地建设"为突破口,提升"新劳动教育"的品牌影响力。

1　章振乐.办落地有痕的劳动教育——浙江省杭州市富阳区富春第七小学的"新劳动教育"实践[J].福建基础教育研究,2019(11):4—7.

二、乡村实践基地

(一) "新劳动教育"乡村实践基地

培育乡村基地,促进乡村振兴。乡村实践基地是基地的网络"神经元",有着举足轻重的位置。在"脱贫攻坚""共同富裕"的舞台上发挥着独特的作用。全区已经出台《"新劳动教育"实践基地认定标准和申报流程》,2020 年,洞桥·贤德基地、永昌·唐昌基地、匠艺空间基地、花鹿原基地等首批 24 个"新劳动教育"乡村实践基地已审批挂牌。名单如表 4-3 所示。

表 4-3 "新劳动教育"乡村实践基地

序号	劳动象征图案	基地名称	所 在 单 位	所在街道	特色	接待人数
1	牛奶盒	富伦生态基地	杭州富伦生态科技有限公司	灵桥镇	环保	200
2	制作衣服	爱丽芬基地	杭州爱丽芬旅游有限公司	银湖街道	环保	200
3	水力发电	富春江水电基地	杭州富春江水电设备有限公司	东洲街道	环保	100
4	昆虫标本	亚林所科普基地	中国林业科学研究院亚热带林业研究所	富春街道	自然	300
5	豆腐	洞桥·贤德基地	洞桥镇贤德村	洞桥镇	民俗	300
6	打麻糍	万市·槎源坞基地	万市镇槎源坞村	万市镇	民俗	300
7	剪纸	匠艺空间	杭州艺自在文化有限公司	富春街道	创意制作	50
8	大棚蔬菜	湘溪·悦家果蔬基地	杭州湘溪悦家果蔬专业合作社	新登镇	自然	200
9	制作竹篱笆	黄公望基地	黄公望隐居地	东洲街道	自然	300

序号	劳动象征图案	基地名称	所 在 单 位	所在街道	特色	接待人数
10	规划馆房子	富阳规划展示馆基地	杭州市富阳区规划编制中心	鹿山街道	历史	200
11	种植火龙果	九重天农业基地	杭州九重天农业发展有限公司	东洲街道	生态	200
12	插花艺术	花鹿原美学基地	杭州花鹿原生态农业发展有限公司	鹿山街道	生态	300
13	造纸	御富春古法造纸基地	杭州富阳双溪书画纸厂	大源镇	非遗	100
14	灰汤粽	湖源·窈口基地	窈口村股份经济合作社	湖源乡	历史	100
15	冬瓜王	绿禾源生态农场基地	杭州绿禾源生态农业有限公司	场口镇	生态	200
16	环保酵素制作	常安·吉庆农庄基地	杭州富阳原素生态农业开发有限公司	常安镇	生态	200
17	油面筋	龙门古镇基地	富阳区龙门镇民宿休闲协会	龙门镇	民俗	100
18	房子	大源新关村基地	杭州乡滋乡味土特产有限公司	龙门镇	民俗	100
19	帆船	东梓关·航海中心基地	富阳区场口镇东梓关村民委员会	场口镇	民俗	100
20	龙舟	祥瑞龙舟基地	杭州富阳祥瑞水上运动器材有限公司	新登镇	科技	100
21	稻香节（割稻）	渔山村基地	渔山乡渔山村	渔山乡	自然	300
22	种水稻	东洲·红旗村基地	浙江夸克农业开发有限公司（红旗村）	东洲街道	自然	300
23	房子	水印山庄基地	杭州富阳区水映生态农业开发有限公司	场口镇	科技	200

序号	劳动象征图案	基地名称	所 在 单 位	所在街道	特色	接待人数
24	造纸	蔡氏文化创意基地	杭州富阳蔡氏文化创意有限公司	灵桥镇	非遗	100
25	竹编	胥口·上练基地	杭州富阳胥口上练村	新登镇	非遗	100

(二)"新劳动教育"乡村体验线路

2020 年在杭州市富阳区富春山居集团的精心策划下,为了更好地推动乡村振兴、绿色山乡、非遗传承等,专门为学生在假期参加"新劳动教育"实践体验活动设计开拓了七条路线。

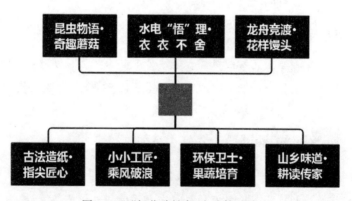

图 4-5　"新劳动教育"实践体验路线

七条活动线路如下:

线路一:　环保卫士·果蔬培育

　　在农事体验、DIY 环保酵素制作活动中培养孩子不怕苦、不怕脏、不怕累的劳动品质,让孩子们体验田间种植劳作、丰收农作物的艰辛与快乐。

线路二:　小小工匠·乘风破浪

　　在手工制作航海模型、参观帆船设计与制作活动中引导孩子学习工匠精神,让孩子们在动手制作帆船模型的过程中体验工匠精神的守正创新。

线路三： 山乡味道·耕读传家

在传统美食的制作与农家田园生活的劳动中培养学生热爱我国传统文化的精神,体验真实的农事劳作,体会劳动的艰辛和乐趣。

线路四： 古法造纸·指尖匠心

在古法造纸、雕版印刷等体验活动中激发学生对我国造纸术、印刷术的自豪之情。

线路五： 水电"悟"理·衣衣不舍

在水、力发电实践体验中培养学生的科学探究精神,在 DIY 旧衣物改造中培养学生的创新能力和动手裁剪、缝纫能力,感悟工匠大师的专业与技艺,树立"三百六十行,行行出状元"的劳动价值观。

线路六： 昆虫物语·奇趣菌菇

在林间、实验室探究昆虫和菌菇等活动中培养学生科学观察、科学研究的精神,让孩子们体验小小生物的繁殖与生长的奇妙,感受自然界微小生命的生长规律。

线路七： 龙舟竞渡·花样馒头

在旱地龙舟比赛中学习中国传统文化的精髓,培养学生团队劳作的精神,在传统游戏和传统节日的美食制作中发现劳动人民的智慧,感受劳动人民的淳朴与勤劳。

利用企业资源特色,开发了"企业＋""文创＋"、科技模式下的衍纸创意、昆虫标本制作、印刷技术、生态造纸及再生纸制作等课程。"新劳动教育"基地课程以劳动实践为主,设计传统与现代劳动内容,引导学生在动手动脑中获得劳动体验。

(三)"红色＋"新劳动教育""乡村体验线路

在此基础上,2021 年进行了二次完善开发及设计。为了明晰中国共产党的百年历程,学习艰苦奋斗、砥砺前行的辉煌历史,继续依托富阳区"新劳动教育"实践体验活动,探寻富春大地上革命旧址、历史遗迹,把这些红色资源中蕴藏着的丰富的劳动教育价值挖掘出来,富阳区教育局设计了7条富阳区"红色＋"新劳动教育""实践体验活动路线,旨在为广大中小学生行走富春大地,追寻红色印记提供平台,感受劳动之美。"行走富春大地,追寻红色印记,感受劳动之美",2021年杭州市富阳区暑期"红色＋"新劳动教育""实践体验活动推荐线路出炉。此次设计基地主题更鲜明,课程内容更丰富,学生收获更丰厚。

具体路线如下:

线路一: 博物典藏,红色印记

红色场馆:

抗日战争胜利浙江受降纪念馆:位于320国道富阳区银湖街道受降村,是浙江省唯一的大型抗战胜利主题纪念设施。纪念馆内陈列着纪念人民抗日救亡历程的图片、文艺作品、使用物件等,表现了中国人的顽强和智慧,同时揭示了日本法西斯的贪婪与残暴。

金竺村制笔制伞非遗村落:金竺村位于富阳区银湖街道,当地丰富的竹资源,孕育了纸伞和湖笔这两种传统文化手工艺,纸伞制作技艺被列入省级非遗名录,湖笔制作技艺被列入富阳区级非遗名录。

新劳动实践:

劳动内容:旧衣物改造、自制小饰品、简单机械工具使用、底板零件制作

爱丽芬城堡实践基地:参观服装生产线,选取合适的面料,亲自尝试制作一件小饰品,或DIY将旧衣物改造成简单实用作品,培养创新能力和动手裁剪、缝纫能力,感悟工匠大师的专业与技艺。

杭富水电设备陈列馆:了解电的来源及水力发电的原理,理解羊角锤所蕴含的科学道理,掌握螺丝刀旋螺丝的正确方法。在水、力发电实践体验中进一步激发他们的探究欲望。

建议线路:

抗日战争胜利浙江受降纪念馆——爱丽芬城堡实践基地——杭富水电设备陈列馆——金竺村制笔制伞非遗村落

劳动实践时间:一至二日

适宜人群:中小学生

线路二：红色传承，探秘自然

红色场馆：

郁达夫故居：坐落在富春路"郁达夫公园"内。这是郁达夫烈士的旧居，郁门"双烈"出生于此，并在这里度过了童年。双烈亭位于富阳鹳山东麓，南邻富春江，是为了纪念郁曼陀、郁达夫烈士而修建的，由茅盾题词"双松挺秀"。双烈园和二董纪念馆均位于鹳山景区。

新劳动实践：

劳动内容：观察昆虫、菌菇培养、包装花束、中西式点心制作

亚林所科普基地：当一名小小昆虫观察员，研究培养菌菇生长，进行一次志愿服务劳动，了解昆虫与人类的关系，让学生了解昆虫，对昆虫感兴趣，进而热爱大自然，提升对昆虫的认知水平以及昆虫与自然和人类的关系。

花鹿原美学基地：了解花鹿原植被花卉的品种及分布，对不同的花和植物进行识别，认识常见树木和花草，亲自整理花材，用精美包装纸跟着老师一步一步扎成花束，在卡片上写上祝福语送给最亲的人；动手制作中西式点心，亲自包装一小份带回家与家人分享。

建议线路：

郁达夫故居——鹳山双烈园——二董纪念馆——花鹿原美学基地——亚林所科普基地

劳动实践时间：一至二日

适宜人群：中小学生

线路三：缅怀先烈，品位乡村

红色场馆：

新登战役纪念馆：位于新登城西塔山上，为了纪念新登战役中献身的三百余位烈士而建，占地520平方米，由烈士墓、怀英亭、纪念碑等组成。1945年5月，新四军经七昼夜激战，以少胜多，击败了19 000余人的国民党79师和"突击一队"，并取得了辉煌的战果。1953年，富阳县人民政府在塔山建立起新登战役塔山烈士陵园。

新劳动实践：

劳动内容：旱地划桨、馒头制作、果蔬采摘

湘溪·悦家果蔬基地：亲自动手制作传统美食，了解传统手工制作，动手采摘果蔬，体会劳动果实的来之不易，在美食制作和果蔬采摘的过程中发现劳动人民的智慧，感受劳动人民的淳朴与勤劳。

祥瑞龙舟基地：参观龙舟的制作过程，了解龙舟的来历，由专业老师教授如何利用旱地划桨将龙舟移动，学习如何协调配合，提高行动能力，学习中国传统文化。

建议线路：

新登战役纪念馆——湘溪·悦家果蔬基地——祥瑞龙舟基地

劳动实践时间：一至二日

适宜人群：中小学生

线路四：营地之乡，重温历史

红色场馆：

万市烈士陵园：坐落在万市镇东入口，北枕千井岗，南面葛溪水，香樟环绕，雪松掩映，始建于 1964 年 4 月，时称万市烈士墓。在解放战争、剿匪斗争、对越自卫反击战和社会主义事业建设中牺牲的龙羊地区的 30 位烈士安息或将其英名铭刻于陵园。

贤德状元故里：洞桥镇贤德村是施肩吾的故里。施肩吾是杭州地区首个状元，他不仅诗才出众、状元及第，还是一位有名的道教思想家和养生实践者，更是大陆民间开发台湾澎湖列岛第一人。村里走一走，可以寻觅到唐朝状元施肩吾的足迹与故事；继续往前，就到了被建筑大师王澍一眼相中并设计打造的文村，建筑风格独特，远近闻名。

新劳动实践：

劳动内容：传统美食制作、职业体验、生存训练

杭州国际青少年洞桥营地：在"自学"探索和"自律"评价的基础上，实践体验生活自理、生存训练、军事体验、农事体验、科学探究、历史与文化六类实践课程共 120 余个活动项目，学习生活技能、训练生存技能、接受国防教育。

洞桥贤德实践基地：学习特色传统美食制作和农耕课程，进行日常生活劳动和生产劳动实践。体验制作当地传统美食，感悟山乡特色，传承美食文化，发现劳动人民的智慧，感受劳动人民的淳朴与勤劳。了解农作物生长规律，体验乡村真实的劳动生活，体会劳动的艰辛和乐趣。

建议线路：

万市烈士陵园——参观贤德状元故里（特色民居）——洞桥贤德实践基地——杭州国际青少年洞桥营地

劳动实践时间：一至二日

适宜人群：中小学生

线路五：古镇新貌·红色寻根

红色场馆：

龙门孙晓梅纪念馆：位于龙门古镇"城德堂"内。1999年5月开馆，馆内存列孙晓梅烈士生前的图片、书信等资料及用过的一些实物。孙晓梅于1938年参加革命。1943年4月被日寇残忍杀害，年仅29岁。

新四军两渡富春江红色研学中心：位于常绿镇，红色研学中心以新四军两渡富春江为时间轴，分"中共中央发展东南战略决策""新四军苏浙军区一渡富春江""新四军苏浙军区二渡富春江""路西抗日根据地""军民鱼水情""功绩载史册"六个部分，用半景画、场景复原、实物展示、多媒体影片、互动展项等现代声光电技术，配合多种绘画、雕塑形式，以集成式的展项组合空间，讲述了新四军在浙江的战斗历程，以及金萧支队、蒋忠烈士等地方武装和重要人物的相关历史事件。

富阳党史教育基地：党史教育基地位于革命老区常绿镇的中心小学四楼。基地由"富阳党史""富春英烈""蒋忠烈士""红色常绿""党建知识"五大部分组成，共分8个展馆，展出了蒋忠烈士、孙晓梅英烈等英雄人物和新四军两渡富春江、会师常绿等故事。

新劳动实践：

劳动内容：传统小吃制作、再生手工纸制作

龙门古镇实践基地：了解"龙门面筋"这一独具乡土特色的地方风味小

吃的制作过程,用手将面筋原料拌好后放入水中进行不断搅拌,直至洗净麦粉及麦皮,留下精华部分,即面筋团子。在实践过程中欣赏龙门古镇老街风景。参观上官球拍工艺流程展览馆,了解中国球拍的发展史,在参观和动手过程中,深刻了解中国传统工艺的制作过程,体会工匠精神。

富伦生态基地:参观工厂,了解可回收资源变废为宝的可行性。见证小小牛奶盒工厂生产过程的实例,了解牛奶盒的构成成分,体验制作过程:把自己收集的牛奶盒通过石臼捣棍把纸浆分离出来,将处理好的纸浆做成再生手工纸;将亲手制作的手工纸包上香料,完成富伦生态定制环保再生香囊;在亲手制作的手工纸上创作,用环保再生纸相框把自己的作品裱起来。

建议线路:

龙门孙晓梅纪念馆——龙门古镇实践基地——新四军两渡富春江红色研学中心——富阳党史教育基地——富伦生态基地

劳动实践时间:一至二日

适宜人群:中小学生

线路六: 追忆历史,古村探幽

红色场馆:

湖源新四军金萧支队陈列馆:位于湖源乡窈口村。此地曾是新四军金萧支队北上抗日与解放富阳的会师地,蒋忠传抵达中央87会议精神的所在地,金萧支队后方医院(湖田山),是张文达烈士牺牲的地方以及金萧支队文工队组建与演出的主要场所。

新劳动实践:

劳动内容:农事体验、制作环保酵素、手工制作航海模型

吉庆农庄实践基地:顺应时节体验各类果蔬农耕种植,参与劳动实践,让孩子们体验田间劳作、种植农作物的艰辛与快乐。在垃圾产生、垃圾分类到垃圾回收等相关知识的学习中了解"垃圾的一生",通过亲自动手制作环保酵素。

场口东梓关实践基地:参观帆船设计与制作活动,通过实际操作和体

验,了解帆船文化的独特魅力,引导孩子们体会工匠精神,并在手工制作航海模型的过程中,体会手工劳动的乐趣。通过下水实践,进一步探究帆船设计及制作原理,真正体会到劳动创造的美好以及劳动成果的来之不易。

建议线路:

湖源新四军金萧支队陈列馆——吉庆农庄实践基地——场口东梓关实践基地——东梓关古村

劳动实践时间:一至两天

适宜人群:中小学生

线路七: 富春山居,红色记忆

红色场馆:

"中央调查组在富阳"史料陈列室:为了纪念1961年毛泽东主席派秘书田家英同志带队到浙江农村调查全国普遍出现的农村极其困难局面的原因这一事件。富阳东洲公社为其中一个调查点。浙江调查后来成为历史上值得重重书写的一笔,根据调查组给毛主席反映的真实情况,党中央及时作出了正确的决策,使得农业生产和国民经济得到了恢复。

新劳动实践:

劳动内容:古法造纸、剪纸、篱笆制作

黄公望实践基地:进行篱笆制作生产劳动实践活动。通过制作篱笆,学习生存的基础技能,体会劳动不易;感受黄公望森林公园的生态美。

御富春古法造纸实践基地:进行古法造纸、剪纸生产劳动实践活动,通过古法造纸、雕版印刷、剪纸活动,了解中国传统文化的魅力,体会手工造纸的乐趣,深入了解我国造纸术、印刷术的由来。

建议线路:

黄公望实践基地——"中央调查组在富阳"史料陈列室、东洲保卫战史料陈列馆——御富春古法造纸实践基地

劳动实践时间:一至二日

适宜人群:中小学生

三、 农户体验点

富阳区将打造 100 个各具特色的"新劳动教育"实践体验活动精品村;培育 1 000 个接待规范和教育有效的"新劳动教育"实践体验活动示范农户;建立"企业＋""农户＋""村镇＋""工厂＋"等模式的"新劳动教育"实践基地,为更多学校的学生提供多样化的劳动实践平台。

全区立足新时代劳动教育要求,结合乡村文化特色分别开发了农耕课堂、农户课堂及手艺课堂。三大类别课程之下设立了垃圾分类、酵素制作、豆腐制作、灰汤粽的制作、茶文化与现代茶饮调制、麻与麻糕的制作、现代农业与农植培育、草编文化与草编制作、竹文化与竹鸟的制作、米制品文化与米稞制作等课程。[1]

我们在利用品牌优势打造全国标准化研学实践基地的同时,进一步深化"1＋N＋X"模式,完善研学实践教育基地网络;培育乡村基地,助力乡村振兴。希望通过多种形式的研学基地和体验点的建设,形成综合研学实践基地、乡村劳动教育基地、农户体验点"三位一体"的"新劳动教育"实践基地网络,从而构建研学基地建设的"富阳模式"。

研学实践基地的建设将为当地乡镇、企业聚集人气,带来人流,吸引杭州、上海等地的学生到富阳来参加研学活动。在学生研学的基础上,我们也将在学术研究、师资培训等方面进行探索,打造五大高地。

---

1 章振乐. 新劳动教育:构建立德树人新样态——浙江省杭州市富阳区富春第七小学新时代劳动教育实践[J]. 劳动教育评论,2020(01):101—108.

第五章

课程：
"新劳动教育"的内容设计

为了避免劳动内容的随意性，我们以亲近自然、动手动脑、怡情健体为发展宗旨，以认知规律为基点，以能力培养为主线，以过程体验为重点，以促进学生的终身发展为目标，开发了一系列课程，形成了"新劳动教育"的课程体系，从而使我校的"新劳动教育"真正发挥了育人的功能。

第一节 "新劳动教育"的课程架构

新时代的劳动教育,不是对过去"教育与生产劳动相结合"方针的机械重复,更不是要回到过去一度淡化课堂教学而去学工、学农的单一模式。新时代的劳动教育有新的内涵、定位与目标。我们不仅要重视学生劳动习惯、劳动态度、劳动品德的培养,还要重视劳动认知、劳动知识与技能、劳动价值观等的培养,使学生形成全面、系统的劳动素养。新时代的劳动教育走的是整合性的教育道路。[1]

一、"新劳动教育"课程解读

"新劳动教育":"新劳动教育"是实践育人的途径,它以劳动为载体,以劳辅德,以劳增智,以劳强体,以劳益美,以劳养心,力争实现劳动教育的新内涵。"新劳动教育"突破传统劳动教育目的和内容局限,让学生在劳动中感到劳动光荣,体验人对生活的能动创造;感到劳动快乐,在劳动体验中发现大自然对人的贡献;感到劳动有趣,能在劳动中发现自我的才能,获得成长的乐趣。[2]

(一)目标定位

我校的"新劳动教育"课程,使学生通过一系列劳动,感受劳动的乐趣,学习劳动的技能,感受劳动创造带来的成就感。课程以"走进田野、体验劳作、分享爱心、快乐成长"为理念,培养孩子的多元能力,促进孩子的生命成长。

1. 树立正确的劳动观念

低年级:知道每天的生活离不开他人和自己的劳动,知道"美好生活要靠劳动创造"的道理,理解劳动是一种光荣和值得尊敬的行为。

中高年级:能够感受生活中劳动带来的乐趣和愉悦,知道劳动是每个个体应尽的

---

1 章振乐.办落地有痕的劳动教育——浙江省杭州市富阳区富春第七小学的"新劳动教育"实践[J].福建基础教育研究,2019(11):4—7.

2 章振乐.正心立德 劳动树人——小学"新劳动教育"的实践与思考[J].中国特殊教育,2017(05):27—29.

义务,懂得"一分耕耘一分收获"的道理,认识到劳动无贵贱之分。

2. 培育积极的劳动精神

低年级:学会肯定和赞赏别人的劳动,具有自己的事情自己做的自主意识,具有劳动中的好奇心和想象力。

中高年级:能够体会参加劳动过程的艰辛和参与服务性劳动的乐趣,具有能做的事情坚持做和困难的事情想办法做的劳动意识,懂得尊重各种职业的劳动者,具有亲近劳动、诚实劳动、辛勤劳动的基本态度。

3. 具有必备的劳动能力

低年级:能辨识日常生活中的基本劳动工具,具有基本的个人生活自理能力,初步掌握简单的生活生产劳动和轻体力服务性劳动的基本技能。

中高年级:会合理选择和正确使用生活中常见的手工劳动工具以及简易的家庭劳动设备,知道日常生活劳动中所用材料的特性和加工方法,具有完成力所能及的家务劳动、生产劳动、简单的手工制作、公益服务劳动的能力。

4. 养成良好的劳动习惯

低年级:学生能够逐步建立坚持自我生活服务、遵守劳动纪律、维护劳动秩序等劳动习惯。

中高年级:学生具有认真细致、勤劳节俭、规范安全、有始有终地进行劳动的习惯,养成与他人合作完成劳动任务、共同分享劳动成果的习惯,逐步建立合理利用材料、尊重劳动者的行为与习惯。

(二) 课程特征

"新劳动教育"实质上是从"立德树人"的视角对劳动教育的时代诠释和重新架构,是立足于人的全面而自由发展的教育形态。[1] "新劳动教育"让学生回归生活,基于真实问题开展学习,在实践中创新,让儿童走进田野,走进广阔的天地,在劳动中学习,在生活中实践。在"新劳动教育"学习中,通过转换学习方式,以学思做合一的方式体现实践育人的价值取向,在传统的简单劳动教育的基础上丰富劳动教育内涵,以实现劳动教育从被动到主动的历史创新,从静止到发展的内容创新,从工具到存在的功能创新,从单一到整合的实践创新。[2]

---

1 赵玉成. 新劳动教育的"富春实践"[J]. 上海教育,2018(33):45.
2 章振乐. 杭州市富春七小:新劳动教育课程学习的探索[J]. 中国德育,2019(06):52—54.

1. 从课堂走向田野,创设小学生成长的实践场所

"新劳动教育"为学生提供了更广阔的学习空间,使学生能从教室空间里走出来,在田野中、自然中,释放天性,自由活动。学生的学习空间从课堂走向了田野,随之改变了学生学习的载体,从课本到田野,田野里的蔬菜、土壤、昆虫等,都成为学生学习的载体。学生在鲜活的自然中,亲身参加各种农事活动,获得身心的健康成长。

2. 从认知走向操作,让小学生在手脑并用中成长

"新劳动教育"改变了学生传统学习的认知型学习方式,在开心农场的活动以实践操作为主,学生从开垦、播种、培育、收获到分享的过程中,以动手动脑的农事活动为主要学习方式,同时,学科整合课程也是以田野为载体的创意或探究性的实践操作。因此,学生的学习方式从认知走向了操作,使他们在操作中发现问题、解决问题、获得新知、加深感悟、发展情感,在实践中得到成长。

3. 从间接认识走向直接认识,丰富小学生学习方式

实践育人就是让学生通过自己的实践,直接获得认识。它改变了学生以往在课堂上,通过教师传授获得新知的途径。传统课堂中往往以教师讲授为主,学生不需要直接接触或探究问题,而是由教师间接地把知识点讲授给学生,这样的方式,学生的学习停留在记忆的层面。"新劳动教育"的学习,学生是亲自参与实践,探究获得知识和感受,这种直接的认识能更加深刻地被学生习得,更丰富了学生的学习方式。

二、"新劳动教育"课程建设原则

校本课程是国家、地方课程的互补,是补充国家课程和地方课程中过分侧重学科知识本位之不足。"新劳动教育"实践课程的愿景是基于我校育人目标提出的"有朝气、有骨气、有才气的东吴小俊才"。[1] 校本课程开发是以学校为基地的课程创新,是构成新型动态课程体系的重要组成部分,应体现学校主体、学生主体、以人为本的自主性。在"新劳动教育"课程建设中,应把握以下五大原则:

---

1 章振乐. 杭州市富春七小:新劳动教育课程学习的探索[J]. 中国德育,2019(06):52—54.

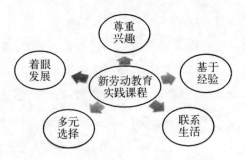

图 5-1 "新劳动教育"课程五大原则

(一) 尊重兴趣

国家、地方课程强调的主要是全体学生共同发展,难以照顾到学生的层次性、差异性,尤其是学生个性特长发展受限。校本课程应以学生为主体,力求创造回归生本的教育活动,因此学生在活动中的主观能动性尤为重要,课程建设要与学生个性发展的需要相适应。"新劳动教育"课程,在深入了解学生的差异类别、个性需要的前提下,尊重学生的兴趣和个性特长,研究设计教育活动和教学内容,从而开发出以人为本、因人而异、因材施教、因势利导的课程,以利于促进学生个性特长的发展,让学生通过自主实践、自主体验,促进德育、智育、体育和心育的全面成长。

(二) 基于经验

在开发校本课程时,必须注重人的实践,坚持实践第一、感受第一和体验第一的原则。"新劳动教育"课程坚持以实践为价值取向,基于真实情景开展学习,将正心立德、劳动育人作为基本定位;以体力劳动为主,手脑并用,知行合一。课程建设与开发时遵循教育教学规律和学生身心发展规律,引导学生基于已有的认知与经验,身体力行,亲力亲为,注重实践过程,强化实践体验,注意安全适度,在劳动实践中增强体质、增长才干、塑造品格、成就人生。因此,本课程的开发以学生为主体,根据学生的成长规律、生活实际和发展需要,培养他们关注人与自然、人与社会、人与自我、人与科技的和谐发展,学会分析问题和解决问题,培养学生的实践精神和创新意识。[1]

(三) 联系生活

教育只有回归生活本身,关注真实的生活,才能引导学生追求美好的生活。本课程一是基于学生的学习和生活场景,以开心农场为校内实践场地,以家庭为校外活动基地,以现阶段小学生存在的现实问题,开发生活劳动、农场劳动等课程;二是对本地

---

1 章振乐.杭州市富春七小:新劳动教育课程学习的探索[J].中国德育,2019(06):52—54.

区的地方风俗、乡土文化等进行深入挖掘,合理开发,一手抓传承,一手抓创新;三是与区域社会经济发展的需要相适应,开发出能服务当地经济建设、生产生活实际和反映地方文化特色的课程,赋予课程因地制宜的区域特征,充分利用校内外资源,形成教育合力,促使学校特色的形成。

(四)多元选择

从校本课程开发主体的多元趋势来看,学校这一教育主体,即是课程开发的主体之一。本课程以学校为课程开发基地,以学校教师为课程开发主体,由学校自主规划、设计、实施和评价课程,从而增强课程体系的灵活性、适应性和实践性。本课程的开发必须最大程度地尊重每一个个体的需要和选择。课程设计和开发的每个环节都体现以人为本的价值观,达到课程主客体之间互动互馈的理想效果。

(五)着眼发展

本课程注重劳动观念、劳动精神的培养。深入挖掘劳动过程中的育人因素,充分发挥劳动的综合育人价值,重点引导和培养学生树立马克思主义劳动观,形成勤劳、奋斗、奉献、创新的劳动精神,加深对劳动人民的感情,以诚实劳动、合法劳动和创造性劳动报效祖国、奉献社会、发展自我。注重与时俱进,与技术进步融合。紧跟科技发展和产业变革的步伐,准确把握新时代劳动形态的新变化,创"新劳动教育"内容、途径、方式,适应时代新人培养需求。注重激发学生的积极性、创造性,完善评价激励机制。劳动教育注重过程考察和综合评价,要求突出评价劳动对学生的价值发展的作用,客观记录学生劳动实践的所获、所感、所悟,鼓励学生自我展示,加强与同伴间的合作交流和经验分享,激发学生主动参与力所能及的各类劳动实践。提倡质性评价,避免将评价简化为分数或等级。

同时,校本课程的开发与实施还要注重目标的普适性与课程的本土性,在实践操作中,根据国家课程的普适性目标,挖掘更多的校园特色,进行普及性活动的设计与实施,让"新劳动教育"理念突破一校、一地的局限,惠及更多的师生;同时,要注重实施的过程性与评价的科学性,比如对学生通过活动获得发展的过程、教师的活动设计与实施过程进行合理评价,建立发展导向的科学性评价体系,通过评价更好地提升学生的体验,激发其潜能。

三、"新劳动教育"课程体框架

教育部研制印发《关于全面深化课程改革落实立德树人根本任务的意见》,提出将组织研究提出各学段学生发展核心素养体系,明确学生应具备的适应终身发展和社会发展需要的必备品格和关键能力。提出了九大核心素养:社会责任、国家认同、国际理解;人文底蕴、科学精神、审美情趣;身心健康、学会学习、实践创新。实践创新中具体包括劳动意识、问题解决、技术应用等基本要点,重点是尊重劳动,具有积极的劳动态度和良好的劳动习惯;具有动手操作能力,掌握一定的劳动技能;在主动参加的家务劳动、生产劳动、公益活动和社会实践中,具有改进和创新劳动方式、提高劳动效率的意识;具有通过诚实合法劳动创造成功生活的意识和行动等。以科学性、时代性和民族性为基本原则,以培养"全面发展的人"为核心,主要是学生在日常活动、问题解决、适应挑战等方面所形成的实践能力、创新意识和行为表现。因而,结合学校实际,"新劳动教育"就是有目的、有计划地引导学生在现实生活、学校教育、社会生产和服务实践中,通过手脑并用、知行结合的劳动方式,养成劳动习惯、培养劳动能力、树立劳动观念和精神的实践活动。孩子们能在丰富的课程实践中,获得亲身经历和真实体验,积累劳动智慧,激发劳动情感,养成劳动习惯,端正劳动态度,弘扬劳动精神,形成新时代劳动价值观,培养辛勤劳动、诚实劳动、创造性劳动的良好品格。

(一) 课程的产生

自古到今,中国的教育文化都强调对孩子的培养不能脱离劳动,其中当然有优秀文化传承的因素,更因为劳动在人的全面发展中具有不可替代的作用。受网络"开心农场"流行的启发,我们结合学校的地理位置和地段优势,实地开辟了"开心农场",包干到班,每班负责一块菜地,不同的季节种植不同的蔬果。孩子们为班级菜地开垦、种植、浇水、捉虫等,在劳动的同时愉悦了身心。孩子们越来越喜欢亲近土地,对农场的一菜一虫有着独特的看法和见解。语文老师带着孩子们观察农场的一草一木,写出了很多关于农场的日记和文章;美术老师带孩子们去观察和写生,孩子们用笔画出了一花一世界;在科学老师的讲解下,孩子们研究出了有关植物、昆虫、土壤等一系列的科学知识。顺应时代发展,总书记把"爱劳动"与"爱学习""爱祖国"并列,强调了"爱劳动"是为孩子创造幸福未来的根本途径,为当代青少年的健康成长指明了方向。围绕"立德树人"的总要求,以学生的发展为主题,细心设计"开心农场",通过"新劳动教育"这一创新载体,丰富系列教育活动,开发和整合学校的课程与教学,为孩子的全面发展、健康成长作出了有效的探索和实践。学校更是通过"新劳动教育"实现孩子们"天人合一,人事相趣"的发展。播下热爱生命、热爱自然、热爱生活的种子,为孩子的幸福人生奠基。从课堂到田野,从知识到实践,有了很多积淀,课程也应运而生。

（二）课程框架

《关于全面加强新时代大中小学劳动教育的意见》指出,让孩子学会处理人与自我、人与自然、人与社会的关系,让劳动回归生活,成为儿童生活不可或缺的一部分。国家劳动课程也指出,劳动教育是中国特色社会主义教育制度的重要内容,直接决定社会主义建设者和接班人的劳动精神面貌、劳动价值取向和劳动技能水平,是学生成长的必要途径,具有树德、增智、强体、育美的综合育人价值。因而学校设置了这么一个框架,在"新劳动教育"实践课程中,将其分成了农事劳动、劳动创意、美好生活这三大块。

实施劳动教育的重点是在系统的文化知识学习之外,有目的、有计划地组织学生参加日常生活劳动、生产劳动和服务性劳动,让学生动手实践、出力流汗、接受锻炼、磨炼意志,培养学生正确的劳动价值观和良好的劳动品质。因而把家庭、学校、社会的劳动紧密结合了起来。

家庭在劳动教育中发挥基础作用,鼓励孩子自觉参与、自己动手,随时随地、坚持不懈地进行劳动,掌握洗衣做饭等必要的家务劳动技能,家长要通过日常生活的言传身教、潜移默化,让孩子养成从小爱劳动的好习惯。

学校在劳动教育中发挥主导作用。学校要切实承担劳动教育主体责任,明确实施机构和人员,开齐开足劳动教育课程,不得挤占、挪用劳动实践时间,系统学习并掌握必要的劳动技能。根据学生身体发育情况,科学设计课内外劳动项目,采取灵活多样的形式,激发学生劳动的内在需求和动力。

社会在劳动教育中发挥支持作用。充分利用社会各方面资源,为劳动教育提供必要保障。共同支持学生深入城乡社区、福利院和公共场所等参加志愿服务,开展公益劳动,参与社区治理,鼓励孩子利用节假日参加各种社会劳动。

基于我们学校的开心农场,它为孩子们提供了一系列的农事劳动,从种植、种养到分享,劳动的意识慢慢在孩子们心中扎根,劳动的观念也越来越强。它给我们的生活也带来了更多的舒适和惬意,正因为我们从农事劳动中获得了劳动素养,继而拓展到了生活中,因此我们拥有了生活整理、垃圾分类和志愿活动等服务生活、服务社会的劳动品质。有了观念、品质和正在提升的劳动素养,继而形成了解决问题的能力,在真实的情境中,创意出了小农夫、小鲁班等劳动内容,真正领悟实践创新和科学意识。

（三）课程体系

学校基于文化传承,与国家课程协调互补,依托"新劳动教育"品牌,对三级两类课程进行合理规划,制定学校课程体系和课时设置。

1. 三级课程体系规范设置

课程体系是教学内容与进程的总和,是育人活动的指导思想,是教育教学活动的基本依据。学校在设置课程体系时努力做到"三化":

一是教育内容"课程化"。要求把适合学生的学习生活、成长交往的各方面内容按照课程要素、课程规则、课程所形成的步骤程序变为课程。

二是核心素养"校本化"。这要求根据国家教育方针中对人的要求、素质教育中提出来的三个重点培养内容以及核心素养里涵盖的内容,来设计学校各自的育人目标,并根据育人目标,确定课程内容和课程目标,从而设计整个课程体系。

三是课程结构"体系化"。根据基础性课程与拓展性课程、国家课程与地方课程以及校本课程、选修与必修等关系,制定课程规划与体系架构。

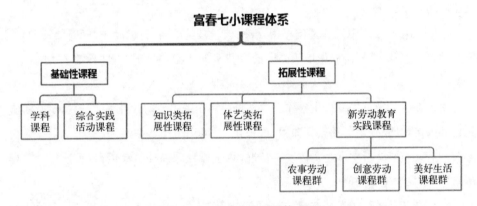

图 5-2 富春七小课程体系图

2. "新劳动教育"课程设置

在实施好国家课程、地方课程的大前提下,学校开发出满足学生个性发展,服务于

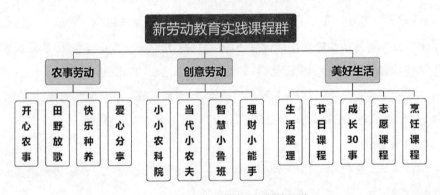

图 5-3 "新劳动教育"实践课程群

学校办学理念的特色校本课程群。

从上图可以看出,"新劳动教育"实践课程群由农事劳动、创意劳动和美好生活三类组成,每一类下面又有若干门课程,组成一个课程群。各门课程之间紧密联系,让学生走向田野、走入乡村、投身劳动。

四、"新劳动教育"课程的学习方式

为了落实"新劳动教育"课程目标,学校根据设置的课程体系,分析研究不同子课题的开发方式与实施路径,拟从以下五种学习方式开发课程。

(一) 跨学科的项目整合学习

"新劳动教育"课程中的开心农事类课程,我们采用的主要是以跨学科与项目的整合性学习为主。

1. 二十四节气

通过"开心农场"与农历节气结合,学生可以进行学科整合的项目式学习,包括倾听自然声音、绘写自然笔记、与街道联办节气风俗活动、了解农事劳动与物候变化的关系等,通过观察、访问、调查、记录等形式,增强对传统文化的探究意识和认同感,初步树立严谨求实的科学态度。在不断实践中,学校编撰出版了《大地上的劳作:24 节气亲子书》《孩子们的二十四节气》。

2. 农场小作家

这是基于开心农场的习作项目。借助真实情景下的体验式活动,让学生在翻地、播种、浇水、施肥、锄草中观察发现、实践锻炼、想象表达,以此积淀写作素材,激发学生的写作灵感,培养学生的写作兴趣。

3. 田园古韵

这是具有人文特色和文化创意的整合项目,将劳作与别具风味的小古文吟诵与创作结合,以田园古诗文诵读、创作,"开心农场"逸事记录,田园古诗词大会等为操作要素,让学生明白更多哲理和礼仪,懂得许多历史人物、史实、风俗、典故等文化知识。

(二) 年段各异的主题学习

"新劳动教育"课程中的"快乐种养"板块,我们采用的是每一个年级都确定种养研究主题,并按主题开展劳动学习。

1. 蚕豆种植

这是基于开心农场的主题式学习项目,要求学生自选蚕豆种子并播种,在蚕豆长叶、开花和结果的过程中,感受劳动之美。

2. 种桑养蚕

利用"开心农场"种植桑树,采摘桑叶养蚕,包括桑苗选取、扦插、管理、桑叶采摘和养蚕等,让学生在实践中体会劳动成果来之不易,感受蚕吃叶吐丝这一无私奉献的品质。这样的学习,主题明确,将走向自然、回归生活、感悟人生融为一体。

3. 朵朵葵花向阳开

主要包括了解向日葵名称由来、生长环境等,进行向日葵种植活动;通过亲自体验葵花籽的加工,了解葵花籽油的加工过程,从中获得最直接的感知和技能。此外还有油菜花开金灿灿、土豆种植、小兔养殖等主题活动,学生在劳作和喂养的过程中,与植物、动物的生命建立起了有效和有意义的连接,充分感受到了劳动的意义与价值。

(三) 基于社团的课题研究式学习

"新劳动教育"课程中的"小小农科院"劳动创意组块,主要包括小小农博士、智慧小鲁班、当代小农夫、理财小能手等。

1. 小小农博士

根据各年段种植蔬菜的特点,将探究性学习项目设计成若干小课题。如以土壤、植物的研究为切入点,在种植活动开展之前,组织学生到开心农场采集土壤样本开展调查研究;同时在教师和专业技术人员的指导下,学生对 pH 值、有机质等进行化验,学做土壤分析师。学生通过小课题研究学会探究,成为农场探秘的"博士",充分满足了自主学习的需求。

2. 理财小能手

这主要以学生为主体,重体验、重合作、重研究,通过合理策划和有效实践,在探究过程中发展学生的综合能力,在活动中渗透财商教育,比如结合社会机构开设各种社会实践活动:银行体验活动、了解股市行情及风险、儿童自我理财管理等。同时,在数学学习中寻找渗透财商教育的契机,将财商教育与数学学科课程融合。

3. 农具博物馆

主要借助地理位置优势成立农具博物馆,引导学生分析研究不同农具的用途,加深对我国悠久农耕文化的了解,从中初步了解农业发展历史,感受劳动人民的智慧和创造力。这些项目,不但丰富了学习方式,更培养了学生的探究精神和研究意识。

(四) 基于公益的社会服务性学习

爱心义卖、垃圾分类和志愿者服务等实践活动突出劳动价值观引领,注重劳动参与、劳动体验,感受劳动价值。

1. 爱心义卖

在收获节期间,学生写倡议书,开展义卖活动,义卖收入存入基金,并用于公益爱心捐助。学生通过合作完成割菜、清理、销售、理财等,并在此过程中形成为他人服务的意识,养成"劳动从我开始"的社会自觉。

2. 垃圾分类

在做细做实校园生活垃圾分类工作的同时,通过多种形式积极倡导学校、家庭、社区全员参与。如在公共场所,开展垃圾分类宣传引导和实践;劝导市民、同伴自觉进行垃圾分类,回收可再生垃圾,践行垃圾的减量及分类收集。

3. 志愿者服务

由班级成立中队,到车站、公园等场所开展志愿者服务,或清洁环境,或劝导行人自觉遵守交规,四年级的学生还定期维护在公交车站设立的共享书吧,用力所能及的劳动奉献社会、服务社会、感恩社会。

(五) 基于生命成长的生活学习

晒秋迎新、生活整理和学会自立等活动以能力培养为主线,以活动体验为重点,以提升学生综合素养为目标,促进学校教育生活化。

1. 晒秋迎新

每逢开学,学校通过举办种子瓶设计、亲子开垦播种、向日葵赠送、晒农场丰收果实等活动,为学生营造一个温暖而喜庆的校园环境,让学生感受自然和劳动的伟大,实现"润物细无声"的教育效果。

2. 生活整理

根据定标准、严要求、分层次的要求,让学生从学会整理自己的学习用品开始,逐步延伸到学校生活和家庭生活,从"物品"的整理逐步向"事情"的整理乃至"思路"的整理发展,逐步养成"勤整理""会整理"和"善整理"的生活化技能。

3. 学会自立

每年学校会主办亲子包饺子、裹粽子、合作搭帐篷等活动,通过活动来锻炼学生的实际动手与操作能力，唤醒孩子自主、自立、自我服务的意识，帮助他们拥有创造幸福生活的能力。此外，学校还在"智慧小鲁班"开展创意学习，在"当代小农夫"开展现代化的农业种植实践，在"小小农科院"开展气象观测并播报农时等，不断丰富"新劳动教育"学习方式。"新劳动教育"的开展需要一定的支持系统，以保障其有序推进。

第二节 "新劳动教育"的课程开发

自 2009 年学校开展"新劳动教育"至今,在课程开发和实施的实践过程中,对"新劳动教育"的课程不断完善,不断迭代升级,使"新劳动教育"的课程从草创走向了成熟。

一、"新劳动教育"课程建设的历程

1. 第一阶段:主题活动实践探索阶段(2009—2012 年)

2009 年,为了丰富学生校园生活,探索育人模式转换路径与策略,学校在省规划课题《基于育人模式转换的"开心农场"设计与实施》下开展劳动教育主题活动的实践探索。学校向周边社区租用 20 亩土地,建设"开心农场",作为劳动教育基地,用于全校学生参与蔬菜种植等活动,开展丰富的主题活动,为学生的校园生活增添了活力。通过聚焦劳动教育内涵、创"新劳动教育"内容,初步实现由传统劳动教育向"新劳动教育"的转变,为"新劳动教育"的蓬勃发展开启了探索之路。

2. 第二阶段:学科融合实践探索阶段(2012—2013 年)

为了促进劳动教育内涵发展,学校组织教师依托国家课程教材提炼项目学习主题,突破传统教学模式,将学科教学与劳动教育进行深度融合,以项目的形式把与"新劳动教育"的相关内容融入劳动实践中,促进知识和能力的综合和迁移。同时也生发出一些劳动主题的拓展性课程,为"新劳动教育"实践课程奠定了基础。在此期间,学校被认定为全国唯一一所小学劳动教育实验学校。

3. 第三阶段:课程体系建设阶段(2013—2017 年)

为了进一步落实"新劳动教育",完善"新劳动教育"体系建构与实施,学校构建"田野大课堂"特色课程,将"新劳动教育"课程纳入全校日课表予以实施。同时,启动基于选择性思想的"新劳动教育"实践课程群架构研究。"新劳动教育"课程以为孩子终身发展奠基为目标,以劳动为载体,以认知规律为基点,以能力培养为主线,以过程体验为重点,形成了"新劳动教育"体系,提升了学生的劳动素养,促进了全面发展。

4. 第四阶段：深化、推广阶段(2017年至今)

学校基于"新劳动教育"体系的深入实践,发挥劳动教育在育人质量提升中的重要作用,并与"德育、智育、体育、美育"融通起来,进行全方位、全过程式的贯穿渗透。同时,学校与全国各地学校联合成立富阳区"新劳动教育"联盟、长三角新时代劳动教育20校联盟、中国"新劳动教育"联盟学校等组织,推动新时代劳动教育的发展;并以"1＋N＋X"模式,成立劳动教育研究院,建立劳动教育实践基地,推动本区"新劳动教育"实践体验活动,开创结合社会资源实施劳动教育的新路径。

二、"新劳动教育"课程开发的基本原则

学校"新劳动教育"课程以实践、观察、体验等学习方式为主,注重知识和能力的综合和迁移,在真实的生活情境中培养学生的劳动实践能力。

(一) 劳动教育与各育相融通

新时代背景下的劳动教育,在理念及实践上均拓宽了内容及内涵,以其独特的融通性有机地渗透在德育、智育、体育、美育之中,丰富其他各育的内容和维度。我们积极探索以劳树德、以劳增智、以劳健体、以劳育美、以劳创新的以一育带动诸育的融合创新路径,在互动、共享中实现综合育人、全面育人,促进人的全面和谐发展。

(二) 集中与分散相结合

在课程实施过程中,我们采用集中与分散相结合的方式,设置专门的劳动教育必修课程。每周确保一个课时进行劳动启蒙教育、劳动技能学习以及劳动实践活动。同时,在日常教学过程中,每个学科根据自己的主题,结合劳动教育的要求不定期开展学习活动。采用集中与分散相结合的学习方式,既符合农事活动的规律,又可以对学生进行主题教育。

(三) 主题与项目共推进

我校"新劳动教育"课程以主题与项目相结合的方式实施。在"主题周"期间,每个年级各个学科确定一个相同的主题。比如,二年级的主题是"呀! 土豆!",学生围绕土豆的种植、培育、义卖、奉献爱心等开展学习活动。项目是指日常教学中结合农事开展的学习活动,如"探秘土壤"课程,在科学教师的组织下,学生利用科学课教学时间开展土壤采样、研究等活动。主题与项目结合,有效地拓宽了学习平台。

（四）劳动与智慧共生长

在"新劳动教育"课程的学习中,学生不仅仅是亲历劳作,同时也参与探究、合作等活动,以体力劳动为主,坚持手脑并用,把握新时代教育背景下劳动形态的变化,让劳动不再是单纯的流汗,而是充满智慧与创造。做中学、研中学的学习方式,有利于培养学生富于创造性的劳动品质,深度挖掘学生的各种潜能。

（五）学科与课程相互渗透

实际上,每个学科都有很多劳动教育资源,我们有效地利用这些资源,根据每个学科的特点设计不同的劳动教育内容,在学科教学中有机渗透劳动教育。比如,在语文、道法课中,教师注重劳动价值观、劳动态度、劳动意识的培养;在数学、科学课中,教师加强对劳动技能、品质的培养,等等。这样,将劳动教育无痕地渗透在各个学科的教学过程中,使劳动教育全程、全员、全方面、多角度地得以落实。

（六）家庭与社会共同参与

在学校的各年级家务劳动建议框架下,我们统筹开展家庭劳动教育,确保劳动教育的时间和空间。充分利用社会资源,以小组或班级的形式积极开展社会服务性劳动,通过学校、家庭和社会的深度协作,形成家校社综合化育人格局,让劳动教育渗透到学生学习与生活的方方面面,使其真实有效地发生。

三、 农事劳动类课程的开发

（一）课程说明

当下,随着生活水平提高和城镇化进程加快,越来越多的孩子远离了劳动,远离了大地、阳光、虫鸣、鸟叫……远离了劳动和大自然,就是远离了生命的本体,这何其危险!许多孩子没有在太阳的炙烤下进行过劳作,如何能体验到一分耕耘、一分收获的道理,如何能珍惜劳动的果实,如何能体会生命的意义?

富春七小建成后,周围刚好有一大片荒地,几个老师、职工一起开辟了一部分,种上了韭菜、番薯等农作物。学生们很喜欢这块菜地,一开始是几个孩子,后来是一群孩子去菜地。看着孩子们亲近土地、融入自然的那种场景,感觉他们似乎原本就属于这里。为了让孩子们充分释放天性,学校把它建成现实版的"开心农场",土地被分成区块,由每个班级承包,负责日常的管理与养护。

老师们积极开发与此配套的课程,经过十余年的实践,形成了比较成熟且系统的农事劳动课程群。它是以"走进田野、体验劳作、分享爱心、快乐成长"为基本理念,培养孩子的多元能力,促进孩子生命成长。

(二) 课程目标

(1) 孩子们走进大自然,享受在田地间挥汗如雨、大声放歌的酣畅淋漓。通过一系列农事劳动,初步树立正确的劳动观念,让孩子们感受劳动的乐趣,学习劳动的技能,感受劳动创造带来的成就感。

(2) 学生通过劳动实践,能具备一定的劳动能力,能种植一些常见的植物,正确使用一些常见的劳动工具,出力流汗,增强体力、智力和创造力。

(3) 学生通过长周期、大主题的劳动,初步养成勇于实践、吃苦耐劳、团结协作的优秀劳动品质,促进学生生命成长。

(三) 课程内容

农事劳动课程群包括"开心农事"体验课程、"田野放歌"创意课程、"快乐种养"实践课程、"爱心分享"综合课程,每个课程下面又都有子课程。

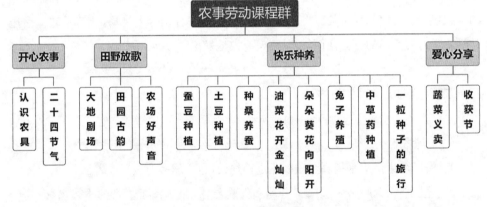

图 5-4 农事劳动类课程

1. "开心农事"体验课程

该课程主要通过开发与农具、农耕、农业相关的内容,让学生从"开心农场"走向"农耕文化",其内在的体验不仅仅在于认知,更在于对传统文化的感悟。

春耕夏耘,秋收冬藏,四者不失时,故五谷不绝。其中,"二十四节气"课程是我校较早开发的课程,它将农事活动与农历节气充分结合起来,学生可以进行学科整合的项目式学习,倾听自然声音、绘写自然笔记、了解农事劳动与物候变化的关系等。

表5-1 开心农事体验课程的主要内容

二级课程	三级课程		课 程 内 容
开心农事	认识农具	了解农具	1. 农具里的智慧　2. 农具里的文化
		体验农具	1. 农具劳作体验　2. 农具使用对比
		探究农具	1. 传统农具改良　2. 农具机械构造
		创想农具	1. 设计3D农具　2. 现代农具发展
	节气课程	认识节气	1. 节气知识学习　2. 节气习俗了解　3. 节气故事创编
		体验节气	1. 快乐农事研究　2. 饮食文化探寻　3. 科学探究活动
		自然笔记	1. 创意笔记　2. 田野手记　3. 童谣创作

表5-2 24节气课程内容

年级	第一学期		第二学期	
	种养殖	节气与传统节日	种养殖	节气与传统节日
一	青菜	白露——大雪	蚕豆(瓜类)	雨水——芒种(元宵)
二	萝卜	秋分——冬至(中秋)	土豆	惊蛰——小暑
三	樟树(生菜)	霜降——立冬(重阳)	种桑养蚕(番薯、青菜)	立春——大暑
四	兰花(莴苣)	立秋——小寒	油菜花	春分——立夏(端午)
五	花菜	小雪——寒露	向日葵	清明——夏至(清明)
六	卷心菜	处暑——大寒(腊八)	兔子(番薯)	谷雨——小满

2. "田野放歌"创意课程

该课程主要与艺术类课程内容相匹配,教师借助"新劳动教育"的载体,引导学生在观察中思考,在思考中展开想象与进行创作,激发孩子的想象力和创造力,使他们能自由地思考,快乐地学习。

表5-3 田野放歌创意课程主要内容

二级课程	三级课程	课 程 内 容
田野放歌	大地剧场	课本剧
		农场小导游
	田园古韵	农场即景
		农事趣闻
		田园四季
		诗文餐桌
	农场好声音	童谣创编
		农场圆舞曲

大地剧场"农场小导游"是孩子们比较喜欢的课程内容,富春七小针对每个班的班级承包地每月进行一次"美丽农场"评比。每个阶段的评比都有一定的主题,各班需要依据主题装扮自己的农场,评委由学生代表、德育处老师、科学组和美术组骨干老师担任。评委评分非常严格,主要标准有农场里杂草是否除尽、整洁度、是否及时开垦和播种、布局情况、班级标牌是否挺立、农作物标牌是否及时更新、农作物长势情况等项目。为了给自己班的农场拉分,农场小导游使出浑身解数,激发无限创意!

3. "快乐种养"实践课程

在该课程实践中,我们力图通过学生自主参与、自我认知,从而自觉体验到劳动的艰辛和亲近土地的快乐。"快乐种养"中的实践课程学习像生活中其他任何一种体验一样,是内在的,是个人在形体、情绪、知识上参与的所得。

表5-4 "快乐种养"实践课程主要内容

二级课程	三级课程	课 程 内 容
快乐种养	蚕豆种植	播种蚕豆	1. 小蚕豆大学问 2. 小蚕豆搬新家 3. 小蚕豆发芽了

二级课程	三级课程	课 程 内 容	
快乐种养	蚕豆种植	蚕豆养护	1. 蚕豆开花了 2. 找找豆耳朵 3. 蚕豆来变身
		蚕豆收获	1. 蚕豆采摘 2. 蚕豆食品 3. 蚕豆赠予你
	土豆种植	土豆大世界	1. 了解土豆 2. 播种土豆 3. 土豆发芽
		土豆大学问	1. 趣味数学馆 2. 巧手设计馆 3. 绘本故事馆
		土豆收获	1. 土豆收获季 2. 土豆美食记 3. 土豆献爱心
	种桑养蚕	养蚕啦	1. 认识蚕宝宝 2. 小俊才养蚕记 3. 蚕宝宝蜕皮了
		探秘啦	1. 蚕宝宝协奏曲 2. 巧手做"蚕" 3. 蚕宝宝的数学问题 4. 蚕茧与抽丝 5. 蚕茧作品
		变身啦	1. 蚕的终极形态 2. 关于蚕蛹 3. 蚕的繁殖
	油菜花开金灿灿	一起种油菜	1. 走近油菜 2. 快乐播种 3. 油菜移植 4. 细心养护

二级课程	三级课程	课　程　内　容	
快乐种养	油菜花开金灿灿	小油菜大学问	1. 油菜解密 2. 解剖油菜花 3. 油菜古韵 4. 油菜写生
		油菜收获季	1. 收获油菜 2. 晒油菜 3. "打油菜" 4. 一起去榨油 5. 用油菜做美食 6. 菜饼有机肥
	朵朵葵花向阳开	小伢儿种太阳	1. 走近向日葵 2. 快乐播种 3. 葵花籽发芽了 4. 快乐移植
		小伢儿大学问	1. 小葵花细养护 2. 葵花向阳鸣 3. 葵花的研究
		向日葵协奏曲	1. 向日葵畅想 2. 巧手做葵花
		向日葵收获啦	1. 向日葵收获季 2. 葵花籽欢乐汇
	兔子养殖	小兔成长记	1. 可爱的小兔 2. 兔子会说话 3. 兔子的小窝 4. 兔子我领养
		兔子圆舞曲	1. 爱吃"窝边草" 2. 卡通形象 3. 兔子纹饰 4. 兔子诗韵
		乐园话小兔	1. 兔子急了要咬人 2. 伟大的母爱

其中五年级的"朵朵葵花向阳开"被评为浙江省第六届"精品课程",该课程的具体课时安排如下:

表 5-5 "朵朵葵花向阳开"课时安排

	内 容	单 元	主 题	课 题	课 时
朵朵葵花向阳开	课程内容	第一单元	播种与移植	走近向日葵	1 课时
				快乐播种	1 课时
				葵花籽发芽了	1 课时
				快乐移植	1 课时
		第二单元	养护与研究	小葵花细养护	2 课时
				小葵花大学问	1 课时
		第三单元	欣赏与创作	向日葵畅想	1 课时
				巧手做葵花	1 课时
		第四单元	采摘与分享	向日葵收获季	1 课时
				葵花籽欢乐汇	2 课时

4. "爱心分享"综合课程

学校通过蔬菜义卖和收获节等活动,让学生喜庆劳动丰收,尽情分享劳动的成果和喜悦。

表 5-6 "爱心分享"综合课程主要内容

二级课程	三级课程	课 程 内 容
爱心分享	收获节	乐园小舞台
		美食齐分享
		农运会大比拼
		劳动币我来换
		10 周岁成长礼

二级课程	三级课程	课程内容
爱心分享	蔬菜义卖	土豆义卖
		爱心捐赠

"收获节"是学校一年一度最重大的传统节日,尝美食、赏歌舞、推独轮……立夏那一天,操场成为欢乐的海洋。在这个节日里,他们能够真真切切地感受到收获的喜悦,要想品尝到美食,就要自己通过双手赚取劳动币。一年级组立夏节气"剥蚕豆"劳动,二年级组"剥笋"劳动,三年级组"认识农作物"劳动,四年级组"模拟烧菜"劳动,五年级组"认种子"劳动,六年级组"垃圾分类"活动。只要参与其中,就可以兑换劳动币。

(四) 实施建议

该课程的主要应用对象是一至六年级的学生。实施农事劳动类课程应注重将学生的自主实践与教师的有效指导相结合。在活动过程中要遵循"亲历实践、主动探究"的原则,处理好认识与实践的关系、体验与建构的关系,倡导亲身体验的学习方法,引导学生对自己感兴趣的课题或活动主题进行持续、深入的探究与实践,防止浅尝辄止。

1. 教学建议

在实施方式上,教师要对学生的农事劳动加以有效指导,指导教师根据学生活动主题的需要,设计具体的指导方案。在内容上,要引导学生从问题情境中选择或确定适合自己的主题、项目或课题;在活动过程中,要加强对学生进行活动方法与方式的指导,帮助学生规范地运用各种解决问题的方法;在活动总结阶段,指导学生对活动过程、活动方法、活动结果与活动收获进行有效总结。

在教学方法上,教师是一个促进者。通过激发学生的学习动机,促进学生形成良好的习惯、科学的方式,努力与其他学科教育相结合,发挥多育并举的优势,促进完善素质的形成。学生在实施过程中既要探究知识,又要学会技能;既要掌握学习方法,又要有积极的情感和态度,形成正确的价值观,学会合作学习。

在实施形式上,农事劳动实践活动的实施,一般可采取小组活动和个人活动两种组织形式。根据课程,每位学生申报富春七小田野大课堂研究性学习内容的主题,同一项主题以小组合作的形式,开展各种劳动实践研究活动。小组的构成由学生自己协商后确定,教师不过多介入他们的选择。为了使实践与探究走向深入,允许并鼓励各班之间、不同年级之间,甚至不同学校、不同地域之间学生的组合。在学生完成个人活动后,应组织学生积极与他人进行交流与分享。在活动的实施过程中,也可以根据实际需要,采取全班活动的组织形式。引导学生开展调查研究与访问、实验研究与观察、技术设计与制作、社会参与与服务、信息收集与处理等多种实践研究活动,正确使用一些常见的劳动工具,出力流汗,增强体力、智力和创造力。

2. 教材使用建议

首先,开学初,年级组长去学校图书室领取农事劳动类课程相应的校本教材,在活动内容的安排上,要充分考虑节气,根据节气时令,种植相应的蔬菜。在课程开始前,组织好启动仪式。

其次,要综合考虑学生的兴趣和活动的科学性。农事劳动的全过程要发挥学生的主观能动性,发挥学生作为活动主体应有的地位和作用。从主题提出到活动实施以及活动的总结、交流与评价,都应该尽可能地让学生自主活动,教师有效地针对学生的实际进行适当的指导或引导。同时,要充分尊重学生的兴趣、爱好和需要。

最后,要考虑课程特点。此课程以实践、体验为主要形式,让学生在实践中感悟现实中如何分析问题、解决问题,以及感受生活,开拓创新能力。让学生学会发现、学会探究、学会实践,超越单一的书本知识的学习,自觉地把直接经验获得和间接经验学习相结合。

3. 课程资源开发建议

(1) 场地、人员。在农事劳动类课程的开发过程中,结合我们学校的地理位置和地段优势,实地开辟了"开心农场",包干到班,每班有一块菜地。不同的季节种植不同的蔬果。孩子们为班级菜地开垦、种植、浇水、捉虫等,充分利用学校现有"开心农场"的教育资源,开展课程实践活动。

(2) 协同教学。课程由班主任和各学科老师相互配合、协同教学,形成了开放的教育人才资源,共同对农事劳动类课程进行教学。

(3) 集中、分散。教师传授科普知识、实践经验可以采用集中形式,但实际操作和实践过程必须是分散的,这样有利于学生动手,让每位学生都有足够的时间来体验活动过程,真正掌握课程中的相关技术,使意志毅力得到锤炼,知识能力得到提高,科学思维得到培养,实践操作得到锻炼,创新精神得到发展。

4. 课程管理建议

一是应建立弹性课时制,课时集中使用与分散使用相结合;二是学校应对农事劳动进行统筹规划。每一个年级制定与"开心农场"农事劳动相互衔接的计划。如"学校农事劳动计划""年级农事劳动计划",并明确相应的负责老师,保证人员明确职责;三是农事劳动类课程应确保课程实施过程管理的规范。课程要求有启动仪式和成果展示。

四、 创意劳动类课程的开发

(一) 课程说明

劳动创意课程群是一门指向提升学生劳动精神、劳动品质、劳动能力和养成良好的劳动习惯的综合性课程。课程采用项目制学习方式展开。项目的取材来源于国家课程和学校"新劳动教育"课程的结合点,促进学生"边劳动边观察,边观察边思考,边思考边总结,边总结边运用"的思想发展。该课程具有下列基本属性:

1. 思想性

本课程重视学生在学习过程中体会"劳动创造财富""劳动最光荣""尊重劳动者""热爱劳动"等劳动观念。在实施过程中,我们重视对学生作品的赏析、在劳动过程中得失感悟的交流,重视鼓励与表彰。

2. 程序性

任何一项劳动要想获得成功,必然要重视劳动程序。对劳动程序的理解,建立在一次又一次的实践操作中。我们可以看到每一个劳动项目在操作的时候,我们都讲究严谨的步骤。例如水稻的育苗过程,先选种,然后浸种、催芽、撒播、移栽或者间苗;在制作南烛叶汁的时候,先择叶,再清洗、榨汁、过滤、挤汁,最后装瓶。每一个环节环环相扣,程序错了,就有可能导致这项劳动的失败。

3. 时代性

任何一门课程都是我们教书育人的载体。在现代,我们中国正处于伟大的民族复兴时期,传统文明我们要传承,创新技术我们要学习,所以在劳动创意课程里,我们融入了许多传统文化的因素,例如节气、劳动工具、劳动技术、劳动形态等,同时我们也不要忘记创新该课程劳动教育的内容、途径和方式。

(二) 开发理念

经过不断的实践与完善,不断地与实际融合,本课程在开发的实践操作时,注意体现下列理念:

1. 社会性

劳动创意课程群之所以获得了众人认可,是因为"家校结合"的劳动方式使得这些项目能深入到家庭,深入到社会。例如种植水稻这个项目,其实很多家长都是"80后",自己对种植水稻也不清楚。课程的开设也提供了一个平台给他们,他们和孩子们一起种水稻,一起成长。这时候,担任种植辅导员的就是"爷爷奶奶"辈的。于是一场以劳动为轴,关于亲情、社会、生活、学习的有机教育就展开了。

2. 完整性

因为是项目制学习,课程尽量让每一个学生能够体验一次完整的劳动,让学生完成真实的、综合的任务。例如油菜这个项目从平整土地开始,再到移栽油菜、养护收割,最后到油菜秆的加工制作。经历一次次完整的劳动,历时虽长,但是可以让学生体会劳动的艰辛和收获的不易。

3. 创造性

我们不仅鼓励学生快乐地学,有获得感地学,有荣誉感地学,还鼓励学生创造性地学。这一点特别体现在对劳动产品的加工上。我们用课程告诉孩子,我们不是来适应这个世界的,而是来改造这个世界的。

(三) 课程目标

1. 学生能从一系列的生产劳动以及日常生活劳动中初步树立正确的劳动观念,初步体会劳动创造财富、劳动创造价值、劳动创造美好生活的道理。初步树立劳动最光荣、劳动最崇高、劳动最伟大、劳动最美丽的思想观念。

2. 学生通过劳动实践,能具备一定的劳动能力,能种植一些常见的植物。正确使用一些常见的劳动工具,出力流汗,增强体力、智力和创造力。学生在劳动的过程中养成分析劳动需求、选择合适的劳动方式、筹划小组活动、设计劳动产品等良好劳动思维。同时养成良好的科学探究能力、团队合作力以及创造力。

3. 学生通过几次长周期、大主题的劳动,初步养成虚心好学、勇于实践、不畏困难、开拓创新、吃苦耐劳的优秀劳动品质。

(四) 课程内容

根据总目标以及学生的需求等因素,设计活动主题和主要内容。劳动创意课程群,一共包括四大板块和7个课程。这四大板块分别是小小农科院、当代小农夫、智慧小鲁班、理财小能手。7个课程分别是"小农夫学气象""七彩植物""小农夫手工作坊""跟着节气去劳动""益智小木匠""20元研学""财商"。

1. "小农夫学气象"课程

我们学校有一个省级示范性气象站,基于这么一个有利的平台,我们气象站的负责老师开发了"气象课程"。气象站成员的选拔都是平时热爱气象的同学,将记录"天气日记"比较好的同学选拔为会员。

表5-7 "小农夫学气象"课程内容

序号	项目主题	课　题	主　要　内　容
1	气象史	气象发展史	了解气象发展历史
2		参观气象科普教育基地	参观区气象站,学习"大"气象站的观测方法
3	小论文	我的气象观测日记	对最近一段时间的气象观测数据进行整理分析
4		蚯蚓为什么爬上来	针对操场上大雨过后总爬满蚯蚓的现状展开研究
5	测量器	气温的测量	利用温度计测气温
6		降水量、蒸发量的测量	利用雨量器测降水
7		测风向、风速	利用风向标、风向杯测风
8		看云辨天	观测云量辨别天气

2. "七彩植物"课程

这一课程以研究植物的根、茎、叶为主。利用校园大课堂进行拓展性研究。内容基于小学教材,又高于小学教材;基于中学教材,又低于中学教材。内容集中,选材方便,利于开课。

表5-8 "七彩植物"课程内容

序号	项目主题	课　题	主　要　内　容
1	根的研究	神奇的根(一)	观察小麦、黄豆的根毛
2		神奇的根(二)	根在什么情况下都吸水吗

序号	项目主题	课　题	主　要　内　容
3	茎的研究	小水滴在萝卜体内的旅行	研究植物的茎的作用
4		土豆和芋艿	研究变态茎
5	叶的研究	叶脉,叶脉,真神奇	对校园的各种树叶叶脉形状进行观察研究
6		单叶,复叶,辨一辨	对校园典型性的单叶、复叶进行观察研究
7	果实的研究	大麦和小麦	对大麦和小麦的果实进行研究
8		哇,这是啥果实	对校园的各种果实形状进行观察研究

3.“小农夫手工作坊”课程

制作活动作为“新劳动教育”的主要组成部分,占有举足轻重的作用。据此,我们专门开发了相应的制作活动课程。

表 5-9　“小农夫手工作坊”课程内容

序号	项目主题	课　题	主　要　内　容
1	酸酸的	制作环保酵素	利用学校的优先资源制作环保酵素
2		制作杨梅干	用蒸煮法制作杨梅干
3	甜甜的	提取红糖	利用甘蔗制作红糖
4		制作乌米饭	利用南烛叶制作乌米饭
5	苦苦的	制作木莲豆腐	利用薜荔种子做木莲豆腐
6		制作豆腐	利用黄豆做豆腐
7	酷酷的	制作豆腐皮	在做豆腐的基础上继续提炼豆腐皮
8		提取淀粉	利用番薯做淀粉

4. "跟着节气去劳动"课程

带着学生经历一系列长周期的种植活动,在活动中培养学生的坚持性和耐心。学习到最重要的长达几千年的农耕文明。

表 5-10 "跟着节气去劳动"课程主要内容

序号	项目主体	课　题	主　要　内　容
1	种油菜	油菜的种植	探究油菜的移植成活原因、移植油菜
2		油菜的护养	学习养护油菜的主要内容和方法、探究油菜上的小虫
3		油菜的加工	加工油菜秆、探究加工方式
4	种水稻	水稻的种植	探究水稻育苗的全过程、移栽成活原因、移栽水稻
5		水稻的护养	学习养护水稻的主要内容和方法、探究水稻叶发黄的原因
6		大米的加工	学做乌米饭等、探究大米加工方式
7	种丝瓜	丝瓜种植	哺育丝瓜苗、移栽丝瓜苗、探究丝瓜移栽成功原因
8		丝瓜护养	养护丝瓜的内容和方法学习、养护丝瓜
9		丝瓜络加工	做丝瓜杯垫、鞋垫等,探究丝瓜络可以加工成哪些工艺品
10	种金橘	种植金橘树	学习种植金橘树、探究金橘树种植成功的原因
11		养护金橘树	养护金橘树,探究金橘叶发黄、卷曲的原因
12		橘子的加工	做橘灯、探究橘子的加工方式

5. "益智小木匠"课程

中国木工文化源远流长,也对中国的科技和文化发展有深远影响,同时木匠艺人专业、专注、专心的工匠精神,在老一辈工匠的心中根深蒂固。随着时代发展和生活水平的提高,木工这一传统手艺逐步消亡,小学生很少能参与其中进行劳动,对木工知识与劳动技能的学习几乎为零,对专业、专注、专心的工匠精神的体验与传承也逐渐减少,这些状况也警示我们重振优秀木工匠人精神的重要性。

表5-11 "益智小木匠"课程主要内容

序号	项目主题	课题	主要内容
1	刨花灯制作	刨木板	识别乔木,刨常见的乔木木板
2		制花灯	通过实践掌握基本的刨木技巧,并将所刨刨花制作成刨花灯
3	投石车制作	找典故	寻找关于投石车的历史、典故,并分析投石车的优点
4		制石车	分析结构,大胆猜测影响投石车投射距离的变量;制作投石车
5	筷子制作	学历史	寻找关于筷子的历史、典故;了解古代朴素哲学思想和用筷礼仪,并进行小组交流
6		制筷子	能用刨子和砂纸制作筷子
7	十二生肖动物制作	学传说	寻找关于十二生肖的传说
8		做生肖	学习并掌握用角度锯锯切指定长度尺寸的木材,包括竖切与45°斜切,并能正确粘合、拼组

6. "20元研学"课程

20元定额购物课程是指学校规定每位学生一次采购花费不得超过20元,前期数学教师会设计教学方案,按年级段分别组织不同长短课时的课堂教学。通过课前调查、制定计划、合作采购、制作美食、分享成果等活动,让学生拥有自我规划、自我管理、自我发展、自我创新的能力,推动学生综合素质的全面提升。

表 5 - 12 "20 元研学"课程主题内容

年段	项目主题	主 题 内 容
一上	低段定额购物（个人）	根据学校限定的每人 20 元的购物标准,在老师和家长的协助下,以个人为单位制订好购物清单,引导学生从价廉物美、健康环保的角度来思考采购任务。课后学生在家长的带领下到超市根据购物清单采购物品,所购商品价钱的结算可由家长协助或由学生独立完成,并记录商品的单价与总价,形成完整的有计划、有实施、有结果的购物过程。
三上	中段定额购物（小组）	根据学校限定的平均每人 20 元的购物标准,以 4 至 5 人一小组为单位,课堂上以小组讨论的形式制订好课堂预算表,课后学生在家长的带领下到超市根据预算表采购物品,并把所购买物品的单价和总价记录到实际采购表中,在购买过程中可适当调整购物计划,所购商品的结算由学生独立完成,形成有计划、有实施、有调整再实施的购物过程。
五上	高段定额购物（大组）	根据学校限定的平均每人 20 元的购物标准,以 7 至 8 人一大组为单位,课堂上以大组讨论的形式制定好美食 DIY 分工和课堂预算表,课后学生在组长的带领下到超市根据预算表采购物品,并把所购买物品的单价和总价记录到实际采购表中,在购买过程中可适当调整购物计划,所购商品的结算由学生独立完成,形成有计划、有实施、有调整再实施的购物过程。

7. "财商"课程

本课程是以学生为主体,重体验、重合作、重研究,通过合理策划和有效实践,在探究过程中发展学生的综合能力,使学生对财富和劳动的关系有一定的认识,了解税收、银行、账本、折扣、汇率等财经知识,具有一定的金融素养和理财方法。该课程充分调动学生参与实践活动的积极性,在活动过程中体会成就感、责任感,从而提高财商决策能力。

本课程根据学生年龄特点分为低、中、高三个年段开展财商课程教学,每一年段 5 个课时。低段包含研学旅行中的 20 元亲子合作购物、我的小店铺、我的一日三餐、我的压岁钱、我的开心义卖;中段包含研学旅行中的 20 元小组合作购物、我是节约小能手、我是旧物回收员、我是网购小达人、我是食堂小账房;高段包含研学旅行中的 20 元 DIY 自制美食、我能精打细算、我能分段计费、我能合理设计保险、我能分析汇率与股市。

表 5-13 "财商"课程具体安排

学段	节数/课时	内　容
低段	第一节(1)	研学旅行中的 20 元亲子合作购物
	第二节(1)	我的小店铺
	第三节(1)	我的一日三餐
	第四节(1)	我的压岁钱
	第五节(1)	我的开心义卖
中段	第一节(1)	研学旅行中的 20 元小组合作购物
	第二节(1)	我是节约小能手
	第三节(1)	我是旧物回收员
	第四节(1)	我是网购小达人
	第五节(1)	我是食堂小账房
高段	第一节(1)	研学旅行中的 20 元 DIY 自制美食
	第二节(1)	我能精打细算
	第三节(1)	我能分段计费
	第四节(1)	我能合理设计保险
	第五节(1)	我能分析汇率与股市

(五) 实施建议

该课程的主要应用对象是三至六年级的学生。实施劳动创意课程重视学生在学习过程中体会"劳动创造财富""劳动最光荣""尊重劳动者""热爱劳动"等劳动观念。在课程中,我们可以看到每一个劳动项目在操作的时候,都讲究严谨的步骤。学生在课程中体验到了种植的规范性和学习的严谨性。

本课程的实施为学生提供了学习、应用知识和动手实践的机会。"劳动实践""劳动设计""校园发现""劳动探究"这些板块,都以实践性作为教学基准。让学生在具体的任务情境中,亲历实际的劳动过程,养成善于观察思考、学以致用的能力,提高了劳动质量与效率。

劳动创意课程不仅鼓励学生快乐地学,有获得感地学,有荣誉感地学,我们还鼓励学生创造性地学。我们用课程告诉孩子,我们不是来适应这个世界的,而是来改造这个世界的。

1. 教学建议

(1) 课内外相结合。我们学校每周三下午有一节长达 60 分钟的社团课,并形成社团课的实施标准。劳动创意课程很多内容就是集中在社团活动课上或者田野大课堂上的。但是,课程里面有一些内容是需要在家仔细观察才能完成的,所以家校合作对于这个课程来说十分重要。我们建立家长微信群、钉钉群,在群里让学生提交作业,与家长及时沟通。另外,有些种植活动,学生不仅在学校和家里种,还可以到富阳大大小小的"新劳动教育"实践基地去种。学校、家庭、社会、网络这种四维教学场景,突破了时空的局限,让广泛的交流与密切的合作成为可能。

(2) 做中学研中学。我们的课程从不在知识上打圈圈,更多的是动手操作、实践体验、合作学习。我们的课程不再是文本,而是活动。我们尊重学生的认知规律,在建立充分实践经验的基础上完善认知结构。每一次的学习都让学生流汗、出力、出智慧,走出课本,走向田野,走向自然。更可贵的是,我们从不把结论直接告诉学生,我们只是引路人,只是学习促进者。当学生在遇到一个个难题时,我们给予他们解决问题的信心和勇气,让学生通过自己的探究去发现解决问题的方法。

(3) 大主题长周期。没有轻而易举的成功,为了让学生深刻体会劳动成果来之不易,我们的种植内容都是建立在长周期、大主题之上的。5—6 月,芒种时节,我们种下水稻,到立冬收割要经历 11 个节气将近 170 天;10—11 月,霜降时节,我们移栽下油菜,到小满收割,要经历 15 个节气将近 160 天……而且有很多同学第一次种植都不会成功,中途又要重新种植。所以我们都作二次准备,为的就是让学生能不间断学习。"一粥一饭,当思来之不易""粒粒皆辛苦"这些普通的话,我们的学生却有着深刻的理解。

(4) 常交流去参赛。让学生有获得感、成功感,是促进学习的重要法宝。经过多年的实践,我们已经与《科学课》杂志、《环境教育》杂志、科学鱼网站、小学科学教学网站、阔华教育、全国中小学生科学探究论文大赛组委会、杭州科协等组织取得了长期联系。只要有合适同学们的比赛,我们都鼓励学生参赛。许多学生的观察日记在一次又一次的比赛中获奖,提高了他们的学习自信心。

另外,学校还拥有"一台二窗四地"展示载体。"一台",指的是"科学之星演讲台"。我们每学期一次,让学生自我推荐,上台演讲自己的发现。在偌大的报告厅,面对全年级的同学侃侃而谈,孩子们的荣誉感满满的。"二窗",指的是"学校橱窗"和实验室"科技之星"之窗。我们学校的橱窗成为我们展示的好去处。长长的一条橱窗,都是学生的作品,在每年的暑假或者寒假展出孩子们的观察日记。另外实验室外面还有一条长廊,也不定期地展出孩子们的作品。实验室内有"科技之星"之窗,也可以展览。"四地",指的是"钉钉地""微信地""鹿鸣校报园地""阳光绿谷展览馆"。

第一块地:钉钉地。随着钉钉软件的推广运用,我们经常在钉钉里发布打卡任务。孩子们可以在钉钉群里提交记录单、小论文等。

第二块地:微信地。我们常在微信圈里发布同学们的佳绩以及各种活动情况,从而可以第一时间与家长沟通交流。孩子们得到认可、点赞,心里别提有多开心。

第三块地:鹿鸣校报园地。学校鹿鸣校报经常刊登学生的观察日记、绘本等。

第四块地:阳光绿谷展览馆。学生做好的展板,我们还会长期陈放在阳光绿谷展览馆——一个经常接待客人的场所。

2. 教材使用建议

(1) 课程资源:自编教材一套、学习记录单一本、相关教学设计、相关课件等。

(2) 指导对象:3—6年级的学生。

3. 课程资源开发建议

(1) 场地、人员。种植地:校内"开心农场";家庭庭院、阳台、田地等;校外"'新劳动教育'基地"。

(2) 协同教学。课程教师:科学教师、班主任教师、校外辅导员等协同教学,形成了开放的教育人才资源,共同对劳动创意课程进行教学。

(3) 集中、分散。教师传授科普知识、实践经验可以采用集中形式,但实际操作和实践过程必须是分散的,这样有利于学生动手,让每位学生都有足够的时间来体验活动过程,真正掌握课程中的相关技术,使意志毅力得到锤炼,知识能力得到提高,科学思维得到培养,实践操作得到锻炼,创新精神得到发展。

4. 课程管理建议

一是应建立弹性课时制,课时集中使用与分散使用相结合;二是学校应对创意劳动课程进行统筹规划。每一个年级制定与创意劳动课程相互衔接的计划。如"学校创意劳动计划""年级创意劳动计划",并明确相应的负责老师,保证人员明确职责;三是创意劳动类课程应确保课程实施过程管理的规范。课程要求有启动仪式和成果展示。

五、 美好生活类劳动课程的开发

(一) 课程说明

美好生活类劳动课程具体包括"生活整理课程""开学课程""成长课程""志愿者课程""垃圾分类课程",设置这一类劳动课程是基于以下三个方面的思考:

1. 基于对学生习惯的观察

学校开办之初,我们发现学生有许多坏习惯:红领巾和校卡总有不少同学忘带;交作业时也有不少同学忘记带;每节上课时,总会发现有不少同学在起立向老师问好时,头还钻在抽屉里找课本;书包、抽屉一团糟,没有把学习用品分门别类地放置好。

2. 基于对传统经典的解读

结合学校提出的打造"书香七小"的目标,学校开展了诵读《弟子规》等中国传统经典的活动。《弟子规》是中华传统文化的瑰宝,凝聚着儒家千年处世哲学与生存智慧。《弟子规》细述弟子在家、外出、待人、接物和学习上应该恪守的守则规范;细述生活规范,强调通过习惯养成达到自我管理的目的。我们发现,《弟子规》中有许多规范要求,如"列典籍,有定处;读看毕,还原处""房室清、墙壁净、几案洁、笔砚正"等内容,与我们开展的"生活整理"相当吻合。

3. 基于对各类规章的实施

对照《中小学生守则》《小学生日常行为规范》,我们发现其中有许多规范学生行为的内容都可以落实到"生活整理"中。

(二) 课程目标

首先,通过美好生活类课程群的实施,促使"新劳动教育"在目标上与德、智、体融通,在内容上与学科课程整合,在评价上侧重体验,在实践中注重家校合作。

其次,美好生活课程群,是定位在行为习惯、道德品质形成的课程。孔子说:"少成若天性,习惯如自然",意思就是小时候形成的良好的行为习惯和会天生的一样牢固。习惯对于孩子的生活、学习甚至事业上的成功都至关重要。培养孩子一个好习惯,是为了孩子一生的幸福。课程核心素养既来自于新课标,又基于"新劳动教育",力图把学生培养成会劳动、会创造,有感恩心、有责任心的新人才。

(三) 课程内容

1. 生活整理课程

根据学生的心理特点和动作发展特点,借助实际图片,以讲课和实践锻炼为主,分年级进行生活整理课程的开展,培养学生良好的习惯:一年级学生学会抽屉整理,作好课前准备;二年级学会教室整理和体育用品整理;三年级学会整理自己的房间;四年级学会做简单的家务;五年级在军训和社会实践活动中进行生活整理的巩固和提升;六年级学会学习整理,促进思维整理。

表 5-14　生活整理课程内容

教 学 内 容	年　　级	教 学 内 容	年　　级
我会整理我的抽屉	1—2 年级	我会做简单家务	3—4 年级
我会进行课前整理		我会创造劳动之歌	
我会整理教室卫生		参加少年军训活动	5—6 年级
我会整理运动器材		参加社区整理	
我会整理自己的房间	3—4 年级	学会学习整理	
我会整理歌谣		养成整理的习惯	

2. 开学课程

开学课程是为了实现培养目标而选择教育内容以及个性化的教育手段,进行有目的、有计划的教育活动。"良好的开端等于成功的一半。"对于刚开学的学生,以"开学课程"为抓手,开发并建立一个系统体制,以促进学生的全面发展。"开学课程"以"开学活动"为线索,融合语文、数学、体育、音乐、美术、科学,是各学科融为一体的综合性实践活动,坚信教育之道和自然之道相通融,以"培育人才,奠基幸福"为宗旨,从学生的真实生活和发展需要出发,以能力培养为主线,以活动体验为重点,以提升孩子的综合素养为目标,通过"晒秋迎新""笛韵龙舞""汉字溯源""果实分享""亲子劳作"等丰富多彩的活动,促进学校教育生活化,让学生在开放空间和真实情境中实现生命的优质成长,让学生在开学第一周亲近自然,在真实的世界里获得愉快的体验,在动手动脑中激发潜能、增长智慧。

扣好人生第一粒扣子,好的开始是成功的一半。通过本课程的实施,让学生体会到在活动中学习的乐趣,增强了文化自信和文化传承,在轻松愉悦的环境中学会遵守规则,有助于学生健康成长,提高素养。

表 5-15 开学课程内容

活动名称	目　标	时　间	内　容	意　图
舞龙表演	传承传统文化,在喜庆的氛围中感受新学期的美好与快乐	开学第一天	1. 笛子演奏 2. 鼓乐队演奏 3. 舞龙表演	营造热烈喜庆的开学氛围,寓意学生"生龙活虎"
开学红包	感受赠予的喜悦及对新学期的期待,开开心心上学校	开学第一天	学生走进校园的那一刻,都会拿到校长为他们精心准备的神秘红包。	根据学生的喜好精心设计,有物质类的奖励,但更多的是立足学校"新劳动教育"课程改革,辐射各个学科,以体验为主的实践性奖励。"新劳动教育"课外延伸和拓展,种下新学期新希望、新学期新起点
生肖合影	感受中华文化的精深,增强文化自信,激发爱国、爱小动物之情	开学第一天	与生肖卡通造型合影。	了解并喜欢生肖,激发学生热爱祖国传统文化之情
亲子劳作	通过劳动增进亲子关系,播种新学期希望,培养热爱劳动的意识和责任心	开学第一周周末	亲子合作,开垦农场。在班级承包地上播种,并进行养护	增进亲子关系,培养热爱劳动意识

表 5-16 春季开学第一周

时　间	上　午	下　午
星期一	1. 了解生肖的历史(班主任) 2. 有关生肖的儿歌(语文) 3. 生肖与数字 1(数学) 4. 生肖书签制作(美术)	1. 生肖之歌(音乐) 2. 常规训练——文明礼仪(班主任)

时 间	上 午	下 午
星期二	1. 生肖故事会(语文) 2. 生肖故事会(语文) 3. 生肖与数字 2(数学) 4. 常规训练——就餐常规(班主任)	1. 模仿生肖动作(体育) 2. 常规训练——路队及上下楼梯(班主任)
星期三	1. 常规训练——内务整理(班主任) 2. 生肖手抄报设计(语文) 3. 生肖动物知识知多少(科学) 4. 数学课常规(数学)	1.《音乐赏析》(音乐) 2. 队列队形训练(体育)
星期四	1. 常规训练——文明上厕所(班主任) 2. 语文课的常规(语文) 3. 数学王国之谜(数学) 4. 制作生肖灯笼(美术)	1. 队列队形训练(体育) 2. 科学课常规(科学)
星期五	1. 常规训练——搞卫生(班主任) 2. 语文课常规训练(语文) 3. 数学课常规(数学) 4. 语文课常规训练(语文)	1. 常规训练——文明礼仪(班主任) 2. 仪式:总结一周生活,表扬典型,鼓励孩子们向下周的正式学习发起挑战(正副班主任)

3. 成长课程

经常带孩子去大自然中,去关注身边的每一个生命,感受劳动带来的变化,这是渗透于劳动教育的生命教育理念。成长课程是美好生活课程中重要的一项拓展性课程,通过一系列活动让学生体验生命成长的力量和奇迹。带孩子走进"农场",以"学农"为主要活动载体,让学生了解和体验农事活动,丰富生活经历;让孩子离开父母,参加集体生活,让学生在真实的情境中探知,在和同龄人大家庭的相处中,学会相互帮助,学会相互照顾,能够独立地处理事情,以此培养学生的独立精神和责任意识。根据小学生的年龄特点,生动而富有感染力的仪式教育往往会给他们留下深刻的印象。在学生的成长过程中,在属于他们特有的时间节点上,进行认真研究,再结合学校"新劳动教育",为孩子量身定做寓教于乐、活泼有趣的系列活动,设计和实施富有特色的学生"成长课程"。

表 5-17　成长课程内容

	内　容	活 动 载 体
走进自然	观察自然中的事物、变化、特点	找秋天、放风筝、挖野菜、捉小鱼、露营……
体验农事	了解各种农具及使用方法	种土豆、挖番薯、做木工……
爱心分享	1. 讨论活动事宜，进行分工，人人参与制作活动。 2. 学习如何当好宣传员、售货员	土豆义卖、美食广场……
快乐成长	1. 成长的意义 2. 10 岁成长礼	争"成长章"、10 岁成长礼……
感恩活动	1. 思考自己需要感恩或想感恩的人、事和物。 2. 感恩的原因，用什么方法感恩？	做贺卡、宣传、参与劳动……

4. 志愿者课程

为了弥补校内资源的局限性，为了少先队的学习、生活实际，我们充分挖掘周边社会资源，建立了社会服务基地，为志愿服务开辟了新空间，通过红领巾志愿者的活动，鼓励少先队员义务为学校、社区、社会义务劳动和无偿献爱心，培养少年儿童的社会责任感和奉献精神，让红领巾精神引领少年儿童健康成长！

表 5-18　志愿者课程内容

二级课程	三级课程	课 程 内 容
志愿者 课程	共享书吧	校内：学校大厅
		校外：公交车站
	公益活动	校运动会志愿者
		爱心天使
		爱心家长值日
		福利院

二级课程	三级课程	课　程　内　容
志愿者课程	假日小队	环保小卫士
		植树活动
		学雷锋

为了培养学生的自主能力,红领巾志愿者的各项活动在经过充分的宣传后,均采用自主报名的形式招募成员,充分调动了学生的主观能动性,培养学生自己的事情自己做主、心动不如行动的理念,让学生们能在活动中真正接受锻炼、体验成功、提升自信、勇于突破。

5. 垃圾分类课程

为了全面贯彻落实党的十九大精神和习近平新时代中国特色社会主义思想,推进美丽校园、文明校园和生态校园建设,树立绿色发展的理念,提高全体师生的生活垃圾分类和资源环境意识,倡导简约适度、绿色低碳的生活方式,富春第七小学全面开启垃圾分类工作。

我们通过少先队活动课统一开展《垃圾分类我先行》队课,课堂上队员们了解了我们的生活垃圾可分为可回收物、易腐垃圾、有害垃圾、其他垃圾;并对校园里产生的垃圾比如铅笔、作业稿纸、餐巾纸、水果皮和枯枝树叶进行了专门的分类辨别,队课实用性强,指导性强。结合学校"内务整理课程",各班落实垃圾分类处理,并进行宣传,加强垃圾分类回收意识,建立垃圾分类回收站。

我们组建了智能小分队,并结合学校"亲子活动课程",开展假日小队活动。各小队学习垃圾分类知识,如听一节关于垃圾分类的讲座,了解垃圾数量的危害性,处理垃圾时的困难,如何进行垃圾分类及其意义等。体验垃圾分类活动,开展生动有趣的垃圾分类知识学习活动,穿插垃圾分类知识问答,充分调动同学们的积极性。

我们成立少年研究院,研究院根据生活垃圾"三化四分",即分类投放、分类收运、分类利用、分类处置和垃圾减量化、资源化、无害化,设立了宣传部、分类回收部、检查部、设计部、科研部、后勤保障部六个部门。

表 5-19　垃圾分类课程内容

二级课程	三级课程	课程内容
垃圾分类课程	垃圾分类知识	认识垃圾分类
		进行垃圾分类
		宣传垃圾分类
		在游戏中进行垃圾分类
	智能小分队在行动	亲子活动
		假日小队
	少年研究院	垃圾分类产生的原因
		垃圾如何减量
		垃圾如何再利用

(四) 实施建议

该课程的主要应用对象是一至六年级的学生。实施美好生活类劳动课程应注重与学生的生活相结合。在活动过程中要遵循"亲历实践、主动探究"的原则,处理好认识与实践的关系、体验与建构的关系,倡导亲身体验的学习方法,引导学生对自己感兴趣的课题或活动主题持续、深入地探究与实践,防止浅尝辄止。

1. 教学建议

在实施方式上,教师要对学生的美好生活课程等活动加以有效指导,指导教师应根据学生活动主题的需要,设计具体的指导方案。在内容上,要引导学生从问题情境中选择或确定适合自己的主题、项目或课题;在活动过程中,要加强对学生进行活动方法与方式的指导,帮助学生规范地运用各种解决问题的方法;在活动总结阶段,指导学生对活动过程、活动方法、活动结果与活动收获进行有效总结。

在教学方法上,教师是一个促进者。通过激发学生的学习动机,促进学生形成良好的习惯、科学的方式,努力与其他学科教育相结合,发挥多育并举的优势,形成完善的素质。学生在实施过程中既要探究知识,又要学会技能;既要掌握学习方法,又要有积极的情感和态度,形成正确的价值观,学会合作学习。

在实施形式上,美好生活劳动课程的实施,一般可采取小组活动和个人活动两种组织形式。小组活动是本课程最基本的组织形式。鼓励学生以小组合作的形式,开展各类劳动实践活动。小组的构成由学生自己协商后确定,教师不过多介入他们的选择。为了使实践与探究走向深入,允许并鼓励各班之间、不同年级之间甚至不同学校、不同地域之间学生的组合。在学生完成个人活动后,应组织学生积极与他人进行交流与分享。

在课程实施过程中,也可以根据实际需要,采取全班活动的组织形式。引导学生开展调查研究与访问、实验研究与观察、技术设计与制作、社会参与与服务、信息收集与处理等多种实践学习活动,促使"新劳动教育"在目标上与德、智、体融通,在内容上与学科课程整合,在评价上侧重体验,在实践中注重家校合作。

2. 教材使用建议

开学初,首先,学校德育处应制定好美好生活类课程实施的时间和教学内容,通知班主任领取美好生活类劳动课程的校本教材。

其次,要综合考虑学生的兴趣和活动的科学性。

再次,要考虑课程特点。以讲课和实践锻炼为主,分年级进行生活整理课程的开展,培养学生良好的习惯:一年级学生学会抽屉整理,作好课前准备;二年级学会教室整理和体育用品整理;三年级学会整理自己的房间;四年级学会做简单的家务,五年级在军训和社会实践活动中进行生活整理的巩固和提升;六年级学会学习整理,促进思维整理。

课程核心素养既来自于新课标,又基于"新劳动教育",力图把学生培养成会劳动、会创造,有感恩心、有责任心的新人才。

3. 课程资源开发建议

(1) 场地、人员。在美好生活类劳动课程的开发过程中,充分利用学校现有的教育资源开展课程实践活动。围绕少先队员的学习、生活实际,我们充分挖掘周边社会资源,设立了社会服务基地,取得了校外人才的共同协作,形成了整体共同指导的局面。

(2) 协同教学。课程由班主任进行教学,负责组织学生,校外服务基地、社区工作人员协同教学,形成了开放的教育人才资源,共同对美好生活类劳动课程进行教学。

(3) 集中、分散。教师传授知识、实践经验可以采用集中形式,但实际操作和实践过程必须是分散的,这样有利于学生动手,让每位学生都有足够的时间来体验活动过程,扣好人生第一粒扣子,好的开始是成功的一半。学生体会到在活动中学习的乐趣,增强了文化自信和文化传承,在轻松愉悦的环境中学会遵守规则,有助于学生健康成长,提高素养。

4. 课程管理建议

一是应建立弹性课时制,课时集中使用与分散使用相结合;二是学校德育处应对美好生活类劳动课程进行统筹规划。每一个年级应该制定与美好生活类劳动课程相互衔接的计划。如"学校垃圾分类活动计划""年级垃圾分类活动计划"等,并明确相应的带队老师,保证人员明确职责;三是学校德育处应确保美好生活类劳动课程实施过程管理的规范。要逐步建立其活动主题管理、过程档案管理、人员管理的常规与制度。

第六章

践行：
"新劳动教育"的课程实施

"新劳动教育"的实施路径是多元的，我校通过在国家课程、地方课程及基础学科中融入与渗透等形式整合实施劳动教育，同时学校还通过满足学生个性发展、服务于学校办学理念的特色校本课程群独立实施劳动教育，拓展劳动教育的实施路径。

第一节 依托基础课程与整合实施

任何教育活动的设计,都需要付诸实施,才会在学生身上起作用。从一定意义上说,设计得再好的教育活动,如果没有付诸实施,仍然没有意义。因此,有生命力的教育,既要适应时代的要求,不断地提高学生的素养,为学生的终生发展服务;又要追求教育活动的实效性,通过科学高效的活动实施来实现这一目标。基于这一认识,我们的"新劳动教育"尤为关注学生的践行。

"新劳动教育"的实施路径是多样的,既包括通过专门的课程实施,也包括通过丰富多彩的活动实施。本节所要介绍的是基于课程的"新劳动教育"的实施,主要是通过国家课程、专门课程这两类课程。

一、 省编劳动教材的使用

根据要求,中小学劳动教育课每周不少于 1 个课时,同时学校要对学生的每天课外校外劳动时间作出规定。2021 年省编《劳动》教材正式投入使用后,学校把原来就排进课表的田野大课堂教学内容和省编劳动教材进行了整合,并进行了积极实践与探索。

(一)教材特点

拿到教材后,学校组织全体教师进行校本培训,人人知道教材的内容与编写意图,同时组织任课教师进行集体备课,了解教材的核心理念,了解教材的价值追求,组织校本教研,上好示范课。省编《劳动》教材紧扣《意见》要求进行编写,教材采用项目式编排,每册 4 个项目,每个项目有 3 个任务。省编教材是落实浙江省中小学生劳动必修课程的重要抓手,通过教学实施,旨在培养具有劳动素养的社会主义建设者。教材具有以下三个显著特征:

1. 内容全面

教材在内容和编排上有别于原来《劳动与技术》的编写,包含日常生活劳动、生产劳动、服务性劳动,在生产劳动中新增了农业生产劳动。

2. 目标多维

每个项目都确定了四个维度的目标,通过体认劳动的价值、责任(规则)、效率、社会平等培养劳动观念,通过培养操作能力、设计能力、创造能力、团队合作能力逐步形成劳动能力,渗透筹划性思维、设计思维、工程思维等培养劳动思维,逐渐形成热爱劳动、诚实劳动、勤俭节约、敬业奉献等劳动习惯与品质。

3. 方式多样

为了达成教学目标,教材设计了劳动情境、劳动需求、劳动加油站、劳动实践·设计、劳动实践·实施、劳动反思、劳动评价等板块,教师通过讲解说明,组织学生以淬炼操作、项目实践、反思交流等多种方式进行教学实践。

(二) 准确解读

1. 育人目标定位

小学农业生产劳动,在传承与创新中落实学生的劳动素养。《大中小学劳动教育指导纲要(试行)》(以下简称《纲要》)中指出,中小学生要通过劳动课初步体验种植、养殖、手工制作等简单的生产劳动;要身体力行、动手实践、出力流汗、接受锻炼、磨炼意志;要通过劳动体验和感悟,感受劳动的艰辛和收获的快乐;要懂得珍惜劳动成果,养成良好的消费习惯,杜绝浪费。

2. 学段内容梳理

因农业生产劳动是新增内容,也是我校教师主要参编的项目群,场地要求也较高,所以需要我们拿出一些优秀的范本和案例、措施,在教学时尤为重视。如新版《劳动》教材中小学农业生产项目群一共有 7 个子项目(初中 2 个),在时间安排上,注重与当地的时令相结合。任务群主要是体验简单的种植,主要有水稻、果树、蔬菜、绿植、花卉等的种植与养护,具体见下表。

表 6-1　农业生产劳动项目分布

年段	序　号	项　目　名　称	主要工艺与核心内容	劳动观念	建议课时
一上	项目四	巧用资源美生活——水培植物我养护	家中水培植物种养	创新劳动	3 课时
二上	项目四	集体劳动我分担——班级植物角共创建	植物角设计与养护	劳动责任	3 课时

年段	序　号	项 目 名 称	主要工艺与核心内容	劳动观念	建议课时
三下	项目四	吃苦耐劳勤耕种——小神农种植园	校内蔬菜种植与养护	勤劳节俭	3课时
四下	项目三	出力流汗也快乐——打造阳台小菜园	家中蔬菜种植与养护	劳动价值	3课时
五下	项目二	精耕细作收获多——果树种植我在行	果树种植与水果加工	敬业奉献	3课时
七下	项目二	花卉繁殖——有始有终有收获	花卉繁殖与养护	敬业奉献	3课时
八下	项目二	体验家乡农业生产——勤劳守正扬传统	水稻等农作物种植与农产品加工	勤劳节俭	4课时

每个项目都在落实《纲要》中关于农业生产劳动的要求,有明确的核心内容和主要工艺,有核心劳动观念。项目群都属于种植类,没有涉及饲养类。七个项目根据农作物种植与养护的时间跨度及难度螺旋上升,按照难度梯度安排。

(1)小学低段:学会简单的植物种植与养护,会规划简单的植物摆放,会用剪刀等简单的劳动工具,会用营养液、洒水器、补水器等养护工具,会进行简单的观察与记录。

(2)小学中段:能根据校园、家中阳台的特点规划种植区,了解节气与农事的关系,学习用锄头、镰刀等农具进行劳动,学会简单的搭架、翻地、捉虫、堆肥、施肥等劳动,能进行坚持不懈的养护、观察、探究。

(3)小学高段:能基于前四年的劳动经验种活果树,能搭建遮阳棚、套装果实,根据节气养护果树等,能利用厨具加工果实,培养学生的动手能力与创新能力,体会劳动价值。

(4)初中阶段:能基于小学阶段农业生产劳动的能力储备与劳动素养的不断养成,对身边常见的花卉进行多种方式繁殖,对浙江常见农作物如水稻、大豆、小麦等进行科学种植,并对家乡农产品进行深度加工与包装销售。

3. 实现目标多维

在小学阶段开展农业生产劳动,目的是培养小学生的劳动素养和劳动能力。具体而言,包括三个维度的目标。

（1）价值体认，传承认同。通过农业生产劳动，如绿植花卉种养、蔬菜种植和加工、农作物种植和加工等，感受劳动创造财富，劳动创造美好生活，树立正确的劳动观念，知道农业生产中凝聚着我国劳动人民的智慧和结晶，初步形成传承中华优秀传统文化的意识，初步感受劳动创造美好生活的意识和观念。

（2）设计创新，发展思维。通过了解家乡常见的农业生产种植方式，能进行简单的种养殖方案设计与创新，发展劳动思维，在传承的基础上进行设计、养护、创新。如通过创意设计花瓶，设计农产品创意包装以及推销方案，培养学生的创新意识；根据土壤、时令特点等合理设计种植方案、养护方案，培养学生的设计能力；根据生长特点合理调整、优化方案，形成比较科学的劳动计划、思路，发展学生的劳动思维。

（3）实践体验，提升能力。学会常见劳动工具的使用，了解并正确使用农业生产中剪刀、锄头、镰刀、铲子、树枝剪等相关劳动工具，具有运用知识进行科学生产和安全劳动的能力。具有种植与养护花卉、绿植、果蔬、农作物等的初步能力以及一定的加工能力。

（4）认真坚持，形成品质。在养护观察与思考过程中培养不怕苦、不怕脏、有始有终，能够坚持不懈地参与劳动，初步形成勤俭节约、诚实守信、吃苦耐劳、持之以恒的品质。懂得物力维艰，养成认真劳动的习惯和品质。在劳动过程中规范操作以及不断反思改进，从中培养开拓创新的劳动品质以及精益求精的劳动态度和工匠精神。

◎ 案例6-1　　二下项目四"集体劳动我分担——班级植物角我做主"

《劳动》教材的使用不同于语文、数学等国家教材，教材提供了项目式开展活动的课程体系，在实施中学生的活动空间也非常丰富，教材的编排特点也让自主实施的空间更为宽广。

对于"创建植物角"这一主题，学生分组开展各项活动，解决问题。

① 学习了解，合理选择。二年级学生对植物角的理解和对植物的认识都不到位，尤其是植物的习性，设计图的制作对于学生来说也是一种不小的挑战。怎样让学生分组去解决问题呢？

表 6-2　班级植物角设计任务一教学路径

任务一	学生项目化学习教学内容
班级植物角我设计	1. 选位置：讨论植物角的选址(能摆放绿植并能美化教室的地方都可以成为"植物角",植物角一般在教室里;如果教室实在没有位置,在不影响走廊空间使用和安全的情况下,可设置在走廊角落)。 2. 选植物：什么样的植物适合摆放在植物角?(对植物特点和习性有所了解,能根据不同位置来搭配植物)(见图1) 3. 设计图：如何构思与设计植物角?(设计图也可以是学生的一种想法,可以根据学生的实际进行分层要求)

图 6-1　小组合作制作植物"名片"

　　在任务一中,学生分小组提前7—10天利用空余时间到花鸟市场、花卉店等地方了解植物的习性,有的和父母一起上网进行搜索,寻找相关知识。这样的活动不仅增长了学生的见识,培养了学生的合作意识,也培养了学生解决问题的能力。

　　② 实践操作,及时调整。二年级学生的审美能力还不是很强,根据空间特点和植物习性进行操作,也是学生项目式中的重要内容。

表 6-3　班级植物角设计任务二教学路径

任务二	学生项目化学习教学内容
班级植物角我创建	1. 材料：选择什么样的架子适合做本班植物角的花架? 2. 布置：如何布置?分组讨论,进行智慧分享,提升设计能力,发展劳动思维(组织全班学生都参与一次花架的布置)。 3. 调整：植物如何进行有意义的组合?(教师可以引导学生进行各种变式创新和尝试,也可以在后期进行随时更新、变换,给学生创造多次设计和应用的机会)。

图6-2　小组合作创建植物角

　　在本任务中,学生分组讨论、集体交流,根据班级植物角的空间选择合适的花架材质、形状,根据植物的习性特点、花架各层的大小、光照要求等进行合理摆放,摆出造型,让植物角的建设更有美感、更具创造性。

　　③养护创新,感悟生命。在长期的养护中,不仅能锻炼学生的养护能力,培养创新意识;同时也能让学生感悟生命的力量,走进自然、亲近自然,感受绿色盎然和生机勃勃。

表6-4　班级植物角设计任务三教学路径

任务三	学生项目化学习教学内容
班级植物角我养护	1. 养护计划:如何合理分工,确定养护劳动内容?一起制定劳动纪律。 2. 劳动日志:分工合作,记录劳动过程,进行长期养护。 3. 课堂拓展:如何利用废旧物品做洒水器?

图6-3　小组合作养护植物、制作洒水器

　　养护是一种长期劳动,在课堂中所完成的任务只是一些养护常识学习和劳动技能传授,更多的是要学以致用,将劳动延伸拓展到课外,让学生可以在课外进行养护。同时劳动日志可以从单一、简单变得多元、丰富,能够培养学生的观察能力和坚持劳动的品质。在集体劳动中,一个个劳动任务通过分工、合作、共同努力被一一完成,不仅绿植、盆栽能成活、成长,教室环境也变得越来越美了,劳动者的身心愉悦了,形成了丰富的劳动成果,从而满足了学生的劳动需求和成功期望。此时,"集体荣誉感"的学习目标就得以实现。

(三)家校社协同开展

三大劳动的教学开展会受到场地、师资等的制约,种植或饲养小动物、家务劳动等需要在家中通过亲子合作完成,服务性劳动需要在校外完成,等等。可以说教授劳动教材需要的课时是 3 个课时左右,实际还有很大部分时间需要家长的技术支持和不断鼓励,需要家校社协同开展。

◎ **案例6-2** 一下项目四《巧用资源美生活——水培植物我养护》

本项目的三个任务从材料准备、水中种植、水培养护都根据劳动进程安排推进,均需要家校协同进行。任务一"瓶瓶罐罐做花瓶"主要掌握废旧资源的改造、美化装饰等基本技能,学生需要寻找废旧材料,需要清洗,需要美化。有条件的可以在学校的专用教室进行,如果没有条件的则需要进行课后亲子劳动。

图6-4　亲子合作美化花瓶

任务二"选种水培植物"需要学会生根、修剪、固定等技能,学生除了在课上和老师一起种植 1—2 种植物,还可以到家中进行多种植物的种养。

图6-5 亲子合作水培植物

任务三"水培植物我养护"需要学生掌握修剪、换水、添加营养液、防治病虫害等技巧,能根据养护中出现的实际情况解决问题。养护的任务主要在家中完成,同时亲子一起尝试、探究养护技巧,回校进行汇报交流。

图6-6 家中养护水培植物

课中延伸至课外,把自然带进家中,大手拉小手,把美好带进家中,利用废旧资源,美化我们的生活,增进亲子关系,让农业生产劳动教育进入每个家庭。同时教材中的劳动拓展还提供了绿植或花卉的水培方法,现代生活中人们在家中种植水培蔬菜屡见不鲜,既美化环境又可作美食,可让学生了解并与家人尝试水培。

同时我们还要社会协同,利用校园、教室、家庭、场馆等空间,选择性开展适宜的劳动实践,还可以走向农场、走向田间地头、走向山林、走向工厂、走向科技馆、走向博物馆、走进非遗馆等,参与当地的"丰收节""稻香节"等活动,开展劳动实践,让学生真正体验劳动。

(四) 多元化展示评价

评价是促进劳动教育正确开展的重要环节,《大中小学劳动教育指导纲要(试行)》

提出要将劳动素养纳入学生综合素质评价体系。

1. 关注过程，聚焦素养

在评价时特别要关注：课前准备、参与态度、观察记录、坚持养护、设计改造、突破创新。

2. 写实记录，交流分享

学生的成果除了放入档案袋，还要进行展示交流。如学生的设计单、劳动反思反映了学生的劳动思维以及劳动价值观，有助于学生劳动能力和劳动品质的养成。

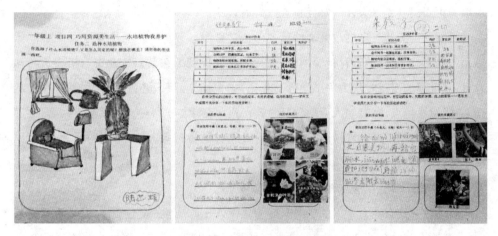

图6-7 设计与反思同伴分享

这样的写实记录，突出了学生在劳动过程中获得的成果、体悟、感受，是评价学生个体劳动情况的重要依据。

3. 运用技术，精准评价

除了线下评价，在大数据时代，我们应利用网络平台建立长期评价反馈机制。学生发展性评价更应注重动态地、系统地进行评价方式，这样才能从"增值"的维度对学生进行"自己与自己比"，让评价更加人性化、科学化。这样的评价，是对学生进行劳动教育的过程性管理和科学性评价，利用大数据分析，动态记录和反馈学生劳动习惯的养成、能力的提升，可以成为学生成长过程中的重要足迹，伴随学生的一生。

二、学科课程渗透劳动教育

课堂教育的最终目的是培养适应社会发展的劳动人才。学科课程是开展教育教学活动的基本载体,学科课程的完整性与系统性对于育人有着基础性的作用。全面实施劳动教育,除了开发劳动教育课程,在学科课程中融入与渗透劳动教育是最基本与普遍的形式,是推动劳动教育的常态化重要举措。

(一) 学科课程渗透劳动教育的政策依据

习近平总书记关于劳动教育的重要论述及与劳动教育相关的政策精神是学科渗透劳动教育的政策依据。党的十八大以来,习近平总书记在多种场合、从不同层面、以多种方式全面深刻地论述了新时代劳动教育对于社会进步、国家发展的重大作用,对于培养担当民族复兴大任的时代新人意义重大。

国家关于劳动教育的政策文件精神也是学科渗透劳动教育的决策依据。2020年颁布的《大中小学劳动教育指导纲要(试行)》特别提到了在学科专业中有机渗透劳动教育。《全面加强新时代大中小学劳动意见》中也提到,除了必修课程外,其他课程结合学科、专业特点,有机融入劳动教育内容。独立设课与学科渗透教学有机结合,促进横向贯通。教材中劳动者榜样的引领和劳动精神的渗透等,具有鲜明的引领作用,体现了教育的价值所在。

(二) 学科课程渗透劳动教育的学理依据

劳动教育具有综合育人的功能。劳动教育是五育融合的最佳载体,具有重要的基础性、渗透性和融合性的价值。劳动教育的核心在于劳动价值观的培养,通过劳动教育培育学生良好的劳动品质和劳动价值观;实践出真知,劳动是产生知识的源泉与动力,劳动的过程造就和锻炼大脑,在智力和思维能力方面具有基础性和本源性的作用;劳动强健体魄,促进健康的身心;劳动创造了美好生活,美的艺术与建筑、美好的英雄形象、脍炙人口的文学作品无一不是劳动创造美的体现。正因为劳动具有综合的教育元素,也为劳动教育在学科中提供了本体性的依据。[1]

(三) 学生课程渗透劳动教育的内容与形式

每门学科都有很多劳动教育的资源。依据《纲要》相关规定,劳动教育的内容包括日常生活劳动、生产劳动和服务性劳动。我们挖掘教材中显性的或隐性的劳动教育元素,分类梳理了学科中的劳动教育资源并提出了劳动教育的主要渗透方式,根据每个学科的特点设计不同的劳动教育内容,在学科教学中有机渗透劳动教育。比如,语文、道德与法治课在课程目标、理念、内容等方面有机渗透劳动教育的价值观、劳动态度、

---

1 郝志军.学科课程渗透劳动教育:理据与路径[J].中国教育学刊,2021,(05):75—79.

劳动意识的教育内容;数学、科学课中教师加强对劳动技能、劳动品质的培养等。同时,每门学科的课程标准中都有跨学科综合实践主题的内容,需要以跨学科的视野开展主题性劳动实践活动,我们鼓励教师选择与劳动相关的主题进行课程设计。以跨学科的视野开展主题性劳动实践活动,这样将劳动教育无痕地渗透在各个学科的教学过程中,使劳动教育全程、全员、全方面、多角度地得以落实。

当然,所谓渗透,一定是自然无痕地发生,而不是生硬地植入。渗透劳动教育要尊重和体现各学科和各学段的性质、特点和实际,坚守学科场,遵循学科特性,在充分发挥各学科的独特价值的同时,合理渗透劳动教育元素,而不能是为了渗透而渗透。

1. 语文学科中劳动教育的渗透

统编版语文教材中大量课文包含有劳动的元素,如歌颂劳动人民智慧与创造的课文《纸的发明》《千年梦圆在今朝》;体现勤俭节约、敬业奉献的《千人糕》《清贫》;赞美精益求精、坚持不懈劳动精神的《刷子李》《纪昌学射》等;有的直接明示了劳动的场景或内容、成果,如《悯农》《邓小平爷爷植树》;有时则间接地暗示了劳动的意义与价值,如《女娲补天》等。当然,统编教材中劳动教育资源还散落在教材各处,通过课文的识字、阅读、口语交际、习作、综合性学习、插图等板块可以合理穿插安排不同劳动类型的教育内容。我们深入挖掘教材中的这些劳动教育资源,并根据劳动教育的目标及语文教学学段的目标要求,结合学生的年龄及心理特点进行梳理与归纳,形成较完整的、可操作的语文劳动教育体系,探寻有机渗透与融入策略。

◉ 案例6-3　《蟋蟀的住宅》教学中的劳动教育渗透

《蟋蟀的住宅》是昆虫学家法布尔的作品,用拟人化的写法介绍蟋蟀洞穴的特点和修建过程等内容,赞扬了蟋蟀在恶劣条件下吃苦耐劳、不随遇而安的精神。虽然课文赞扬的是小小的昆虫,但是昆虫为了建造自己舒适的住宅自力更生、不辞辛劳、精益求精的精神,正和劳动教育中出力流汗、辛勤劳动、脚踏实地、诚实劳动地用自己的劳动让生活更美好的内涵相一致。

教学时以蟋蟀为主体,通过关键问题"为什么蟋蟀的住宅可以算是'伟大的工程'"作为整个板块的线索,通过画设计图、品关键词句等方法,引导学生深入思考,感受工程的伟大,进一步体会蟋蟀的劳动精神,形成劳动创造美好生活的劳动观念。

通过小组合作学习,从独立思考到讨论交流并作汇报,整理蟋蟀的住宅可以算是

"伟大的工程"的原因。通过研读,了解蟋蟀住宅选址须向阳、隐蔽、能排水,体会劳动的智慧与一丝不苟;从住所"清洁、干燥、卫生"等词看出蟋蟀修建住宅的精心;而仅靠柔弱的工具从秋天初寒时候动工,到冬天仍在不断地修整住宅,漫长的建造过程及不间断的劳动、不断的改进更让学生看到了一只令人肃然起敬的蟋蟀。最后,学生利用思维导图的形式梳理并介绍这伟大住宅的结构,还有它伟大的主人——蟋蟀。

在学生研读语言,体会表达的准确;提炼关键词,结合课文内容绘制导图;将文本语言进行内化,介绍这一伟大工程之后,教师重点指导学生明白这舒适的住宅与诗意的生活是怎么得来的? 此时,吃苦耐劳、坚持劳动的精神,精益求精、一丝不苟的劳动品质,珍惜来之不易的劳动成果便深植学生内心。语文与劳动教育的渗透自然水到渠成。

语文教学中渗透劳动教育,需用语文的方式进行。因此,要在语文学科教学中找准合适的切入点,把握好开展劳动教育的时机与方式,不能让学生产生劳动教育是本学科学习之外的附加品的感知,也不能抛弃了学科特质。劳动教育进入语文课堂,须引导学生在理解文本的过程中受到正确的劳动价值观的熏陶,体会劳动创造美好生活,感受勤俭节约、创新发展的劳动精神,或习得或实践文本中的劳动技能等,这是一个持续的、日积月累的过程。我们要加强劳动教育的意识,充分发挥语文学科在培养情感、态度和价值观等方面的优势,采取渗透和渐进的课堂实施策略,真正将劳动教育与课堂有机融合。

2. 科学学科中的劳动教育渗透

为了充分发挥劳动的综合育人功能,学校鼓励教师仔细研究现有的学科教材,挖掘其中的劳动因素,并与学校特色"开心农场"相结合,让学生能够通过真实情境来学习和实践,创设智趣课题。

◎ **案例6-4　五年级上册第四单元《测量力的大小》一课中的劳动教育渗透**

师:同学们,看! 这是你们从"开心农场"挖来的番薯。倘若你要把这些挖来的番薯卖出去,在设定好单价的同时,你们还需要知道哪些信息?

生:要帮买的人称番薯的重量。

师：在生活中，我们通常会选用什么工具？

生：秤。

师：科学中，有一种专门的工具用来测量重力的大小，今天……

师：接下来，让我们走进"开心农场"，测一测我们所种植出来的马铃薯、青菜等蔬菜的重力有多大？

提示：为了估计更准确，可以将物体先与两个钩码的重量（约 1 N）相比较。不能测量的在"实测重力大小"一栏填"无法测量"。

表 6-5 用弹簧测计测量物体重力大小的记录　　　　　　（单位：N）

物　体	估计重力的大小	实测重力的大小	估计和实测的差距
马铃薯			
一袋青菜			
一个花菜			
……			

汇报交流。

该课程重在让学生认识弹簧测力计的基本结构及原理，如何使用弹簧测力计，并动手制作简易的测力计。借助学校"开心农场"中的一些农作物，将原本的许多抽象概念，尤其是看不见摸不着的力，转换成学生们非常感兴趣的一些探究活动，提高了课题的趣味性。在完成教学目标的同时也完成了一定的劳动目标，教书与育人携手共进，力达高效。

在教学中创设了一个学生们在生活中常见的买卖情境，而我校的义卖活动也让学生有亲身经历的体会。其与生活劳动自然结合，使学生自然而然地联想到劳动工具。劳动的概念得以渗透到小学科学课题中，凸显劳动创造价值、创造财富等劳动观念。在教师眼中看似简单的一些操作过程，当学生动手时，又会发生很多意想不到的教学问题。因而知识在生活中的运用，会让学生体会到劳动工具的使用是非常必要的，结合本校"开心农场"中一些学生自己种植的蔬菜，有利于学生更好地理解种植的意义，体会劳动成果的重要性有多大,让学生更加珍惜劳动成果。

3. 美术学科中的劳动教育渗透

美术课堂是学校教育力量的主战场,是实现教学质量的主动脉,是体现美术教育价值的主阵地,也是学生审美情感、审美感知、审美创造和审美判断的主心骨。

◉ 案例6-5　　"指尖艺术"创造劳动美

　　秋天是收获的季节,孩子们用劳动教育采摘辣椒、玉米、南瓜、大蒜等装点校园以举行晒秋活动。晒秋是传统民俗,我校晒秋开学礼始于 2016 年秋季,旨在让同学们晒晒秋天的果实,晒晒丰硕的成果,晒晒丰收的喜悦,晒晒对大自然馈赠的感恩。走入校园,美丽的晒秋场景映入眼帘:学生们各司其职,有的负责采摘,有的负责搬运,有的负责加工,还有的负责晾晒。首块晒匾中醒目地贴着"晒秋"主题,后面的晒匾里面依次张贴新生的分班名单。上方金灿灿的是用玉米棒捆扎的装饰物。木框里用红辣椒、黄豆拼出党旗、国旗,用大蒜、绿豆拼出朝气、骨气、才气的办学愿景;晒匾里、竹竿上,晾晒着师生们从劳动教育中亲手种出来的红辣椒、南瓜圈、芝麻秸;身穿古装的小朋友有的在扇稻谷,有的用手推载满玉米的独轮车,还有的拿着木耙把稻谷均匀地摊开……

　　学校"开心农场"中有许多可以开展美术教学实践活动的教学资源。随手可得的泥巴是塑形的不二之选,可发展学生的创造力和毅力;随意拾起的一片落叶,无论是制作书签或是拼画均是极好的;根据小学生好动的天性,枯黄的稻草可锻炼学生的动手能力,编扎出各种生动有趣的造型;种子、豆类等是创作装饰画的上等材料,效果极佳;种类繁多的蔬菜,颜色丰富、造型各异,可做蔬菜拼盘、果蔬造型、雕刻……培养学生借助自然材料进行美术创造的能力,激发指尖艺术的乐趣,从而建立起自然材料与艺术之间的联系,唤起创作的欲望。

　　劳动教育就是创造美、体现美、鉴赏美的教育,是连接劳动教育与美术教学的一座桥梁,也直观地诠释了劳动创造美。

第二节 依托校本课程与独立实施

在实施好国家课程、地方课程的大前提下，学校开发出满足学生个性发展、服务于学校办学理念的特色校本课程群，以此来促进"新劳动教育"的实施。主要以农事劳动和创意劳动两大类课程为主。

一、 农事劳动类课程的实施

农事劳动类课程主要分开心农事、田野放歌、快乐种养和爱心分享四大课程，其中开心农事又分为认识农具和二十四节气课程，田野放歌分为自然笔记、田园古韵和农场好声音三个课程，快乐种养分为蚕豆种植、土豆种植、种花养蚕、油菜花开金灿灿、朵朵葵花向阳开、兔子养殖、中草药种植和一粒种子的旅行八个课程，爱心分享分为蔬菜义卖和收获节两个课程。

下面以"二十四节气"课程和"快乐种养"课程来介绍农事劳作类课程的实施。

(一) "二十四节气"课程的实施

二十四节气是中国古老的生存法则，是中国古代订立的一种用来指导农事的补充历法，是中华民族劳动人民长期经验的积累成果和智慧结晶，由节气衍生的节日民俗内涵丰富，承载了中国人的伦理观念和归属感，二十四节气中蕴含着人生智慧和优良品德，也体现了中国传统的宇宙观、世界观和生命观。

"二十四节气"校本课程结合学校的"新劳动教育"，利用节气文化，开发校本教材，开展丰富多彩的综合实践体验活动，让学生直接感知与节气相关的农事、饮食、习俗、天体特点等，培养学生的科学探究意识。让学生在劳动中，感到劳动光荣，体验人对生活的能动创造；感到劳动快乐，在劳动体验中发现大自然对人的贡献；感到劳动有趣，能在劳动中发现自我的才能，获得成长的乐趣。节气课程通过主题式活动实施，每个节气分为四大主题，设计了一系列多维度的学习探究活动。

1. 文化认知——基于阅读初认节气，浸润童心

节气是古代特有的时间历法，可以指导人们的生活和生产劳动，可谓真正的

"中国时间"。如惊蛰：提醒人们该从猫冬、春困的状态里醒来。

（1）以诗文"会"节气。在历史长河中，文人墨客留下的古诗文瑰宝中有着大量描写节气的诗歌。如文人杜牧的《清明》让古往今来的无数人获得了文明的加持力。每一个节气都有相应的班级基于诗文进行节气的拓展学习。

案例6-6　　"语文与节气的邂逅——认识春分节气"　实施年级：三年级

1. 用"飞花令"引入新课。"青梅如豆柳如眉，日长蝴蝶飞。"

2. 了解利用学校推送的微信"青梅如豆柳如眉"的亲子阅读情况。

3. 你知道有关春分的谚语吗？你能说说它的意思吗？

4. 吟诵两首古诗，借助注释，认识春分节气。

（2）以阅读"话"节气。学校非常重视语文课外阅读，要求在选择书目的时候，尤其关注基于劳动教育、二十四节气的课外读本，让阅读和探究齐头并进。如四上的其中一本共读书目是刘学刚的《二十四节气于现代人的意义》（四年级也是校本课程观气象的研究年级）。

2. 具身体验——基于体验感知风俗，传承文化

我国的许多传统节日都与节气息息相关，许多时令也是根据节气而来的，因此每个节气都有富有特色的风俗。由于宣传部推动全区 24 个乡镇开展感知节气之美活动，让孩子们参加有仪式感的体验活动成为了可能。

（1）传承文化，感知节气之美。虽然节气的作用逐渐削弱，但老人们对节气还是很热衷的。当节气被给予了仪式，那种对节气的熟悉感又开始慢慢萌发了。节气活动，让他们忆起了农耕农事，忆起了民风民俗，忆起了各种美食……也让年轻一代感受到了华夏民族的勤劳和智慧。

案例6-7　　"烟雨桐洲祭立春，七小俊才扬文化"　实施年级：三年级

通过鞭春牛、抢春种、跳竹马、吹竹笛、吟春词、咬春卷、打春糕、踏春行等活动，了解立春习俗，传承节气文化，亲近大自然，感受节气之美。

第一篇章：开春。

1. 开场：跳竹马。　2. 拉开"春"的帷幕。　3. 宣布活动开始。

第二篇章：祭春。

1. 吟春祭。　2. 鞭春牛。　3. 抢春种。

第三篇章：舞春。

1. 舞春色《穿过相思林》。　2. 舞春色《团团圆圆》。

第四篇章：颂春。

1. 吹春曲。　2. 唱春歌。　3. 颂春词。

民俗体验：咬春卷、打春糕、踏春行。

生动的"立春祭"活动,将节气课程搬到了田野里,从课堂育人到开放育人,孩子们参与迎春、鞭春牛、咬春头、包春卷等多种体验活动,不仅传承节气文化,亲近大自然,感受节气之美,更是极大地激发了孩子们爱国爱家乡的家国情怀。

(2) 传承技艺,体验自然馈赠。每个节气,勤劳智慧的人们会根据时令,在自然界寻找该时节生长的植物,用巧手制作出各种天然美食。如谷雨节气,老师会和孩子一起在课堂上品谷雨茶、品红枣莲子羹等养生之物。那立夏节气又利用什么植物来制作美食的呢?

◎ 案例6-8　　"立夏：蚕豆和乌米饭"实施年级：一年级、三年级

1. 立夏：一年级的"蚕豆"清香满校园

蚕豆是传统口粮,也是现代的绿色食品,营养丰富。现代社会,一年四季都能吃到的蚕豆,但唯有沐浴阳光雨露,在大自然中自然成长的才是健康食品。"清明见荚,立夏好吃。"立夏,正是蚕豆尝鲜的好时节。在富春七小的"开心农场",个个饱满的蚕豆荚果,挂满了豆秆,那是孩子们辛苦劳作的回报!从一颗小小的种子,成长为可以收获的果实,孩子们洒下了许多汗水和心血,他们见证了蚕豆一点一点地成长,每个孩子都有与蚕豆的秘密和故事。

表6-6 "蚕豆成长记"研究性学习项目

序号	研究性学习项目	负责学科	研究形式	活动形式	汇报形式
1	编写关于蚕豆的童谣	语文	实践中获得灵感	全班	童谣
2	编写关于蚕豆的小故事		实践中获得灵感	全班	故事
3	利用蚕豆进行数量估算	数学	用蚕豆当学习材料	全班	实物演示
4	利用蚕豆体验位值制		用蚕豆当学习材料	全班	实物演示
5	唱一唱蚕豆的歌曲	音乐	学唱,了解歌曲背景	全班	演唱
6	编一编蚕豆的歌曲		编歌词	小组个人	作品
7	蚕豆形态卡通形象设计	美术	设计	全班	设计作品
8	在蚕豆生长的各阶段进行写生		写生	小组个人	写生作品
9	拍摄每个阶段蚕豆照片		摄影	个人	照片
10	"开心农场"里寻找豆耳朵	科学	实践	全班	照片加实物展示
11	童玩:炒蚕豆	体育	活动	全班	游戏

从霜降种下开始,到立夏收获,每一粒蚕豆背后都有孩子们付出的汗水和智慧。从蚕豆种子的泡发、种植、发芽、成长、开花至结出鼓鼓豆荚,孩子们经历了蚕豆生命的整个过程,他们拔草、浇水、养护,事事亲历,他们在老师的带领下,开展了丰富多彩的研究活动和实践体验活动。蚕豆丰收给孩子们带来了舌尖上的享受,更带来了成长的收获与喜悦,可以说,他们经历的这个过程,带来的是个人多元的发展。

立夏,孩子们在老师们的有序带领下,兴奋地来到"开心农场",他们分成各个小组,协作采摘蚕豆,穿梭在蚕豆丛中,扒开蚕豆叶,掰下蚕豆荚,放入小箩筐,比比哪些小组收获的蚕豆,看看谁摘得快;豆秆也要发挥"余热",被运输到指定地点做堆肥;还要用火眼金睛搜索有没有漏下的蚕豆……孩子们分工合作,有条不紊,农场里到处是笑声。这是劳动带来的快乐!

蚕豆香盈指,孩童剥豆忙,剥蚕豆大赛开始啦!小朋友们以小组为单位,展开了激烈的比拼。别以为剥蚕豆简单,其实里面也有大学问呢!实践出真知,剥着剥着,窍门就找到了,赶紧和组里同学分享自己的剥豆小技巧:"用双手捏住豆荚两端,反方向一拧,这样更快!"话音刚落,蚕豆荚圆滚滚的肚皮里蹦出几颗碧绿的蚕豆。不一会儿,一盆盆嫩绿的蚕豆便像小山一样堆垒起来。

清洗组的小朋友将蚕豆抬到水龙头下,开始清洗干净。八只柴火灶一字排开,炊烟袅袅,膛火正旺。小厨师们齐心协力将蚕豆倒入锅中,开始烹制蚕豆美食。火候需要把握,时间需要把控,需要放哪些调味品,这些在烹制前,小厨师们早就做好了功课。在咕嘟咕嘟的炖煮中,缕缕清香飘散。烹饪好的蚕豆油灿新嫩,软糯的质感,浓浓的豆香,品夏天的味道,尝劳动的趣味!孩子们一齐分享自己的劳动成果,那一刻,蚕豆是世界上最好吃的食物。

你曾用葵花迎接我,我将用蚕豆回报你。去年九月开学,六年级的大哥哥、大姐姐拉着一年级孩子们的小手,把象征着朝气与阳光的向日葵花盘放在他们稚嫩的小手上。今天,孩子们把自己种植的香喷喷的蚕豆送给哥哥姐姐,一起分享收获,传承美好!

小小的蚕豆,在富春七小的"新劳动教育"理念下,被赋予了更多的含义。这一份美食,已经远远超出了食物本身的使命,孩子们在亲历播种、养护、收获、制作美食与分享中,得到的绝不仅仅是舌尖上的美味,而是更多元的、更主动的成长,这正是七小践行"新劳动教育",致力于让孩子拥有幸福生活能力的初衷。

2. 立夏:三年级的乌米饭草木气息浓

立夏时节,那边,一年级的蚕豆清香四溢;这边,三年级的孩子们则以小队为单位,在父母和老师的带领下开始了乌米饭的蒸煮之旅。

表6-7 立夏乌米美传承活动方案

具体活动	劳动时长	时间地点	活动分工	所需材料
了解立夏习俗,在家长的带领下上山采摘南烛叶并取汁	四课时	立夏前周末校外	小组活动,家长组织,师生参与	糯米、白糖、石磨或榨汁机、纱布、电饭锅、电饭锅、水果等
浸泡糯米24小时				
蒸煮乌米饭				
装盘美化乌米饭				

具体活动	劳动时长	时间地点	活动分工	所需材料
讲乌米饭故事 制作美食的经历收获	一课时	立夏校内	班主任 班委会 田野课堂	课件
乌米饭创意作品展示 与同学分享美食				自备盛美食器皿

　　一碗乌米饭,春去夏日长。南烛叶,是制作乌米饭的必备材料,但要找到它们并不容易,因为有太多长相雷同的树叶,这就需要有经验的大人来传授经验。周末,孩子们在家长和老师的带领下来到了山上,"这个树的树干又细又脆,叶片绿绿的、小小的,尝一尝,味道酸酸的,闻着呢又有一股子清香"。依照这样的方法,孩子们看看、闻闻,采回了鲜嫩的南烛叶。嫩叶汁水饱满,是最适合做乌米饭的叶子。这青翠的嫩叶,怎么做成乌黑的米饭呢?

　　孩子们将采摘回来的南烛叶用清水洗净,放入石臼或木臼中,加入少许清水,反复春击,为的是将汁液捣出来。这活看似轻松,实则不然,捣起来费时费力,没有一定的耐心与臂力根本完成不了,但是为了美食,孩子们还真的坚持下来了。有的小组则采用了现代化的工具——料理机,一按开关,南烛叶便会被打碎,方便是方便了,但是味道总感觉没有手工春的香。过滤出来的汁水中放入了被洗净的糯米,搅拌均匀,需要浸泡一个晚上。这个夜晚,糯米在南烛叶汁中悄悄地发生了变化,慢工出细活,传统的美食之所以能有让人忘不了的味道,便是因为它的每一步都融入了耐心与匠心。制作美食不能心急,小小的乌米饭真是来之不易。蒸煮乌米饭之前一系列的劳动与等候,让孩子们深有感触。

　　在父母的帮助下,小组成员们齐心协力,点着柴火灶,用传统的蒸桶开始蒸煮乌米饭。刚蒸好的乌米饭色泽乌黑发紫,热腾腾的米香里夹杂着一股清香的草木气息,这是纯天然的色素。出锅后,拌上白糖,又甜又糯,孩子们吃了还想再吃。带到学校和同伴一起分享,比比各自的手艺,交流制作的故事,这个立夏,过得有声有色。同样的,学校餐厅还为每一个孩子准备了节气中餐,蚕豆、长脚笋、五彩豌豆饭,再加上孩子们自己制作的乌米饭。这个节气的美食伴随着家乡的味道,深深地烙印在孩子们的童年记忆中。

（3）传承农事，跟着节气劳作。"新劳动教育"实践课程让学生在真实的生活、生产、生态中体验学习，有主题地、跨学科地亲近大自然，促进生命健康多元成长。古谚说得好："白露种葱，寒露种蒜。"作为指导农事的子课程，二十四节气课中也有很多实践活动就是跟着节气去劳作的。

◎ 案例 6-9 　　"芒种：走进稻香渔山，体验农耕生活" 　实施年级：四年级

2018 年 5 月 27 日，全体四年级学生来到渔山乡，在田间地头上了一节特别的节气课。孩子们走进农耕馆认识各种农具，到田间了解水稻的生长过程；来到水田，孩子们穿上雨靴，走进稻田里，在周爷爷的示范下开始学起了插秧。

学生日记：我们喜欢这样的课堂，喜欢我们的二十四节气课，让我们有机会体验劳动教育，有机会与大自然来一次亲密接触。希望能多次参加这样的活动。

11 月，孩子们还去割了亲手种下的水稻，领到了新米，兴奋不已。

跟着节气去劳作，除了插秧，开心农场也有不少活等着学生呢！种蚕豆、种土豆、种油菜、种向日葵……

表 6-8　2018 学年第二学期"开心农场"种植安排表

年级	项目制学习内容	实施方式	农场必种养内容	种植时间
一	豆蔻年华	各学科课堂教学和学生选择主题、自主研究相结合	种蚕豆	寒露与霜降间
二	呀！土豆		种土豆	雨水与惊蛰间
三	种桑养蚕		种豆子	清明与谷雨间
四	油菜花开金灿灿		种油菜	寒露与霜降间
五	朵朵葵花向阳开		种向日葵	春分与清明间
六	嗨！小兔		种番薯	清明与谷雨间

3. 设计创作——基于创意深化节气，智慧创新

认识节气，不仅仅意味着学习知识、常识，更意味着一种对待生活的哲学与智慧。节气课程的开展会激活孩子对大自然、对生活、对文化的创造力。孩子们从"书本的世界"走入"自然的世界"，观察到物种、自然、大地的轮回变化，学会用节气的思维去对待

成长,用四季的规律对待生活,知道生命是一件急不得的事情。在这片天地中,孩子们可以享受乐趣,自然体悟时间与规律,与自然亲近,在自然中获得知识与成长。

(1) 自然笔记,记录生命。春生、夏长、秋收、冬藏,师生或亲子走进大自然,观察大自然,将科普知识转化成了孩子们喜欢的课程内容,用儿童的眼光去观察自然界生命的变化,让孩子们拿起画笔,把节气画下来,把发现写下来,这就是孩子们的自然笔记。孩子们在观察中融入自然,在创作中让自己对生命更加敬畏,对生命有自己独特的理解,这种理解通过他们的画笔、文字表达与创作出来。年复一年,日复一日,在劳作中,孩子们依据二十四节气知识与老农学种植,用稚嫩的笔触和真诚的描摹,记录了他们播下的种子发芽、长大、开花、结果……

(2) 自然创编,唱编童谣。惊蛰春雷,立夏耕田,大暑忙收,立冬打禾。孩子们在学习节气、观察节气、创作自然笔记中积累了大量的素材,创编童谣是课程中的一项重要活动。

◎ **案例 6-10   孩子们创作的童谣**

忙　忙　忙

陈楚伊(一年级)

芒种到,梅雨季;青蛙叫,螳螂生;庄稼地,麦儿熟;大人们,插秧忙;孩子们,煮梅乐!

指导教师:骆米君

小　满

徐辛喆(一年级)

苦菜秀,桑叶肥;蚕儿吐丝亦成茧。头儿低,腰儿弯,手把青秧插满田。暖风起,青麦香,小满时节麦渐满。

指导老师:张君亚

小　暑　到

何陆一(四年级)

太阳照,小暑到。蝉儿唱,青蛙笑,小狗吐舌汪汪叫。草儿高,树儿茂,池里荷花开得好。麦隆隆,雨来了,燕子低飞蚂蚁跑,江风习习孩童闹。

指导教师:徐华丽

孩子们沿着节气去观察,把身边动植物的变化、表现用稚嫩的语言进行创作表达,让孩子们再一次感受生命的美好和节气规律的重要。

（3）自然想象,文化创意。节气文化博大精深,基于每个节气可以进行许多文化创意。在"鲁班工坊"中,孩子们在筷子上刻上二十四节气送给家人,又能学习又很卫生;手工课上孩子们制作二十四节气书签;社团课中孩子们还用农场收获的种子来创作;美术课上孩子们一起用超轻黏土在竹匾上创作……

 案例6-11 "谷雨:盛开的牡丹" 实施年级: 五年级

1. 导入:二十四节气除了用来指导农事活动,还牵动着自然界的万事万物、一切生灵,包括你我,也包括一草一木。

2. "谷雨三朝看牡丹",介绍牡丹花。

3. 研究牡丹各部分结构、颜色、排列方式,以小组形式完成表格。

4. 用超轻黏土进行手工创作:制作泥球、泥条、泥片和花瓣、花蕊、叶片。

搓 揉 按 压 捏 卷 拉 剪 切 刻

5. 创作方向:可以是略微立体、半浮雕式的牡丹。

除了用超轻黏土进行手工创作,学校还开发了用各种种子进行创作的方式,还可以用滴胶、折纸、竹编等多种方式。不同的工具同样的目的,就是用童心创造孩子们心中对节气的那一份美好。

4. 探索发现——基于探究深研节气,科学生活

节气时间是自然规律,春生夏长,秋收冬藏,也是人们吃穿住行等生命日常意义的安顿。用科学的眼光去研究节气十分有意义。一节有三候,沿着三候、沿着节气去研究动植物以及天气的变化非常有趣。

（1）探节气谚语的背后真相。如惊蛰节气,农谚有:"到了惊蛰节,锄头不停歇。""惊蛰吹南风,秧苗迟下种。"让孩子们去研究这些农谚背后的科学真相,能很好地培养孩子们的探究意识和科学探究能力。

（2）探节气变化中的万物生长。神奇的物候为动植物安排了科学的作息时间,古

代的人们也经常会循着节气去观察植物的生长变化和动物的活动,探索规律,发现人与自然的密切联系。人们自古就有对自然环境的敬畏,对古老的生存智慧的追寻,对大地的深情。

 案例 6-12　　"探究日记:循着节气研究樟树"　实施年级:高年级学生社团

研究问题:樟树叶为什么是香的? 一年四季,二十四个节气,樟树有什么变化?

观察日期	节气	发现	照片
3月25日	春分节气	发现了包裹在樟树叶芽外的防寒、防虫、防尘的芽鳞片	
4月4日	清明节气	樟树上已经有了花苞,是从叶腋处长出来的,嫩叶都展开了,奇怪的是老叶是绿色的,刚萌发出来的嫩叶却呈浅红色。	
4月17日	清明和谷雨之间	樟树叶已经变得硬朗,红色也已经褪去。最有意思的是它的开花顺序。	
6月26日	夏至节气	樟树的花已经变成了果子,球形,绿色,这时的果子直径约5毫米。	
6月29日	夏至与小暑节气	从枯叶里面探出了好多黑色的小脑袋,正在卖力啃食樟树叶	
9月25日	秋分节气	对枯叶团子进行解剖:原来樟巢螟已经在里面变成了蛹,将自己包裹起来	
10月2日	秋分与寒露节气	在一颗果子里,胚已经慢慢发育,新生命就这样在悄无声息中诞生了!	

后记:这大半年,我对香樟树经过了系统而且持久的观察,比如植物的智慧、生态的平衡、生命的孕育,都是如此巧妙! 所以对于樟树的观察远远没有停止……

孩子们在这样的观察探究中,体验到节气变化所引起的自然界植物的神奇变化和生命的周而复始、生生不息。这样的探究能培养孩子们坚持不懈的科学研究精神,也能培养孩子们的创新意识和能力。孩子们在科学老师的引领下不仅研究了樟树,还开展了多种动植物研究,如狗尾巴草的开花顺序,樟树为什么有香味……

(二)"快乐种养"课程的实施

在快乐种养课程中,学校以年级为单位分别开设了一年级"蚕豆种植"、二年级"土豆种植"、三年级"种花养蚕"、四年级"油菜花开金灿灿"、五年级"朵朵葵花向阳开"、六年级"兔子养殖"和四五年级的"中草药种植""一粒种子的旅行"。下面具体以五年级"朵朵葵花向阳开"和六年级"兔子养殖"两门课程为例进行介绍。

1. 五年级"朵朵葵花向阳开"课程的实施

向日葵是我们富春七小的校花,"朵朵葵花向阳开"课程也是我们七小的传统课程,每年都开设,一开始是以综合实践的形式开展活动,后来逐渐将其变成了一个拓展性课程。本课程以我校"新劳动教育"为理论基础,以"认识了解向日葵,学习种植向日葵,边养护边研究,学会分享"为重点,以"培养学生珍爱生命,热爱自然的情感,理解人与自然和谐发展的意义,培养乐于探索自然奥秘的态度,激发学生的兴趣和参与欲望,体验辛劳与收获的喜悦"为根本,设置内容,倡导方法,统筹规划。

(1)课程内容。本课程的学习不是简单地向学生传授向日葵的种植知识,而是根据课程目标、向日葵的生长周期、学生能力等方面,引导学生在真实情境中结合生命、学科和世界进行项目化学习,促进他们更热情、更自由、更富有创造性地投入到对大自然的探索中。本课程共设计了以下四个项目:

表 6-9 "朵朵葵花向阳开"课程内容

项目名称		项 目 内 容	组织形式	教学课时	
				课内	课外
项目一	小伢儿种太阳	走近向日葵	了解各类向日葵的品种、作用以及生长环境。	课内	1	
		快乐播种	到学校"开心农场"分别对这儿的温度、水分、光照、土壤等条件进行观察、分析,制定向日葵播种计划;尝试不同形式的播种方式,进行播种实验和研究。	课内+课外	1	2
		葵花籽发芽记	开展一次葵花籽发芽情况调查活动,小组合作制定合理的养护方案。	课内+课外	1	1

165

项目名称		项　目　内　容	组织形式	教学课时	
				课内	课外
项目一	小伢儿种太阳	统计与计算	计算向日葵种植面积及每株的占地面积,利用植树问题计算向日葵的株距及棵数。	课外		1
		快乐移植	通过讨论注意事项、微课播放等方式学习向日葵移植的方法,去农场实地移植;讨论直接播种和育苗移植有何不同。	课内＋课外	1	1
		设计向日葵名片	同学们给自己种的向日葵设计名片,并在名片上给向日葵写上一段话,亲手将名片插到农场自己种的向日葵旁。	课内＋课外	1	1
项目二	小葵花大学问	小葵花齐养护	看老师的示范学习养护技巧,明确日常养护的注意事项、实践操作;及时记录向日葵的生长情况和养护项目,讨论并记录特殊天气的养护知识;制定好向日葵养护计划书;课后小组轮流为向日葵浇水、拔草、施肥。小组设计有个性的向日葵成长手册。	课内＋课外	2	6
		小葵花细研究	对向日葵的哪些研究感兴趣,如向日葵向阳之谜;和同学们一起进行其他的小课题研究,制定初步的研究计划书,及时做好研究记录。	课内＋课外	1	6
项目三	向日葵协奏曲	向日葵涂鸦	向日葵花语、欣赏名家的向日葵画、向日葵的播种和移植的绘画创作、向日葵摄影。	课内＋课外	1	1
		小太阳音符	学唱《种太阳》,进行“小太阳音符”选拔赛,搜集关于向日葵的歌曲。	课内＋课外	1	
		葵花诗韵	寻找各种有关向日葵的诗歌散文、歌曲电影等作品并分享;向日葵文学作品创作。	课内	1	
		巧手做葵花	学做并展示向日葵贴画。	课内	1	
		We Love Sunflowers	学习有关向日葵的英文表达、英文习语。	课内	1	

项目名称		项　目　内　容	组织形式	教学课时	
				课内	课外
项目四	向日葵收获啦	向日葵采收	通过知识窗学习食用和油料类向日葵的采收知识;讨论向日葵采收方案;分工合作去农场采摘向日葵。	课内+课外	1	1
		盘点我们的收获	观察、记录向日葵花盘和瓜子饱满程度。	课内+课外	1	
		葵花籽欢乐汇	了解葵花籽油的压榨知识及营养价值;学习并尝试炒葵花籽,品尝成果。	课外		1
		大手拉小手,赠送向日葵	向一年级新生赠送向日葵	课内	1	
		总结与评价	回顾课程实施中的优点和不足,提出建议,进行活动评价	课内	1	

（2）课程安排

课程类型:劳动教育课程。

课程资源:自编教材一套、观察量表、各种研究性学习表格、相关教学设计、相关课件等。

课程教师:班主任及各科学教师等。

指导对象:5、6年级学生。

课时安排:课内17课时、课外21课时。

种植场地:校内开心农场,家庭、田地等。

（3）实施要求

设计系列化。我们的向日葵课程主要在五六年级开展,进行分年级设计,同时有机对接,合理分配内容体系,教学目标与教学内容也循序渐进展开。

活动时令化。本课程教学内容的安排遵循季节时令的变化,选取相对应的学习内容。例如,四月份开始,学生们进行的是向日葵的认识、种植、养护和研究,下半年开学的时候刚好是向日葵收获的时节,于是我们开展向日葵的采收和赠送活动。

（4）实施方式

一是主题周活动。我们的种植内容都是建立在长周期、大主题之上的。平时在田野大课堂中实施课程，到主题周活动中，学生有更充裕的时间来进行研究性学习，使学习更加深入和全面，让各种学习模式共存，呈现参差多样的学习样态，共同促进学生的成长。

二是跨学科学习。各学科相互联系、相互支持，课程实施过程中协同教学，让学生感受别样的课堂活动，教学内容也变得新鲜有趣。教师从尊重和研究学生的学习出发，在课堂上进行微小的变革，引导学生在研究中思考大概念、进行迁移，那些研究性的小课题进一步扩大到知识的前后联系、学科之间的关系，从而带来课程的结构性变革。

三是人文关怀。在课程实施中，学生不仅研究了向日葵，了解了它的方方面面，更体现了对生命的呵护和敬畏。面对一粒种子，学生充满期待，播下希望；在养护过程中，看着向日葵发芽长叶、开花结果，学生欣喜万分；遇到病虫灾害，他们又会仔细研究寻找良方。面对这样一株小小的向日葵，他们会用自己的柔情与无微不至的照顾，让它们长得更加苗壮。另外，六年级和一年级的向日葵赠送活动更像是一种传承，有收获的喜悦，更有对母校的留念。

四是课内外互通。我们的课程内容除了有课堂知识方法的教授，更多的是让学生到"开心农场"或校外尽情地去看、去听、去做。在这样富有安全感的课堂上，每一个学生都感受到了关爱、平等、尊重。尤其是在课程实施过程中，教师提出有挑战性的、高认知水平的学习任务，为学生提供了提高自主性和合作思考的学习工具，形成两人、四人、全班等不同层次的横向联系，引导学生相互提出问题。学生不仅学到了知识，也锻炼了动手能力，联系生活经验，学会同伴合作，提升思维能力，实现了课堂与生活、自然的三向互动。

五是重更新迭代。向日葵课程已经实施多年，我们在原有的基础上，根据资源和学生的能力和兴趣点不断改进和更新，站在学生的角度设计课程，和学生一起共同将课程构建得越来越丰满，也更让学生有一种向日葵情怀——懂得感恩，学会思考，关注自然。

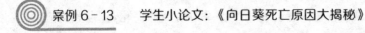 案例 6-13　　学生小论文：《向日葵死亡原因大揭秘》

暑假里，学校给我们每个学生发了几粒葵花籽，让我们带回家种植。

按照老师发的《培植指南》，我将其中两颗种子浸泡在水中大约半小时，然后找了一个大花盆,装进大半盆泥土,然后小心地把种子种进泥土里,盖上土,最后浇水。

接下来的每天早晨,我起床的第一件事就是去看我的向日葵,给它们浇水,希望它们快点长出绿叶。可是过了十天,都没有见我的向日葵发芽。最后,我挖开了泥土,发现向日葵种子已经腐烂了。反思我的种植经历,我种下向日葵后的第二天就挖开泥土掏出葵瓜子来看,发现葵花籽已经涨开,白嫩的小根须已经从裂缝中钻出来了。激动与惊喜过后我将瓜子又种了下去,盖上土,然后浇水。那么,我的向日葵死亡原因应该是好奇心和浇水过多吧。

在"农场开心"群中我将种植向日葵的"不幸"告知了其他群成员,"一石激起千层浪",引起了大家极大的兴趣,大家纷纷说起自己种植向日葵的难忘经历。很多同学的向日葵都没有健康成长,有的和我一样没有发芽,有的发芽了却没有长大、开花。

一、设计问卷调查

向日葵死亡的原因有哪些呢?这个问题引起了我的思考。因此,我设计了一张表格,利用休息的时间,对我们班的同学以及绿色小记者站同学做了一个"向日葵的死亡原因调查"。

二、资料汇总与整理

首先,我对全班46位同学们送上来的资料从"播种颗数、发芽颗数、成活颗数、死亡颗数、死亡原因"方面进行汇总。

然后,我将向日葵的种植与死亡情况进行了进一步归类,分析如下:

播种颗数(比率)(120)			死亡原因	水浇得太多	干死忘浇水	种子埋太深	好奇伤害	方法不当	其他意外
成活(棵)	发芽(棵)	死亡(棵)	数量	54	15	4	4	7	11
18 (15%)	76 (63.3%)	93 (77%)	比率(%)	59.3	16.5	4.4	4.4	6.9	12.1

三、调查分析

(1)盆栽向日葵是可行的,但是方法是非常重要的,一个不小心,种子就不会发芽或者发芽后夭折。真的既需要耐心、恒心,也需要相关的养护知识。第一次栽培向日葵的同学,期待值很大,成活率不高。要坚持进行二次、三次栽培,在实践中获取更多的知识。

(2) 发芽容易,栽培难。发芽率有 63.3%,成活率只有 15%。

(3) 从上面的调查可以发现,向日葵的死亡原因有以下几点:

① 刚种下去的时候水浇得太多了,种子烂在了土里;

② 因为好奇心,想看看向日葵有没有发芽,或者想观察发的芽有多长了,拔起来又种下去,结果新芽被折断而死亡;

③ 被动物(如鸡、小鸟等)吃了;

④ 种子种得太深;

⑤ 泥土选择不对,渗水性不强。

发芽之后,在成长中死亡的原因主要有:

① 病虫害;

② 幼苗护理不当,被小动物(鸡、蜗牛、萤火虫等)吃了;

③ 浇水时机不对,娇嫩的花苗在太阳底下曝晒晒死了;

④ 浇水太多,根腐烂而死;

⑤ 忘记浇水,渴死了;

⑥ 肥料放得多而且位置不对,烧死了;

⑦ 挡不住狂风暴雨,夭折了;

⑧ 土壤不够肥沃,或者渗水性不强;

⑨ 葵花太美,被人折了。

四、栽培建议

从上面的分析可以看出,造成向日葵死亡的主要原因是浇水过多,占死亡总数的 59.3%,其次是忘记浇水导致干死。因此,如果种植向日葵,除了老师建议书上说的这几点,另外,我们还一定要做到以下几点:

(1) 不要浇太多的水。根据泥土的干湿程度酌情浇水。在夏天,发芽前一般放在阳台里面,两天浇一次水;长出叶子后放在阳台外面,每天早晚浇水。花盆保持排水通畅。

(2) 要摆放在阳光充足的地方,不要连续几天忘记浇水。

(3) 不要因为好奇而不停地挖出向日葵的种子观察,以免损伤根系;不要玩幼苗。

(4) 遇到恶劣天气要将其捧到避风雨的地方,防止折断。

(5) 施肥不要贴近花茎和根部,要放在旁边的泥土里。

(6) 栽培土壤很重要,要肥沃、渗水性强的土壤。

知道了向日葵死亡的原因,播种向日葵就会有经验多了。我再次播种了2颗葵瓜子,牢记上次的教训,仔细观察泥土的干湿情况,在第三天,我看到了我的向日葵破土而出了!经过一个多月的细心照料,我的向日葵终于开出了金灿灿的花!……

在这里,我把这次调查结果分享给大家,希望大家能从中获益,多多栽培出美丽的向日葵,为自然增色,为生活添彩。

2. 六年级"兔子养殖"课程的实施

小兔课程的开发与研究,起源于"兔子咬人事件"。当兔子咬人之后,全校掀起了一场兔子去留的大讨论。在这个事件中,我们捕捉到了很多教育的契机,"兔子养殖"课程随之诞生。该课程通过"小兔成长记""小兔圆舞曲""乐园话小兔"等系列体验活动,引导学生探寻农场里的小兔文化,培养学生珍爱生命、热爱自然的情感,理解人与自然和谐发展的意义,培养乐于探索自然奥秘的态度,激发学生的兴趣和参与欲望,设置内容,倡导方法,统筹规划。根据针对性、层次性、递进性的要求,以生命教育为纵坐标,以模块化的系列内容为横坐标,螺旋上升,建构科学的内容结构体系。

(1) 课程内容。根据总目标、学生的需求、小兔生长规律、养殖趣事等因素,设计三大项目主题。

表6-10 "兔子养殖"课程主题内容

项目名称		项 目 内 容	组织形式	教学课时	
				课内	课外
项目一	小兔成长记	可爱的小兔	认识小兔,了解兔子的品种、外形特点,用手抄报展示成果	课内+课外	1	1
		兔子会"说话"	了解兔子发出的声音、动作所代表的意思,并观察记录;探究其他奥秘	课内+课外	1	2
		兔子的小屋	打扫兔子屋;观察分析农场兔子窝,提出改进建议	课内+课外	1	1

项目名称		项　目　内　容	组织形式	教学课时	
				课内	课外
项目二 小兔圆舞曲	兔子爱吃"窝边草"	通过对比研究,明确兔子喜欢吃的草,进行兔子食物的研究	课外＋课外	1	1
	兔子卡通形象、纹饰设计	欣赏兔子卡通、纹饰作品,了解其在生活中的作用,并进行卡通形象和饰品的创作	课内＋课外	2	4
	兔子诗韵	查找与"兔子"有关的文学作品,学习创编"兔子诗韵",并交流展示	课内＋课外	1	1
项目三 乐园话小兔	兔子咬人事件	1. 听故事——兔子咬人,讨论分析原因 2. 开展主题班会:如何与兔子和平相处? 3. 展开辩论赛:兔子是去是留? 4. 根据兔子咬人事件创编情景剧	课内＋课外	5	8
	伟大的母爱	1. 听故事《伟大的母爱》,讨论:兔妈妈为什么要把身上的兔毛拔下来? 2. 根据故事进行情景剧创编	课内＋课外	3	5

(2) 课程安排

课程类型:美好生活课程。

课程资源:自编教材一套、学习活动手册一本、相关课件等。

课程教师:班主任、科学教师、语文老师、美术老师、音乐老师等。

指导对象:5、6 年级学生。

课时安排:课内 15 课时、课外 23 课时。

养殖场地:校内开心农场、家、校外养殖场。

(3) 实施方式

一是学科整合,有机渗透。兔子课程涉及各门学科,有品德课、数学课、科学课、语文课、美术课、劳技课、信技课等。例如兔子爱吃窝边草是科学,写建议书是语文,设计卡通纹饰是美术,创编课本剧是音乐,整个课程渗透着育人德育。课程整合,打破了界限,提升了学生的综合素养。

二是课内外结合,相辅相成。我们学校每周三下午有一节长达 60 分钟的社团课。

"嗨,小兔"课程很多内容就是在社团活动课或者田野大课堂上完成的。但是,课程里面有一些内容是需要课外仔细观察才能完成的,所以家校合作对于这个课程来说十分重要。我们会建立家长微信群、钉钉群,在群里让学生提交作业,与家长及时沟通。学校、家庭、社会、网络这种四维教学场景,突破了时空的局限,让广泛的交流与密切的合作成为了可能。

三是做中学,研中学。我们把课堂搬进了农场,让学习变得充满活力,在这样的教学中,课堂是活跃的,学生的思维是灵动的、丰满的,是充满了奇思妙想的。兔子课程是以养殖为主的一门学科。但是我们的课堂如果只是教会学生养殖,未免太单一。我们尊重学生的认知规律,在建立充分实践经验的基础上,加入了探究的元素、写作的元素、美术的元素、表演的元素……不仅丰富了课堂,而且让每一次的学习都走出课本、走向自然、走向生命。

四是提供交流参演的平台。让学生有获得感、成功感,这是促进学习的重要法宝。在介绍与小兔相关知识的时候,创设平台给学生,让学生上台讲解自己的学习成果,并给予肯定。

(4)评价。采用自评、互评、师评相结合的方法。我们的研究内容都是在真实情景下通过观察、讨论,对真实事件进行情景剧的创编。在经历一次次的思维碰撞后,有了更直观、深刻的感受,懂得了与动物、与同学和平相处之道,了解自身的长处与短处。将自评、小组互评与教师评价相结合,将过程性评价与总结性评价相结合的方式,全面评价、总结学生不同方面的能力,综合评定成绩,给予评优奖励,使每一位学生获得成就感,便于学生日后的素养提升。

案例 6-14　　有感于"兔子咬人事件"

众所周知,学校有一只可爱的小灰兔,而孩子对动物有着天然的好感,这本是人和动物和谐相处的好事。可前几日却听说有小朋友被兔子咬伤的事,心中不免感到担心,一是兔子的去留,二是同学们的安全问题。

学校的小灰兔在学校里生活了很长时间,从来都很乖,为什么这次"发飙"了呢?该怎么决定这只"犯错"小兔的去留呢?1月16日期末考试一结束,老师召集全班同学再次讨论"兔子咬人事件"。同学们纷纷表示兔子本来是温顺的,只要身体不出现什么异常不会乱咬人,躲着人都来不及,肯定是小朋友冒犯了他,它才情急之下咬人的。

为此我还特地查阅了资料：兔子因为处于食物链的低端，所以非常胆小，也很容易受惊，而人试图去抓它抱它的动作，非常类似空中的天敌扑食。当兔子感觉危险，会迅速退到角落，面向你（这是避免腹背受敌），此刻它的肢体动作会表现出"警告"或"警惕"，或作自卫进攻的准备，立耳兔的耳朵会像角一样向前竖直，这是要咬人的暗示了，你只要走开就好。当兔子感觉受到了威胁，它们就会因为自卫而咬人，尤其是对待新来的兔兔，要注意你的动作，要缓和些。

谈起如何决定兔子的去留，同学们一致表示要将它继续留在学校，它可以成为我们学校的一员。可前提是全校同学不去伤害它，要让它感觉到同学们的友善。平时看看兔子可以，绝不要擅自逗玩，更不可以追打它。动物是可爱的，同时也是需要呵护和尊重的。给它们一个自由的生存空间，它们也会给我们校园带来生机和活力。

讨论"兔子咬人事件"过后，有同学在自己的作文中这样写道：在富春七小这个美丽的校园里，不仅有快乐学习的学生和辛勤执教的老师，还有一只自由而又可爱的小灰兔。小灰兔有着一双红宝石似的大眼睛；一个三瓣嘴，呈"丫"字形的，好像合不拢，露出两排碎玉似的小牙；它有着一身柔软而富有光泽的绒毛；尾巴很短，活像一个小绒球贴在屁股上，蹦跳的时候，一撅一撅的，可有意思了！它每天在校园里东跑跑，西跳跳，这里吃一点杂草，那里吃一点杂草，自由自在，无忧无虑……有时还与我们捉迷藏呢！

 案例 6-15　　绘本创编：《幸福的小兔》

一个孩子有一天发现了兔子在拔身上的毛，她觉得很惊讶，又觉得疑惑：兔子为什么要拔自己身上的毛呢？是生病了吗？于是她仔细观察起来，才发现原来是兔妈妈生了一窝兔宝宝，为了不让兔宝宝感到寒冷，兔妈妈忍住疼，义无反顾地拔下了自己身上的毛，盖在兔宝宝身上，多么伟大的母爱，多么令人感动呀！

听完故事后，让孩子对这个故事进行了绘本创编。绘本，是一种专为儿童设计，依靠一连串图画与为数不多的文字来传递信息、讲述故事的图书。通过绘本创编，将单纯的故事以图文并茂的形式呈现出来，对学生心灵的震撼会更加强烈，更能激发学生内心的情感，从而达到感情的共鸣，进一步激发学生合理关爱兔子的欲望，产生与身边的人和事和谐相处的愿望,达到更好的教育效果。下图就是学生改编的《幸福的小兔》。

以上只是以五年级"葵花朵朵向阳开"和六年级"兔子养殖"两门课程来具体介绍快乐种养课程的实施操作。一年级"小蚕豆成长记"、二年级"呀!土豆"、三年级"小小蚕儿趣事多"、四年级"油菜花开金灿灿"四个快乐种养课程也在各年级有序、有效开展实施。

二、创意劳动类课程的实施

创意劳动课程群主要分"小小农科院""当代小农夫""智慧小鲁班"和"理财小能手"四大课程,其中"小小农科院"又分为"小农夫学气象"和"青青校园种植"两个课程,"当代小农夫"分为"小农夫手工作坊"和"七彩植物"课程,"智慧小鲁班"分为"度量衡的制作"和"益智小木匠"两个课程,"理财小能手"分为"20元研学"和"财商"课程。下面以"青青校园种植课程"课程和"财商"课程来介绍创意劳动课程的实施。

(一)"青青校园种植"课程的实施

实践是人成长和发展的重要基石。"青青校园种植"课程为学生提供了学习、应用知识和动手实践的机会。重视学生在学习过程中体会"劳动创造财富""劳动最光荣""尊重劳动者""热爱劳动"等劳动观念。不仅鼓励学生快乐地学,有获得感地学,有荣誉感地学,我们还鼓励学生创造性地学。

1. 课程内容

"青青校园种植"课程根据"新劳动教育"的总目标、学生的需求、生产劳动内容、种植时间先后等因素,设计了四大项目主题。

表6-11 "青青校园种植"课程的内容安排

项目名称			项 目 内 容	组织形式	教学课时	
					课内	课外
项目一	采来苔藓做盆景	苔藓的种植	认识苔藓、探究苔藓种活的因素、种植苔藓	课内+课外	1	1
		苔盆景设计	认识苔盆景、设计苔盆景,画出设计图	课内	1	
		苔盆景制作	制作苔盆景、养护苔盆景	课内+课外	1	5
项目二	带着思考种水稻	水稻的种植	探究水稻育苗的全过程、移栽成活原因、移栽水稻、养护水稻	课内+课外	2	8
		水稻的收割	观察水稻茎的特征,探究收割水稻的工具,学习水稻收割的流程、收割水稻	课内+课外	1	2
		水稻的储存	探究影响水稻储存的原因、学习储存水稻的方法、储存水稻	课内+课外	1	1
项目三	跟着油菜学劳作	油菜的种植	探究油菜移植成活的原因、移植油菜	课内+课外	1	1
		油菜的护养	学习养护油菜的主要内容和方法、养护油菜、探究油菜上的小虫等随着种植出现的问题	课内+课外	1	8
		油菜的加工	加工油菜秆、探究加工方式	课内	1	
项目四	种棵金橘迎新年	金橘的种植	学习种植金橘树、探究金橘树种植成功的原因、养护金橘树	课内+课外	1	5
		金橘的加工	探究金橘的加工方式、制作金橘饼	课内+课外	1	1
		金橘的迎新	金橘的迎新装设计、装扮、分享	课内+课外	1	1

2. 课程安排

课程类型：劳动教育课程。

课程资源：自编教材一套、学习记录单一本、相关教学设计、相关课件等。

课程教师：科学教师、班主任教师、校外辅导员等。

指导对象：3—6年级学生。

课时安排：课内12课时、课外37课时。

3. 实施方式

（1）课内外相结合。如前文所述，在进行课内外相结合安排劳动课时，我们按学校制定的课程标准实施。在学校学习劳动知识，在劳动教育实践基地实践。

（2）做中学研中学。

（3）大主题长周期。

（4）常交流去参赛。

4. 展示载体

按学校"一台二窗四地"展示课程成果。

◎ 案例6-16 　 五（2）班同学的种稻活动

今年5月26日是谷雨时节，在老师们的帮助下，我们五（2）同学们翻土、撒种，在丰收广场种下了旱稻。转眼霜降已至，稻香满园，我们感到特别自豪。

为了照顾旱稻，我们班分成了8个养护小组。在小组长的组织下，不管是烈日炎炎，还是狂风暴雨，我们照顾旱稻从来没有间断。在它发芽的时候，我们浇水、施肥；在它成长的时候，我们拔草、松土；在它成熟的时候，我们保卫谷子。为了防止鸟儿吃掉谷子，我们班的倪城豪同学还特意在旱稻田里放了几个稻草人，守护我们的劳动成果。

虽然汗流浃背，有时还被旱稻叶子划得"伤痕累累"，但是我们不怕苦、不怕累，真正地践行着"孺子牛、拓荒牛、老黄牛"的精神，终于迎来了霜降金穗壳。更难能可贵的是，我们在照顾旱稻的时候，会去发现问题、研究问题。从谷雨到霜降，每一个节气，我们班的同学都会去观察、测量，写水稻生长日记，记下成长故事。记得有一次，刚好轮到我们小组拔草，因为天气炎热，我只穿了短袖短裤，没想到第二天起来，手臂上、小腿上都是红红的条痕，又痒又痛，为了一探究竟，我查阅资料，用放大镜观察，才知道原来是旱稻叶子边缘上像锯子一样的小口子在"作怪"。为了知道水稻和旱稻的区别,我和袁梓洋还查找了大量资料,学到了很多知识。

种植旱稻的劳动虽然艰辛,但是整个过程让学生们获得了快乐,获得了知识,获得成就感,更理解了"粒粒皆辛苦"这句话的真正意义。正是通过这样的活动,让学生爱上劳动,爱上学习,爱上生活!

(二)"小农夫"课程的实施

"让学生在真实情境下学习",在课堂上,给学生真实的体验与感受。在真实的自然情境下让他们去细心观察,科学探究,感受万物生灵,从而去珍爱生命,敬畏生命。"小农夫"课程不仅有对于传统技艺的传承,也让学生们体验到生活离不开自然,我们的生活与自然有着千丝万缕的联系,保护自然就是保护我们自己。

1. 课程内容

"小农夫"课程分为三大版块内容:小农夫会观察、小农夫会探究、小农夫会实践,详见下表6-12、6-13、6-14:

表6-12　板块一"小农夫会观察"的主要内容

课　例	内　容	课时	最佳教学时间
秋天里那些姿态万千的树叶	认识身边的常绿植物和落叶植物;比较它们叶子的不同特征,感受植物对环境的适应能力;了解落叶前叶片颜色变化的原因及基本叶序。	1	11月
冬天里那些植物越冬的事	通过观察寻找植物越冬的秘密;通过实验验证植物一到冬天变甜的意义;讨论帮助植物安全过冬的方法。	1	12月
春天里那些盛开的花朵	通过观察认识单生花、簇生花;通过比较认识四种常见的花序——总状花序、伞形花序、伞房花序、穗状花序,并学着用图片来描述这些花序。	1	4月
春天里那些叶片上的细毛	了解许多植物叶片上长着细毛;通过放大镜、显微镜观察细毛形态;体会细毛的特点与功能相联系,又与环境相关联。	2	5月

课　例	内　容	课时	最佳教学时间
夏天里那些狗尾草的"亲戚们"	认识常见的杂草;重点观察记录稗草和牛筋草。	1	6月
探寻植物的根系与叶脉的关系	通过观察认识两种根系和三种叶脉类型;探讨植物叶脉和根系之间的关系。	1	10月—次年1月
杭州的市树——香樟树的四季	通过对樟树的持续观察感受植物的智慧。	1	四季

表6-13　板块二"小农夫会探究"的主要内容

课　例	内　容	课时	最佳教学时间
探寻植物的茎弯曲或直立生长的秘密	设计实验探究植物茎直立或弯曲生长的秘密;播种萝卜;每天观察记录萝卜苗的生长情况,分析得出结论。	1	9月
探寻植物的根弯曲或直立生长的秘密	设计实验探究植物根弯曲或直立生长的秘密;每天观察记录萝卜苗根的生长和弯曲情况,分析得出结论。	1	9月
探寻植物吸水和失水的秘密	通过实验探究植物吸水和失水的秘密;应用吸水和失水的原理制作醋萝卜。	1	10月
探寻植物体内水分运输的秘密	认识萝卜的器官;通过实验探究萝卜的吸水部位、运输方向、运输部位。	1	10月
探寻植物体内水分散失的秘密	了解植物体内水分的作用,通过实验探究植物体内水分散失的结构与方式。	1	11月
探寻植物果实里的秘密	通过解剖观察了解果实的结构;通过画图或列表记录种子数量、大小、形状、分布;讨论种子的这些特点有什么作用;通过实验探究哪些水果不能与牛奶同食。	1	11月
探寻植物移栽的秘密	了解移栽的时间和原因;学习萝卜移栽方法;分析与评价移栽情况。	1	12月

表 6-14　板块三"小农夫会实践"的主要内容

课　例	内　　容	课时	最佳教学时间
怎样提取淀粉	了解生粉来源;学习从番薯中提取淀粉。	1	10 月
怎样提取红糖	了解红糖作用;学习从甘蔗中提取红糖。	1	11 月
怎样制作豆腐皮	了解五谷;学习制作豆腐皮。	1	四季
怎样制作豆腐	了解豆腐起源;学习制作豆腐。	1	四季
怎样制作木莲豆腐	了解木莲豆腐产地;学习用薜荔种子制作木莲豆腐。	1	7、8 月
怎样制作环保酵素	了解环保酵素作用;学习用植物垃圾制作环保酵素。	1	四季

2. 课程实施

"小农夫"课程共 21 个课时,实施的途径主要有以下三种。

(1) 途径之一:社团活动。每周三下午第三节课学校会安排社团活动,在这个时间段主要实施"小农夫会观察"和"小农夫会探究"两块内容。以学校"开心农场"植物为主要载体,进行全方位、系统化的和一系列的探究活动。

⊚ 案例 6-17　　"春天里那些叶片上的细毛"教学片段

师:谁想对不起眼的细毛说点什么?

生:细毛,我以后再也不敢小看你了!

生:细毛,你真牛!

生:细毛,我佩服你!

……

学生通过仔细的观察,认识了叶片上的细毛,并且用自己的语言进行表达。显然,这样的课是能够触动学生心灵的,也是他们发自内心欢喜的。

（2）途径之二：校外观察。有些观察记录活动是无法在短期内完成的，比如《杭州的市树——樟树的四季》。教师在适合观察的关键期提醒学生进行观察和记录，之后学生在课堂上分享和交流，最后整理写成观察记录或实践报告。

📀 **案例 6-18　　学生观察记录：《杭州的市树——樟树的四季》节选**

2017 年 2 月 12 日

我无意间观察了樟树的叶子，发现了一个非常有意思的现象。你们能看出来吗？

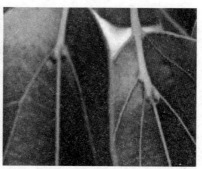

局部放大

对了，在它的侧脉基部竟然有两个小点，我马上观察了更多的樟树叶，竟然发现每一片樟树叶不管明显或不明显竟然都有这样的结构！那么，它有什么作用呢？我马上上网查看，找到了答案——"那不是虫卵，是腺点。樟科植物有一些长有腺点的"。"植物叶子腺点就是叶片上的凸起，里面多含芳香油，如香樟叶子的三出脉基部就有两个腺点。"

这太神奇了！怪不得樟树叶是香的呢！网上说这种香味不仅可以净化空气，还能抗癌，最重要的是还可以驱虫！也难怪，路旁的樟树一般不需要喷洒农药！

2017 年 4 月 17 日

这时的樟树叶已经变得硬朗，红色也已经退却。花儿们好像彻底苏醒了，慢慢伸展开了手脚。仔细观察，我还有了新发现。从樟树的总花柄上分支出了几个小花柄，而小花柄又分支出了几个小小花柄，整个形状像圆锥形。最有意思的是它的开花顺序。你看得出哪朵花最先开放吗？我以

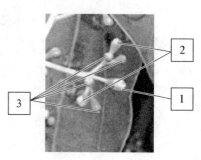

一个小花柄为例给你标注一下吧！为什么会按这样的顺序开放呢？

最后，这位女同学写道："这一年我对香樟树经过了系统而且持久的观察，感受到了很多很多，比如植物的智慧、生态的平衡，生命的孕育是如此美妙！当然也有很多遗憾，有很多问题还没有得到解决，所以对于樟树的观察远远没有停止……"

对樟树的观察学生能够做到如此认真、细致，并能以小见大，在观察中感受植物的智慧，理解生命的巧妙，更重要的是学生有了这样的观察经历以后，能够以点带线、以线带面。

（3）途径之三：实践活动。富阳当地有很多值得孩子们去传承的工艺，为了"小农夫会实践"部分课程的顺利实施，学校特意联系了几个实践基地，如东坞山豆腐皮厂、场口素云红糖、常安环保酵素基地等。当然大部分课程我们已经将它们搬到了课堂上。下面是"怎样制作红糖"实践活动策划表：

案例 6-19　"怎样提取红糖"活动方案

活动意义：为了传承红糖提取工艺，加强小队成员的合作意识，特组织本次活动。

参加人员：绿叶小队全体成员

活动时间：2017 年 11 月 20 日

活动地点：富阳东梓关素云生态农业开发有限公司

活动流程：12:00 在校门口坐车前往，12:30 左右到达。

12:40—16:00 参观学习红糖提取过程

一位学生在参加活动后的作文中写道："古方红糖，要经历十八道工序，每道工序都要遵循自然法则。通过参观学习，我感受到了我们民族的勤劳、智慧。作为新时代的青少年，既要学习和掌握现代科学知识，也要积极参与并保护灿烂的历史文化和传统工艺，使它能够生生不息、源远流长……"可见，这样的活动确实有深远的意义。

（三）"财商"课程的实施

"财商"课程以梳理学校各种常规性活动、学校组织的综合实践活动，如义卖活动、感恩活动、春秋游活动为主,在活动中渗透财商教育;在数学学习中寻找渗透财商教育的契机,将财商教育与数学学科课程融合;结合社会机构开设各种社会实践活动,如银行体验活动、了解股市行情及风险、儿童自我理财管理等。

本课程是以学生为主体,重体验、重合作、重研究,通过合理策划和有效实践,在探究过程中发展学生的综合能力,对财富和劳动关系有一定的认识,了解税收、银行、账本、折扣、汇率等财经知识,具有一定的金融素养和理财方法。该课程充分调动学生参与实践活动的积极性,在活动过程中体会成就感、责任感,从而提高财商决策能力。

1. 课程内容

"财商"课程的内容根据学生的年龄特点,分为低、中、高三个年段开展教学,每一年段 5 个课时。

表 6-15 "财商"课程的内容

学段	节数/课时	内	容
低段	第一节(1)	研学旅行中的 20 元亲子合作购物	每人 20 元购物标准,在老师和家长的协助下以个人为单位制订好购物清单,并到超市根据购物清单采购物品。
	第二节(1)	我的小店铺	模拟备货、开张的情境体验付钱、找钱以及生活中一些特殊的付钱情况。
	第三节(1)	我的一日三餐	为家人设计一日三餐食谱并实际操作。
	第四节(1)	我的压岁钱	模拟体验银行工作人员中不同分工的角色,学会合理消费,培养学生的理财能力。
	第五节(1)	我的开心义卖	收获节时,参加"开心农场"的挖土豆活动,用秤对土豆进行分装,每袋 1 千克在校门口、菜市场定点摊位等场所进行义卖。
中段	第一节(1)	研学旅行中的 20 元小组合作购物	每人 20 元购物标准,以 4 至 5 人一小组为单位,到超市根据预算表采购物品。
	第二节(1)	我是节约小能手	计算学校、家庭一个月以及一年的电费和水费。
	第三节(1)	我是旧物回收员	调查自己家小区的垃圾分类和废品回收情况。
	第四节(1)	我是网购小达人	为家人、老师做一份网购小攻略。
	第五节(1)	我是食堂小账房	调查食堂一天的成本支出,统计自己家里一天的支出情况。

学段	节数/课时		内　　　容
高段	第一节(1)	研学旅行中的 20 元 DIY 自制美食	平均每人 20 元购物标准,以 7 至 8 人一大组为单位到超市根据预算表采购物品,并制作好美食。
	第二节(1)	我能精打细算	走进商场、店铺,了解各种不同的打折手段,对比各类打折手段,根据实际情况判断最佳购物方案。
	第三节(1)	我能分段计费	了解阶梯收费的标准,并调查家人的工资情况、家庭用水用电情况,并对用水用电情况进行费用计算。
	第四节(1)	我能合理设计保险	课前走进社区、社保中心,了解社会保险的作用和保险的分类,调查社会保险的组成、缴费方式、缴费金额和报销计算方法。
	第五节(1)	我能分析汇率与股市	通过上网查询、银行调查、咨询专业人士等,了解股票和汇率的基本常识,了解一些常用术语,了解股票的由来及炒股的风险性,尝试解读 K 线图等。

2. 课程安排

课程类型:劳动教育课程。

课程资源:自编教材一套、相关教学设计、相关课件等。

课程教师:数学教师、班主任教师、校外辅导员等。

指导对象:1—6 年级学生。

课时安排:15 课时。

实践场地:校内"开心农场",银行、保险公司、行政服务中心等,校外"'新劳动教育'基地"。

3. 实施方式

(1) 走读式。以研学旅行为背景,根据自身需求用学校限定的 20 元自主采购一日出行所需物品,引导学生们明白什么是需要的,什么是想要的,学会合作,懂得节俭,体验"当家作主"的乐趣,教会他们如何合理规划,掌握合理消费的技能,培养正确的消费观。建构了不同学段、不同实施策略的内容体系,让每个学段的学生养成行事有计划、有条理的习惯。

首先，在课堂上学习制订预算。课前组织学生对预期商品的价格进行调查，然后在课堂上根据预期商品的价格制订预算表，有目标地遴选必需品，学生对"20 元"金额有了统筹和分配的初次体验。课中教师除了着眼于财商态度的引领之外，还培养学生环保健康、勤劳节俭、协作奉献的意识，正确处理个人与他人、个人与集体的关系。让财商教育也成为德育、素质教育和公民教育的重要内容。

其次，进入商场进行购物实践。课后一二年级以个人、三四年级以小组、五六年级以大组为单位，在家长的带领下到商场进行购物实践。一二年级的商品价格的记录和结算可以由家长协助或学生独立完成；三四年级价格商品的临时调整、记录和结算由学生独立完成，所购商品要求是原材料或半成品，之后通过家长指导学生制作美食成品；五六年级价格商品的临时调整、记录和结算由学生独立完成，所购商品要求是原材料，通过成员合作完成美食 DIY 制作。以上从采购到调整再到最后制作都是在预算规划和统筹管理下完成的。

最后，到营地进行成果分享。根据学校研学旅行方案按年级选择不同营地，学生带上限额采购和制作的美食在小组或班级分享，学生可以品尝多个 20 元带来的成果。班级评选出最佳规划奖、最佳制作奖、最佳组合奖等。活动结束后以数学日记的形式总结研学旅行的全过程。

（2）体验式。实践体验式学习，学生亲自参与或置身某种情景或场合，通过感觉、感受、体验来认识事物并进行实践。它能激发学生积极思考，使学生在精神完全放松、思想高度集中的状态下从事学习活动，在解决问题的过程中体验和感悟，从而在有限的时间内获得最大的收获。它是一种内在的体验，是基于个体认知图式而形成的学习过程，是知情合一的学习，在实践体验式学习中，学生有所感受，并对此留下难忘的印象。

（3）探究式。调查探究式学习，是指学生带着任务走进社会进行实地调查，与专业人士进行对话、访谈，了解专业领域的一些基本常识，获取专业信息，为剖析一些社会现象或问题积累经验和知识。

第一步，课前项目，走访调查。项目制调查是基于学生兴趣，以任务为驱动，学生为达成目标而积极参与的调查，它致力于学生自我探究能力、团队协作能力的培养。在学生走进社会进行调查活动前，教师对学生进行调查内容、调查目的和基本调查方式的指导，让活动的开展有的放矢。

第二步,课中探究,交流分享。相同的事情,不同的人有不同的理解。由于调查途径、调查形式的不同,相信学生获得资料一定各不相同,如何让学生对同一事情形成更多元的认识,这就需要从社会回归到课堂,借助课堂这一阵地进行由组内到班级,由生生再到师生交流分享、对比剖析,引导学生从社会表象走向深层解读。

　　第三步,课后成果,经验应用。一次有深度的调查探究式活动,它一定会让学生们收获满满。能够应用了解的专业知识解决特定的生活问题,能够根据调查分析得到一些合理决策,这些都是收获。我们可以用数学小报、研究报告、思维导图等学生喜闻乐见的形式进行成果展示、分享,这也是学生进行二次学习的好途径。

第七章

拓展：
"新劳动教育"的活动创意

我校"新劳动教育"的实施,除了依托课程这一实施路径之外,还通过各种丰富多样的活动,包括家务劳动、校园服务性劳动以及志愿者活动等,把劳动教育延伸到学生的日常生活中,让学生从各个维度进行劳动体验,这是"新劳动教育"的又一条重要实施路径。

劳动教育的践行，并不能仅仅局限于规定的内容，因此，我校"新劳动教育"的实施，除了依托课程这一实施路径之外，还通过各种丰富多样的活动，包括家务劳动、校园服务性劳动以及志愿者活动等，把劳动教育延伸到学生的日常生活中，让学生从各个维度进行劳动体验。为了便于论述，我们把这些除了依托课程之外的劳动，统称为依托活动的劳动，将其作为"新劳动教育"的又一条重要实施路径。

第一节　依托活动的劳动清单设计

为了从学生的日常生活出发，把动手劳作贯穿于生活的点点滴滴，学校设计了"学生劳动清单"，从校内劳动、农场劳动、家务劳动、志愿服务劳动四个维度指导家庭、学校和社会有计划地开展劳动实践。

一、依托活动的劳动清单

设计劳动清单，目的是让原本各种散见的劳动活动能够进行统整，形成"新劳动教育"活动系列，以更好地发挥劳动育人的功能。

表 7 - 1　1—6 年级劳动时间建议

	家务劳动时间建议	校务劳动时间建议	农场劳动时间建议	志愿服务时间建议
一年级	每天 1—2 项，20—30 分钟	每天 1—2 项，10—15 分钟	每周 2 课时＋40 分钟	每月 1—2 项，不少于 3 小时
二年级	每天 1—2 项，20—40 分钟	每天 1—2 项，10—15 分钟	每周 2 课时＋40 分钟	每月 1—2 项，不少于 3 小时
三年级	每天 2—3 项，30—40 分钟	每天 1—2 项，15—20 分钟	每周 2 课时＋50 分钟	每月 1—2 项，不少于 4 小时

	家务劳动 时间建议	校务劳动 时间建议	农场劳动 时间建议	志愿服务 时间建议
四年级	每天 2—3 项， 30—50 分钟	每天 1—2 项， 15—30 分钟	每周 2 课时 + 50 分钟	每月 2—3 项，不少 于 4 小时
五年级	每天 3—4 项， 40—50 分钟	每天 1—2 项， 20—30 分钟	每周 2 课时 + 60 分钟	每月 2—3 项，不少 于 5 小时
六年级	每天 3—4 项， 40—60 分钟	每天 1—2 项， 20—30 分钟	每周 2 课时 + 60 分钟	每月 2—3 项，不少 于 5 小时

目标明确、要求清晰的劳动清单解决了家长们什么时候教、教什么、怎么教的问题，提供了学校具体考核学生劳动情况的标准，让学生在生活中获得劳动素养的提升，使家长们重视劳动育人的功能，增强对劳动文化的价值认同。

(一) 校内劳动清单

劳动教育是全面贯彻党的教育方针的基本要求，是实施素质教育的重要内容，是培育和践行社会主义核心价值观的有效途径。校内劳动是学生校园学习生活的重要组成部分，是学生学习劳动知识和技能和培育劳动情感和价值观的重要途径。学校充分发挥"全国中小学劳动教育实验单位"的品牌和资源优势，结合学校"新劳动教育"实践和培养目标，对小学阶段各年级校内劳动内容进行了系统梳理，主要涵盖了与校内劳动相关的生态文明、内务整理、值日保洁、学习整理、重要技能等方面建议。这些劳动建议侧重于引导学生积极参加校内劳动实践，强调在亲身劳动经历中习得劳动知识、学会劳动技能、培育劳动情感，从而提升劳动素养。

学校对校内劳动的建议按年级分层设置——逐级提升，高年级的建议内容可作为低年级的发展目标，而低年级的建议内容则是高年级必须包含的劳动目标内容，从而保障了劳动教育的持续性和有效性。这部分建议内容具有一定的系统性和概括性，为教师指导学生校内劳动、开发校内劳动教程(或手册)提供了参考。

学校教师以校内劳动清单为基础(见表 7-2)，积极引导学生开展一系列校内劳动活动，一年级和六年级的逐步锻炼，同时结合劳动周、劳动技能大赛等特定活动进行评比；并结合"葵花向阳开"三项竞赛活动，对学生日常校园劳动进行检查，着重检查学生的教室卫生、包干区卫生等方面，每周反馈，学生的劳动能力和劳动品质得到了很大提升,逐步培养了学生良好的劳动品质和劳动素养。

◎ 案例 7-1　　联系生活确定劳动教育主题

　　经过开学初的观察,我发现存在抽屉脏乱现象的学生为数不少。大部分学生在家享受惯了,没有整理的意识和习惯。

　　有一天,我带领学生参观别班学生整理的抽屉,看到了整洁的抽屉后,我在教室里让学生谈谈看后的感受。之后一段时间,我不做具体指导,让孩子们自己体会整理抽屉的好处,教师寻找那些需要帮助的孩子,并观察这样的孩子在学习、生活其他方面的情况。接着,我开展了一次有针对性的班会,请抽屉整理干净的孩子谈谈干净的抽屉对自己学习的帮助。同时也指出抽屉脏乱的同学在学习上将遇到的困难。这一环节让学生通过自己亲身体验,在思想上引起重视,进而确定教育主题——"做事有条有理,从整理抽屉做起"。

　　有了明确的思想意识后,就进入具体的操作指导。我通过榜样示范的方法,将整理得最好的同学的抽屉"晒一晒",并让同学们介绍自己的经验方法。随后,积极动员大家动起手来整理,通过一段时间的不断反复训练,学生逐渐学会自己整理抽屉了。

　　以上案例反映的是教师针对学生在日常生活中出现的问题进行相应的指导,通过发现问题、讨论方法、积极实践的方式。这种结合学生实际生活的自我服务性劳动,使得学生的劳动积极性和劳动能力一次次获得提高。

(二) 农场劳动清单

"开心农场"一直是学生最喜欢去的地方,这里不时能够看到学生在劳动的影子。

表 7-2　1—6 年级农场劳动建议

年级\内容	一年级	二年级	三年级	四年级	五年级	六年级
第一条	夏天,在农场里给作物浇水。	每隔一段时间,轮流去农场里给作物浇水。	根据蔬菜生长的不同特点合理地给不同蔬菜浇水。	每周轮流到农场里给农作物浇水、拔草。	每周轮流到"开心农场"给农作物浇水、捉虫、施肥和拔草。	管理农场,如给作物浇水、除草、翻地等。

年级\内容	一年级	二年级	三年级	四年级	五年级	六年级
第二条	在农场里认识杂草，并用双手拔除杂草。	能连根拔除杂草，并学习用小锄头除草。	会熟练地给蔬菜用手或小锄头除杂草。	在农场菜地里用手或小锄头清除杂草。	设计二十四节气中的农场耕种计划。	会用锄头除草、翻地、松土等。
第三条	学习用小锄头给作物松土。	每隔一段时间，去农场用小锄头给作物松土。	会用小锄头给不同的作物松土。	会熟练使用小锄头给作物松土。	在农场中寻找每个节气的三候特征。了解开心农场里每个节气种植的农作物种类。	在农场里认识益虫和害虫，并用科学的方法除掉害虫。
第四条	在农场里认识害虫，并用工具除掉害虫。	在农场里认识 3 种害虫，并用工具除掉害虫。	认识 4 种害虫，并用工具除掉害虫。	会消灭农场蔬菜上的害虫。	采集农场里的土壤标本，研究农场里的土壤结构和成分。	了解农场里每个节气种植的农作物种类。
第五条	认识项目制学习的作物——青菜，并播种青菜。	认识项目制学习的作物——萝卜，并播种萝卜。	认识项目制学习的作物——豆，并了解在什么节气种豆。	认识项目制学习的作物——莴苣，并种植莴苣。	寻找农场里的食物链。	认识项目制中的作物——卷心菜，并了解卷心菜的生长过程。
第六条	能采收青菜，并带回家分享。	能采收萝卜，带回家制成各种萝卜的美食并分享。	会养护农场里的豆，了解豆的生长过程。	采收莴苣，回家烹饪美食并分享。	了解农场里小香猪的习性，并学会照顾和饲养农场里的小香猪。	采收卷心菜，回家烹饪并分享。
第七条	认识项目制学习的作物——蚕豆，并播种蚕豆。	认识项目制学习的作物——土豆，并能挖坑播种土豆。	能采豆、剥豆，带回家制作美食并分享。	认识项目制学习的作物——油菜，了解油菜知识，并种植油菜。	在春季移栽向日葵，了解向日葵的生活习性并照料它的生长。	利用剩余菜叶等，制作环保酵素。

年级\内容	一年级	二年级	三年级	四年级	五年级	六年级
第八条	在农场能找到"豆耳朵"。	能拔起整株大蒜，并去除黄叶，带回家分享。	能够介绍自己中队的农场，并介绍农场里种植的蔬菜。	在农场即兴创作与油菜相关的自然笔记。	在秋季种植花菜，并观察花菜的生长过程，做科学小研究。	了解农场里兔子的习性，知道农场兔子的故事。
第九条	在农场采摘蚕豆，会剥蚕豆。	能用小锄头挖土豆，并学会清洗。	能认识7种以上的作物，并能说出该作物的特点。	合理设计油菜收割方案，采收油菜。	设计向日葵收获方案，收获向日葵并赠送给一年级新生。	学会照顾和饲养农场里的兔子。
第十条	能够简单介绍自己中队的农场。	能够介绍自己中队的农场。	会辨别7种以上作物的叶子，并说出作物名称。	介绍自己中队的农场、作物及其生长过程。	尝试与老师和家长合作，榨葵花籽油。	认识项目制学习内容——番薯，并了解番薯的生长过程。
第十一条	还能认识其他3种及以上的作物。	还能认识其他5种及以上的作物。	能分辨水稻和小麦，在农场里找到这两种农作物。	认识8种及以上农场种植的农作物。	废物利用，会设计和装扮自己中队的农场。能够向老师和同学介绍自己中队的农场特色。	能采摘番薯藤，会撕番薯藤，回家烹饪并分享。
第十二条	能分辨葱和韭菜，能在农场里找到这两种作物。	能分辨韭菜和小麦，能在农场里找到这两种作物。	认识项目制学习的内容——蚕，并了解整个养殖过程。	在农场地里找到香菜和胡萝卜这两种作物，辨别并观察不同。	认识农场里的益虫和害虫，保护农作物健康生长。	废物利用，会设计和装扮自己中队的农场。
第十三条	和父母一起参与农场的劳作。	会清洗小锄头。	会采摘桑叶，并合理喂养蚕。	亲子合作一起参与班级农场的劳作。	尝试用石磨磨米粉和豆浆。	能够向老师和同学介绍自己中队的农场特色。

内容\年级	一年级	二年级	三年级	四年级	五年级	六年级
第十四条	和同学一起到农场里学习科学知识。	和同学一起到农场里学习科学知识。	和同学一起小组参与农场的劳作。	和同学一起合作，到农场里学习科学知识。	认识农耕馆的劳动工具，能正确使用锄头、锹、耙子、镰刀、筛子等常用的劳动工具。	认识农耕馆的劳动工具，能正确使用锄头、锹、耙子、镰刀、筛子等常用的劳动工具。
第十五条	为建设美丽农场做自己力所能及的事。	和同学一起设计农场篱笆，并进行装饰。	会为建设美丽农场做自己力所能及的事——设计制作农作物的小名片。	废物利用，美化班级农场，做力所能及的事。	了解风扇车的工作原理，学会使用风扇车扇油菜籽或稻谷等。	能够制作一本在富春七小开心农场的纪念相册。

结合农场劳动清单，学校以年级为单位，进行有序劳动，一年级种蚕豆，二年级种土豆，三年级种花养蚕，四年级种油菜，五年级种向日葵，六年级养小动物，根据二十四节气，有序安排种植。同时，紧紧围绕"立德树人"的根本任务，积极培育和践行社会主义核心价值观，传承优秀传统美德，积极响应习近平总书记在全国教育大会上提出的"培养德智体美劳全面发展的社会主义建设者和接班人"，引导孩子树立和实践"劳动最光荣""劳动最崇高""劳动最伟大""劳动最美丽"，学校每月开展一次的"美丽农场"评选活动，评比内容为农场里杂草除尽、整洁、及时开垦、播种，布局合理美观、班级标牌挺立、农作物标牌及时更新、解说员解说形式丰富多彩（每学期第一个月份有解说员介绍）、农作物长势喜人等方面。农场评比极大调动了学生参与劳动的积极性和创造力，学生在一次次的拔草、捉虫、浇水、翻土等活动中不断提高劳动技能，获得劳动成就感。

"跟着节气去种植"课程的实施为学生提供了学习、应用知识和动手实践的机会。学生在具体真实的任务情境中，亲历劳动过程，学会观察思考，学以致用，提高了劳动质量与效率。一粒稻子从种子到餐桌，从芒种到处暑，学生在长期坚持的观察记录、出力流汗中，磨炼了意志，提升了劳动素养，也从一粒稻谷的长成过程中体味了生命，真正领悟了"一粥一饭当思来处不易"的深刻内涵。

 案例 7‑2　　吴子涵小朋友的水稻观察系列日记（节选）

2020 年 7 月 6 日星期一小暑

过了夏至,随即步入小暑。小暑节气,天气燥热,总感觉浑身上下黏糊糊的。倘若出一趟门,汗水密密麻麻地渗出,不一会儿便凝成豆般大小,顺着两鬓往下滑落。

我实地去观察了我们前期种下的秧苗,一段时间没见,秧苗长高了很多。起初还担心我们插的秧苗东倒西歪,成活率不高,没想到一株株秧苗挺拔地站着,像一排排小士兵一样。我拿出尺子量了量,最长的叶子有 50 厘米,最短的有 22 厘米,叶子形状细细长长,颜色绿得发黑。一株水稻叶片数有 5 片。但我很奇怪为什么稻田里浮着一层绿绿的植物,这个植物由四片小叶片组成,轻轻撩起后能看到它长着细细的根。

科学小调查:这个浮在水面上的绿色植物是什么东西? 我上网查询了资料,应该是浮萍。我打电话咨询了爷爷,爷爷说这种植物生命力强,会争抢水稻的营养。要除去水田浮萍,可用除草剂,还可以采用生态治理的方法。为了让我的水稻苗壮成长,我得尽快用除草剂处理掉这些浮萍。

农场的种植是长周期的实践活动,校内与校外、班级集体种植与学生个体种植同步进行,有助于学生近距离地、多角度地观察研究。通过劳动实践,使学生具备一定的劳动能力,能种植和养护一些常见的植物,认识并正确使用一些常见的劳动工具,在出力流汗中,增强体力、智力和创造力。同时学生在劳动的过程中养成分析劳动需求、选择合适的劳动方式、筹划小组活动、设计劳动产品等良好的劳动思维,培养了良好的科学探究能力、团队合作力以及创造力。

（三）日常生活劳动清单

为了更好地推进"新劳动教育"的实施,我们还因地制宜地组织开展家务劳动、校务劳动、农场劳动、志愿服务等多种形式的劳动实践活动。全体教职工和家长言传身教,孩子们主动地承担力所能及的劳动任务,洗衣、做饭、扫地……在动手动脑中发展智慧,学会学习,学会创造,学会交往与合作,学会健康生活,形成阳光、自主、独立的个性品质,从而拥有获取幸福的能力。

表7-3 1—6年级家务劳动建议

内容\年级	一年级	二年级	三年级	四年级	五年级	六年级
第一条	在家能垃圾分类	会进行垃圾分类	用扫把扫地,会用畚箕	坚持垃圾分类,并用行动影响家人	在家中进行垃圾分类	坚持进行垃圾分类
第二条	学洗袜子、红领巾	学习用拖把拖地,怎样才能拖得又快又干净	会用洗衣机洗衣服	自己种植一种蔬菜	坚持每次用完卫生间后及时打扫卫生间	每周至少整理一次自己的衣橱
第三条	学习用扫把扫地,会用畚箕	学习清洗简单的小物品,如小黄帽	会折衣服、裤子、袜子等	学习用针线缝扣子等	坚持每天帮家人盛饭,饭后一起收拾桌子	坚持每天清扫地面,坚持每次用完卫生间及时清理
第四条	学习叠衣服、裤子、袜子等	坚持饭前帮家人盛饭、摆碗筷	饭前盛饭、摆碗筷	整理自己的衣橱衣物	学会整理换季衣服	坚持每天帮家人盛饭,饭后一起收拾桌子
第五条	饭前盛饭、摆碗筷	坚持饭后收拾、擦桌子,并学习洗碗筷	饭后收拾、擦桌子、洗碗筷	坚持每周帮家人洗一次碗筷	学习擦玻璃	学习清理冰箱
第六条	饭后收拾并擦干净桌子	学会分辨蔬菜的好坏,剔除蔬菜中不能吃的部分	会洗自己的鞋子,帮家人擦皮鞋	自己养一种小动物	坚持每天整理自己的书桌、书柜	坚持每天自己整理床铺,会自己换床单和被套
第七条	学习剥豆	会洗叶菜类及根茎花果类的蔬菜	会用水果刀削瓜类或水果的皮	周末去挖野菜	照顾小弟弟、小妹妹	能根据衣物的材质和颜色进行分类清洗

内容\年级	一年级	二年级	三年级	四年级	五年级	六年级
第八条	会洗水果	学会叠被子,给父母或长辈做些表达孝心的事:把父母或长辈的被子叠方正整齐	会用针线缝扣子,会用铅笔刀削铅笔	坚持每月自己至少清洗一次衣物	养一种小动物	能自己洗鞋
第九条	每天上下学坚持自己背书包	学会整理自己的书柜、书架	会打死结、活结、蝴蝶结等	用报纸等包装礼物	学习将冰箱中的物品分类摆放	学习晾晒衣服
第十条	会整理自己的书包	坚持自己的衣裤自己叠	用报纸或其他纸包装礼物	书架进行归类整理	养护花草	养护花草
第十一条	会分类整理自己的玩具	学会系鞋带	认识、洗切葱、姜、蒜	独立上超市购物	坚持每周至少洗一次碗及清理灶台	能根据营养搭配需求,独立去菜场买菜
第十二条	学习制作水果拼盘	学会淘米,并能用电饭煲烧出软硬适中的米饭	水果拼盘大请客	熟练系鞋带	学会两个凉拌菜	每周为家人烹饪三菜一汤
第十三条	当客人来访时,学会泡茶招待客人	种一盆花,并进行照料	给父母或长辈做些表达孝心的事:洗头、洗脚等	学会烧一个蔬菜	新学烧两个小炒	学会四个凉拌菜
第十四条	坚持每天自己洗漱,并会将洗手盆和地面上的水渍擦干	学会烧一个菜	会洗切叶菜类及根茎花果类的蔬菜	独立当家一天	学会洗鱼	坚持每周至少洗一次碗,洗完碗后及时擦干灶台和厨房地面

内容＼年级	一年级	二年级	三年级	四年级	五年级	六年级
第十五条	给父母或长辈做些表达孝心的事	会用水果刀削水果的皮	整理自己的书柜、书架	能自己洗头发	为家人准备一次早餐	管理家里一周生活开支，并做数据分析，给出建议

"劳动教育"成为现代教育界的网络热词。上自国家发布劳动教育的意见和纲要，下至学校开展各类劳动教育实践，全国各地掀起劳动教育的热潮，新时代劳动教育处于全面爆发的时期。"新劳动教育"的原创地——富春七小深感劳动教育给孩子的成长带来的变化，尤其是面对现代社会家庭在育人中暴露的问题，家庭劳动教育成为了架起亲子关系和教育的重要桥梁。

自从学校制定了小学家务劳动清单，开发了"新劳动教育"线上评价平台之后，全校各年级各班根据1—6年级每学年15条家务劳动建议，有计划地开始实施家务劳动教育内容。学校安排每周三无书面作业日和周末两个时间段，建议学生在家学做家务，努力做到自己的事情自己做，家里的事情帮着做。学校根据一周班级线上家务劳动打卡的情况进行反馈；学期结束，对学生参与家务劳动的次数和感受等过程性记录进行汇总，以学生家务劳动动态电子档案袋的形式展示学生阶段性劳动教育成果，并结合家长的综合反馈评定班级的家务劳动之星，以评比劳动金牌、银牌、劳动小达人等，通过不同奖励来激发学生的劳动参与意识和提高劳动能力。通过这一举措，学生逐步养成了良好的劳动习惯。

◎ 案例 7‑3　　一位家长对孩子参加家务劳动的感言

周三家务劳动打卡日放学回家，正读一年级的儿子从学校农场的菜地里拔了一袋小青菜，兴致勃勃地告诉我："妈妈，这可是我们亲手栽种的青菜哦！"不过，恺恺的第一次烧菜劳动实践，因为烫伤而没有完成全过程，而且在心里产生了害怕逃避的情绪。对于一年级的孩子来说，如何根据孩子的身心发展规律，安全而有效地指导孩子的帮厨体验，培养孩子对家务劳动的兴趣和喜爱，是一个值得反思的问题。

厨房烹煮等家务劳动适合小学中高年级,而且需要家长亲自示范、多次指导。对于一年级的孩子来说,榜样示范是促进亲子关系的重要法宝。家长以身作则,亲历劳动全过程,与孩子交流劳动过程中的点点滴滴,让孩子初步了解劳动需要的知识、技能,进而感受到爸爸妈妈"真了不起,什么都会",体会到父母为家庭用自己的双手,用勤劳与智慧创造美好生活。在潜移默化中根植孩子"劳动创造美好生活"的观念。

晚饭时,我把烧好的青菜放在托盘里,鼓励恺恺把青菜端出去与家人一起品尝。"恺恺,放心,这碗放在托盘上不烫,你像妈妈这样端住托盘的两端就可以了。"我示范动作,示意恺恺来试试。他小心翼翼地端着走出厨房,生怕翻倒。看着他有些担心的样子,我上前帮助他扶住托盘。"这下,我不怕烫到手了。"恺恺终于腼腆地笑出了声。

饭后,我单独找恺恺谈心,蹲下来跟恺恺语重心长地说:"刚才妈妈没有注意到厨房的油烟,导致恺恺烫了一下,是妈妈考虑不周全,很抱歉。妈妈更不该看到你把锅铲甩了而觉得麻烦添乱。你受伤,妈妈心里也很担心。现在,你的手还疼吗?""好多了。"恺恺红着眼,低声回答道。我把恺恺轻轻拥抱在怀里,拍拍他的后背,轻轻地说:"你现在还小,下厨烧菜油渍飞溅很危险,这些危险的事情妈妈来做就行了。你可以帮妈妈洗洗菜,等妈妈烧好之后,用托盘端到餐桌就可以了。我们合作一起给家人准备美味的菜肴,好吗?"恺恺懂事地说:"嗯,不过,妈妈,油渍飞溅的时候您也要躲得远远的,否则您也会被烫到的,真的很疼的。"孩子体贴的话语一下子温暖了我的心。我想这就是家庭劳动教育的意义所在吧。

在之后的很长一段时间里,恺恺都能主动地请教妈妈怎么做家务劳动,打扫房间、清洗小物件、整理小书架等。这些个人生活事务他学习得有模有样,甚至还带领弟弟一起,帮爸爸妈妈拖地,用吸尘器打扫卧室、客厅,两兄弟合作,一个指挥,一个配合,快乐的劳动之声荡漾在家里,小小劳模的身影在家中闪动。

(四)志愿服务劳动

新时代劳动教育肩负建设新时代教育发展道路等历史使命和历史任务。实践表明,志愿服务活动不仅可以强化青少年的社会责任感,培育青少年的公共服务意识、爱国情怀,还能与劳动教育互促互进、相得益彰。探索以志愿服务活动为途径,推进劳动教育,对于培养德智体美劳全面发展的社会主义建设者和接班人具有重要意义。在广泛征集和深入研究的基础上,富春七小"新劳动教育"课程开发团队出台了志愿服务劳动建议,指导全体教职工、家长积极开展"新劳动教育",引导孩子们在家务劳动中获取知识,掌握劳动技能,提高劳动素养。

表7-4　1—6年级志愿服务劳动建议

内　　容	1—6年级志愿服务劳动内容
第一条	参加校内红领巾农耕馆志愿服务。
第二条	参加校内"共享书吧"志愿服务。
第三条	参加整理、清洁公交车站"共享书吧"志愿服务。
第四条	参加形式多样的护绿行动和种植实践体验活动。
第五条	参与社区(乡村)的清扫保洁志愿活动。
第六条	戴一次红袖章,当一回检查员或劝导员,做一次校内值周服务。
第七条	为一年级新生栽种一棵向日葵,收获并赠送给结对的小伙伴。
第八条	为高年级结对的大哥哥回赠一份亲自播种和收获的果实。
第九条	宣传文明祭扫,大力倡导"绿色、文明、环保"的新时代清明节气文化。
第十条	当普法朗读者,参与"讲法治故事"志愿活动。
第十一条	传播"爱眼护眼"知识,热心为同伴检测视力,助力"防近控近"工作。
第十二条	在"世界无车日"乘坐公交车,倡导绿色出行。
第十三条	参加"消防安全日"宣传服务活动。
第十四条	参与垃圾分类回收站的回收、整理志愿活动。
第十五条	积极参加"世界水日"主题活动,参与"五水共治",保护母亲河。
第十六条	积极参与护理公共自行车活动。
第十七条	积极参与清除"牛皮癣"活动。
第十八条	积极参与文明交通劝导志愿活动。
第十九条	积极参加学雷锋志愿服务活动。
第二十条	积极参加社区养绿护绿行动,参与植树活动。

内　容	1—6年级志愿服务劳动内容
第二十一条	积极参与环保科普宣传、文艺作品展演、社会调查研究、生态文化寻访等活动。
第二十二条	崇尚科学,反对迷信,积极参与禁毒、反邪教、防诈骗等正义宣传活动。
第二十三条	力所能及地帮助身边有困难的小伙伴。参加寄送一张自制新年贺卡、赠送一件新年小礼物等活动。
第二十四条	关爱身边身体残疾的同学,给他们送温暖。
第二十五条	参加一次进福利院或敬老院送温暖活动。
第二十六条	做一张小卡片,写一段贴心话,做一次感恩师长的行动。
第二十七条	参与慰问身边的奉献者(医护人员、警察、消防员、环卫工人、志愿者等)活动。
第二十八条	积极参加"第二课堂"研学活动,参观各类纪念馆、博物馆、展览馆,瞻仰革命遗址、烈士陵园等。
第二十九条	传承传统文化,感知节气之美,积极参与乡镇(街道)的节气民俗活动。
第三十条	传播"劳动最美丽、劳动最光荣"等文明理念,积极参与美丽校园、美丽家乡建设。

学校采取了两种方式来引导学生进行志愿服务劳动:将校内志愿岗和社会志愿岗两者结合,采取班级和小队自主申报的形式开展,在班主任的带领下申报校内外的责任区;同时,积极利用节假日、寒暑假自主开展志愿服务活动,用自己的劳动让校内外更加整洁和美丽。

◎ 案例7-4　　校内爱心志愿岗申报

为了进一步激发全体中队和队员们的"校园小主人"意识,学校经德育处、大队部讨论,针对校园内外的公共设施征集守护者,学生满5人及以上均可报名,可以是小队,也可以是整个中队,具体职责为:每周进行至少一次常规卫生的打扫,保持责任区的整洁和干净,鼓励同学们有创意地布置所承包的责任区,让它们成为校园的一大特色展示区。

大队部将组织进行不定期抽查(每月至少2次,时间为每周一中午),符合上述要求者会颁发一定数量的"乐园小卫士"奖章,学期末统一颁发奖状,并奖励劳动币,优秀责任区奖励200元劳动币,合格责任区奖励50元劳动币。同时,期末进行班集体考核时,所在中队也会进行加分奖励。

 案例7-5　一封特殊的来信——来自垃圾房志愿者的故事

2021年12月17日,三(6)中队的李雨宸、蒋天绮满怀激动地从四位五年级大姐姐[五(6)中队的张煜晗、马毓翎、董清妍、王希妍]手中接过一张充满真诚和感谢的贺卡以及亲手书写的一封信。六位队员在校园里留下了美好的合影。可在一天前,四位五年级的大姐姐还和这两位小朋友发生过争执呢。

原来,三(6)中队的李雨宸和蒋天绮是学校垃圾房志愿者的队员,每天他们都会轮流在垃圾房门口进行值岗,除了配合垃圾房值日生的打扫,还要检查下午来倒垃圾的同学是否正确分类投放。虽然年纪尚小,但是他们工作一直非常认真和执着,因此也会和来投放垃圾的同学产生一些摩擦和误解。上周三中午,五(6)中队的张煜晗就拿着一张餐巾纸走进了垃圾房,被正在那里值岗的这两位同学给扣分了,她的三位同学看到了就向他们解释,可能大家当时都比较激动,闹得非常不愉快。

自己心里非常委屈,四位队员来到德育处找到大队辅导员李艳萍老师哭诉。李老师知道情况后引导他们从更高的角度来思考问题:看到这样的现象反而应该高兴!学校正是因为有这么认真负责的学生才会越来越美丽!虽然他们在处理问题上尚且稚嫩一些,但是这样的精神值得肯定。作为大队干部的张煜晗马上提出要给两位同学写一封道歉和感谢的信,同时还要送给他们一张贺卡,来表达他心中真诚的敬意。为此,他们还偷偷把两个同学的模样记了下来,将他们画在了贺卡中。

周五中午,大队辅导员李老师带领四位队员,找到了正在值岗的李雨宸和蒋天绮,队员们将自己准备的礼物送给了他们,并且为他们读了亲手书写的一封信。李雨宸和蒋天绮这两位志愿者可高兴坏了,这可是他们第一次收到大哥哥大姐姐送给他们的礼物,笑得合不拢嘴,并且对那天激动的态度也表达了真诚的歉意。六位队员在垃圾房门前留下了美好的回忆。

以上两则案例是校园志愿岗申报和其中的一个志愿岗——垃圾房志愿岗的故事，学期初学校发布志愿岗服务后，班级便积极申报，并每周积极打扫卫生，而垃圾房则是非常有难度的志愿岗，不仅要维持好卫生，还要做好垃圾分类和整理，对不定时定点投放的学生进行管理和引导，其中会遇到很多困难。但是，三(6)班的志愿者们通过自己的劳动积极克服了很多困难，取得了显著的效果。而校园里的其他同学，从一开始的不理解，也慢慢地对他们竖起了大拇指。

◎ 案例 7-6　少先队员设立"共享图书吧"，用自己的方式呼吁全民阅读

如今，共享单车已将整个杭城"占领"，在共享经济大放异彩的今天，共享汽车、共享车位、共享宿舍、共享充电宝……这些早已不是什么新鲜事了。但接地气的"共享图书"你听说了吗？

富春七小位于富阳区的富春江畔、鹿山脚下，学校对面有个公交车候车亭，这个车站与其他的无异，但仔细一看就会发现，展示公交信息的大屏幕下面放着一个小书架，里面有不少图书。在此等车的爷爷奶奶都会上前翻看一下，不少小朋友也是三五成群在边上安安静静地看书，仿佛沉浸在书中等车的时间也变得短暂了。这些书从哪儿来的？有啥用途？这就是富春七小师生共同发起的"共享图书吧"。

这个"共享图书吧"从 2017 年就开始试用了，起初放置了 300 本，不过总的图书数量没有限制，也在不断增加。"这些基本都是学校师生、家长、社会人士的闲置图书，我们希望充分利用这些图书资源，避免浪费。"而这些图书品类繁多，比如颇具时代气息的小人书、漫画书，还有众多小说、文学名著等。如果对"共享图书吧"中的某一本书爱不释手，这些人会带来一本作为"交换"，看完之后再换回去。总之，这些图书来来去去一直都没有"失踪"。此外，为了让"共享图书吧"给更多的人带去便利和益处，富春七小的孩子们也是上了不少心。每天午休和傍晚放学期间，他们都会细心整理图书、打扫卫生，还会制作海报呼吁所有小伙伴"文明出行，珍爱环境"。

上面这个案例反映的是学生在学校附近公交车站台里开辟的"共享图书吧"活动，通过学生自发的志愿服务活动，结合学校的大力支持，得以坚持下来，给社会带来便利。像这样的志愿服务活动，学校还有很多很多。

二、 依托常态化活动的"新劳动教育"实施

劳动教育注重让学生在真实情境中开展体验性实践,自建校以来,学校就坚持以劳动教育为办学特色,开启了"新劳动教育"实践,根据教育规律及学生的身心发展特点,学校有序构建并分层推进劳动实践活动,构建了"新劳动教育"实践活动体系,努力丰富、拓展劳动教育有效实施的途径。通过组织学生参加形式多样的实践活动,丰富劳动教育载体,不断拓宽育人途径,坚持显性教育与隐性浸润相结合,通过校园环境及文化氛围的营造以及丰富多彩的校园活动的开展,让劳动育人无痕地渗透于校园生活的每一个角落、每一次活动。

(一)劳动周

为了更好地推进"新劳动教育",我校专门设置了劳动周这一活动,根据学生的年龄特点来确定主题。在劳动周期间,学生们在丰富多彩的活动中,了解劳动的知识,认识劳动的光荣,体验劳动的愉悦。

从最初的以"晒秋"作为主题的秋季开学第一周,到以"生肖"传统文化体验与实践为主题的春季开学周,再到立夏时节校园的收获节及各年级主题周展示活动,校园内的劳动周以学生的生活为起点,既有劳动的实践,又有文化的传承,既有流汗亦有创造,逐渐成了学校每年常态化、制度化的教育活动,这些活动丰富了劳动教育内容,拓宽了劳动教育渠道,发挥了劳动教育综合育人价值。

劳动周课程的设计,坚持育人导向,有主题、有标准、有计划、有特色;劳动周课程

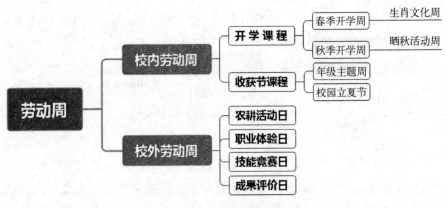

图 7-1 劳动周活动项目

的落实,有课时、有目标、有内容、有评价。学生在日常学校生活、社会生活以及与大自然的接触中,在亲身实践、跨学科主题学习、与团队合作劳动中获得了关于自我、社会、自然的真实体验,唤醒了劳动意识,提升了劳动能力,培育了劳动精神,促进了人的全面发展。

1. 校内劳动周

秋季开学第一周以"开学活动"为线索,开展语文、数学、体育、音乐、美术、科学各学科融为一体的综合性实践活动,坚信教育之道和自然之道相通融,从学生的真实生活和发展需要出发,注重能力培养,加强活动体验,以提升孩子的综合素养。通过"晒秋迎新""汉字溯源""亲子劳作"等丰富多彩的活动,促进学校教育生活化,让学生在开放空间和真实情境中实现生命的优质成长。开学课程分为秋季开学周和春季开学周。

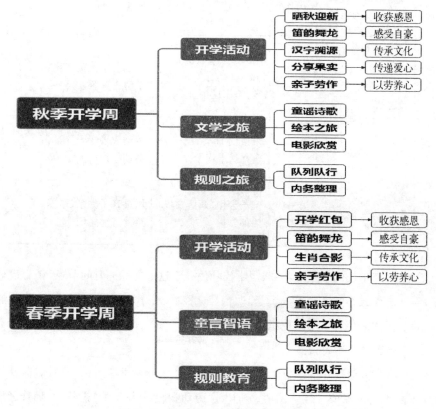

图7-2 "新劳动教育"开学周内容体系

以秋季开学为例。秋天是丰收的季节,而晒秋是传统民俗,开学晒秋活动是让孩子们把暑假中收获、采集的劳动成果晒出来,把"开心农场"丰收的喜悦晒出来,把新学期的心愿和期望晒出来,以此来庆祝秋收,迎接新老同学入学和返校。师生齐动手,晒出秋天洋溢着丰收喜悦的校园。学校把此作为开学第一课,就是让新生开开心心来上学,对大自然怀有感恩之心,祝愿新生在今后的学习生活中硕果累累。

表7-5 秋季开学第一周活动安排

活动名称	目 标	时间	内 容	意 图	活动形式
舞龙表演	传承传统文化,感受新学期的美好与快乐。	第一天	1. 笛子演奏 2. 鼓乐队演奏 3. 舞龙表演	营造热烈喜庆的开学氛围,寓意"生龙活虎"。	演奏展示欣赏表演
晒秋迎新	感受丰收的喜悦,感谢自然的馈赠。	第一天	1. 展示暑假劳动实践中收获的果实 2. 晒心愿卡	展示劳动成果。	展示评比自我小结
汉字溯源	感受中华文化的精深,增强文化自信,激发爱国、爱校之情。	第一天	用大豆、辣椒等摆放出与劳动有关的古汉字,组织现场讲解。	传承汉字传统文化,了解古人智慧。	制作图版现场讲解同伴交流
分享果实	感受收获喜悦,传递爱心希望。	第一天	采摘向日葵,赠送新生并送上祝福。	劳动成果快乐分享,劳动精神薪火相传。	采摘果实现场赠送
亲子劳作	增进亲子关系,培养劳动意识和责任心。	第一周周末	亲子合作,开垦农场,播种养护。	增进亲子关系,培养热爱劳动意识。	开垦土地播种养护农场评比

近年来,在学校的带领下,各联盟学校利用开学这一特殊的时间节点,精心设计开学活动,充满仪式感的活动,渗透了劳动精神、劳动文化教育,引导学生树立正确的劳动价值观,树立从小爱劳动的意识。

2. 校外实践劳动周

《大中小学劳动教育指导纲要》指出:"中小学各学段每学年另设劳动周,劳动周的时间可以安排在寒暑假,以组织学生参加生产劳动和服务性劳动。"近年来,随着区域层面推动劳动教育力度的加大,劳动实践基地相继建成,为校外劳动实践活动的开展提供了丰富的场地资源。学校与基地合作开发了校外劳动周活动,活动内容设定为农耕活动日、技能竞赛日、职业体验日、成果评价日四大板块,主题定为"劳动创造美好生活"。

农耕活动日让孩子们去寻找田间趣味,近距离和农户交流,体验生火、流水线合作烧菜、饭后收拾桌面,等等,在活动中学会合作,体会劳动的艰辛与快乐;在技能竞赛日中,孩子们出力流汗,比拼集体智慧,动手动脑,磨炼意志。职业体验日则是体验社会的"三百六十行",学会选择,学会负责,体会"挣钱"不易、工作辛苦。其中,职业体验日包括招聘会、岗前培训、辛勤工作共三个项目,坚持学生自主选择,先到先得,用工上岗,认真培训,持证上岗。[1]

招聘岗位选取了日常生活劳动、生产劳动、服务性劳动中 12 个岗位,每个岗位招聘 30 名左右的学生,学校根据岗位要求参订了工作内容及薪酬,学生在对过程和目标有了清晰的认识后竞争上岗。

表7-6　职业岗位招聘要求

岗位名称	岗 位 要 求	招聘人数	工 作 内 容	薪酬信息
洗衣工	1. 吃苦耐劳,做事认真仔细; 2. 具有洗衣经验者优先。	30 人	1. 按时上工; 2. 按照浸、搓、揉、拧、晾的洗衣步骤将衣服洗干净; 3. 服从单位领导安排。	基本工资500＋绩效工资
食品制作工	1. 爱劳动讲卫生; 2. 喜欢参与食品制作,具有面食制作经验者优先。	30 人	1. 按时上工; 2. 根据要求制作面食产品。将制作好的食品进行打包冰冻; 3. 服从单位领导安排。	基本工资500＋绩效工资
垃圾分类员	1. 吃苦耐劳,做事认真仔细; 2. 不怕脏不怕累,具有垃圾分类经验者优先。	30 人	1. 按时上工; 2. 根据垃圾分类标准将垃圾分出并送至指定地点; 3. 服从单位领导安排。	基本工资700＋绩效工资
安保员	1. 形象好、气质佳,喜欢军事活动; 2. 有耐心,做事认真仔细。	20 人	1. 按时上工; 2. 在规定时间内到达指定工作岗位,遵守工作礼仪。	基本工资500＋绩效工资

---

1 章振乐.让劳动周"不止于体验"——以杭州富春第七小学的教育实践为例[J].福建基础教育研究,2021(06):20—23.

学校尊重孩子的天性,从学生的兴趣出发设置丰富有趣的职业岗位,并用竞争上岗的方式激发学生劳动的积极性。同时,岗前严格的培训流程与持证上岗的仪式感,也让学生用一丝不苟的态度对待劳动。

职业体验日提供多样的岗位选择,引导孩子们认识不同性质的劳动,体会并思考不同劳动者艰辛付出的劳动成果。从科学家们用脑力劳动改变世界,到保洁员们用体力劳动美化城市,劳动不在于身份地位大小,所有劳动者都是伟大的,从而让学生学会审美,欣赏不同劳动背后的美与意义,培养正确的劳动价值观。

案例 7-7   两位学生参加劳动周活动后的体会

一周的劳动体验,孩子们的成长是显而易见的。五(3)班郑源同学在体验了保洁员工作后,情不自禁地感叹:

我们保洁人员打扫厕所,要求很严格的。马桶圈上全部要冲干净,有尿渍的地方必须洗刷干净。窗户上如果有一只苍蝇就要扣掉 100 营元(劳动营地的"流通货币")。这份工作又脏又累,很辛苦。回到学校,我要强烈建议大家文明上厕所,尤其是男生,要做到上前一小步,文明一大步。

五(7)班的张玉瑶则伸出满是水泡的手说:"早上,我们来到农田,分工合作,割稻、打稻、做竹篱笆、造桥,我的手上磨出了 4 个水泡。我再次体会到了劳动的艰辛,但是更享受到了劳动收获的幸福。我们回家以后,一定要帮爸爸妈妈多分担家务,参加各类劳动,用自己的双手创造美好的生活。"

真实情境的劳动体验,内化了劳动知识,激发了劳动情感,孩子们的劳动能力也有了显著的提升,也为全面发展、拥有幸福生活的能力奠定了基础。

(二)劳动技能竞赛

劳动教育重视劳动活动的体验,通过手口相传、项目驱动、小组竞赛等形式进行,学校每年定期举办劳动技能竞赛,根据不同年龄学生的特点,分层次、分年级、分项目进行比拼,围绕学生的日常生活技能展开,形成全班集体参与,争创劳动小能手的氛围。劳动技能竞赛在学生常态化完成家务劳动清单的基础上进行,竞赛使学生的劳动意识得以增强,劳动技能和劳动习惯得到培养,动手实践能力也有提高。

每年 11 月是学校的劳动竞赛月,各班在班级自主竞赛的基础上,选拔出最佳劳动能手参加校级比赛。根据学生完成速度及质量评选出校级"劳动小达人"和优秀团体。

　　在一次次的竞赛中,孩子们整理书桌、择菜剥豆、折衣物、钉纽扣,个个都是劳动小达人。劳动竞赛极大地唤起了学生的劳动热情,也将学生在日常生活劳动中掌握的劳动技能进行展示,收获了劳动的幸福感。竞赛优秀的学生代表学校参与区级层面的竞赛,从班级到学校再到区域层面,劳动竞赛层层推进,连接了学校与家庭,也促进了劳动养成教育工作的深化。

第二节　基于活动的劳动文化建设

　　劳动教育是中国特色社会主义教育制度的重要内容。中共中央国务院印发《关于全面加强新时代大中小学劳动教育的意见》以来，全国各地逐步深化劳动教育。在校园文化建设中强化劳动文化是将劳动教育纳入人才培养的全过程，是丰富、拓展劳动教育实施的重要途径。《大中小学劳动教育指导纲要（试行）》要求：学校要将劳动习惯、劳动品质的养成融入校园文化建设中，通过劳动文化环境打造、宣传推动，达到劳动价值观的形成、劳动习惯和品质的养成。学校劳动文化建设是对新时代背景下劳动教育内容的丰富发展，也是发挥劳动的育人功能的需要。

一、 学校劳动文化建设的价值追求

　　劳动文化是随着社会发展逐渐改变的，新时代，党中央大力弘扬劳动精神、劳模精神、工匠精神，这就要求学校在劳动文化建设中准确把握其价值追求。学校劳动文化的建设是对新时代劳动教育总目标的落实，要营造"劳动最光荣、劳动最崇高、劳动最伟大、劳动最美丽的"氛围，引导学生树立正确的劳动观念，培育学生积极的劳动精神，提升学生的劳动素养。

（一）指向正确的劳动价值观的培育

　　加强学校劳动文化建设应从劳动教育思想性出发，始终注重引导学生树立正确的劳动价值观。近年来，功利主义流行，出现轻视体力劳动、歧视普通劳动者的不良现象，社会对劳动文化育人作用认识不足，缺乏统一认识。针对一切不劳而获、崇尚暴富、贪图享乐的错误思想，将马克思主义劳动观贯彻始终，强调劳动是一切财富、价值的源泉，劳动者是国家的主人，一切劳动和劳动者都应该得到鼓励和尊重；倡导通过诚实劳动创造美好生活、实现人生梦想。习近平总书记指出："一切劳动，无论是体力劳动还是脑力劳动，都值得尊重和鼓励；一切创造，无论是个人创造还是集体创造，也都值得尊重和鼓励。"新时代学校劳动文化指向培育学生热爱劳动、尊重普通劳动者的价值观。

(二) 呼应新时代劳动教育的时代性

随着生产力水平的提高,劳动教育的内容在不断转型升级、更新换代。新时代的劳动教育要主动适应工业生产的模式化、批量生产、程序化、规范化、标准化生产的需要。新时代劳动教育内容要求强调"结合产业新业态、劳动新形态,注重选择新型服务性劳动的内容",要针对日常生活劳动、生产劳动、服务性劳动的具体形态,提炼新形态劳动的基本特征。因此,劳动文化建设要与时俱进,认真吸纳各类富有创意思想的营养,以丰富和完善劳动教育的实施体系。

(三) 体现劳动教育的实践性

据调查,当前学校文化建设中过度重视文化知识学习,普遍淡化、弱化劳动文化,学生没有机会开展劳动实践。亲身实践的劳动教育缺失,严重制约了劳动教育在学校的深入开展。因此,加强学校劳动文化建设,营造家校联动的劳动文化氛围,有利于让老师、家长、学生耳濡目染,学习劳动精神、劳模精神、工匠精神,形成尊重劳动、尊重劳动者的良好心态,增强责任意识与担当意识。通过学校劳动文化建设,发挥学生主体作用,激发学生创新创造。关注学生劳动过程中的体验和感悟,引导学生感受劳动的艰辛和收获的快乐,增强获得感、成就感、荣誉感。鼓励学生亲身实践,大胆尝试新方法、探索新技术,突破传统思维,创新创造。对劳动文化价值的认同既推动学校劳动教育的开展,又辐射到社会各群体,形成统一的劳动文化价值观,激发劳动热情。

二、 学校劳动文化建设的实践路径

随着学校对"新劳动教育"的持续推进,劳动文化建设的路径也在不断地拓宽和丰富,形成了多样化的学校劳动文化建设路径。

(一) 挖掘丰富的教育资源,打造劳动文化环境

学校文化环境是对学生教育无声的课堂。学校劳动文化环境的打造立足于"环境育人""课程育人"的理念,打造显性的校园环境,让学生在劳动文化的熏陶中感受劳动的意义;创设丰富的劳动课程,让学生在劳动实践中提升劳动素养。

将中华传统资源引入校园劳动文化建设,引导学生发现"劳动创造一切""劳动是幸福的源泉"。中华民族崇尚"天道酬勤"等理念,始终将勤劳勇敢作为传统美德。弘扬中华优秀传统劳动文化,坚持在继承传统中创新发展,推动劳动思想的现代转化,在劳动文化建设中融入社会主义核心价值观,培育奉献和担当精神。因此,学校鼓励学

生投入学校劳动文化建设中,搜集传统故事,调动其积极性。学生在搜集的过程中学会甄别、筛选、提炼,既受到劳动文化的熏陶,了解传统的乡土文脉,又不断深化价值判断和价值选择,对新时代背景下劳动文化内涵有了更全面的认识。

课程是劳动教育实施的重要抓手,也是劳动文化建设的重要任务。学校除了必修劳动课程外,也可以立足本土资源,积极开发具有地方特色的劳动课程。通过课程的学习,学生不仅了解了劳动技艺,传承传统工艺,也激发了学生对家乡的自豪感。劳动文化对学生的影响不仅是劳动技能上的掌握,更体现在劳动情感上的激发。

(二) 开展多元的主题活动,营造劳动文化氛围

结合各类节日,开展丰富多元的主题活动,能营造学校的劳动文化氛围,助推劳动教育的实施。为了丰富学校劳动文化生活,许多学校组织学生参加劳动技能竞赛,分年段设置不同难度的挑战项目,一、二年级叠衣物,三、四年级择菜剥豆,五、六年级缝纽扣,现场比拼劳动能力和劳动水平。通过举办全校性的比赛,老师、学生都参与其中,在学校营造了良好的劳动文化氛围,潜移默化地影响学生,激发学生的劳动热情,切身体会劳动乐趣,将所学知识运用到生活实践中。

根据学校劳动实践的项目,也有的学校定期举办收获节,鼓励学生创意设计,展示了在"开心农场"的劳动所得。一方面,收获节记录了学生的劳动成果,定格劳动的美与收获,表现了学生传承劳动精神,学生明白了劳动是苦涩的,但劳动成果是美丽的,体会了劳有所得、劳动创造价值的道理;另一方面,学生们发挥想象,大胆设计,用摆盘、绘画等不同艺术形式展现创意品格,增添劳动文化的创新色彩。

(三) 借助多样的媒体平台,进行劳动文化宣传

劳动文化宣传,以最直观的形式呈现劳动教育过程中的课程案例、优秀典型等。通过微信公众号、校园电视台、校刊、网站等,宣传劳动文化,体现劳动教育的精神实质,营造劳动光荣、不劳为耻的校园氛围。

学校开发了"i劳动·学生劳动素养培育和提升平台",构建了劳动教育智能管理和监测评价体系,将学生劳动实践的视频、作品等进行播放,生生之间还可以互相评价,不仅关注学生劳动技能的培养,更注重学生劳动素养的提升。i平台由教师管理,根据学生的年龄特征发布不同任务,家长学生共同参与。学生在校外的劳动表现都由家长拍照上传打卡,由教师对其打分评价,根据劳动数据掌握学生劳动情况,升级任务,学生在难度渐进的任务中循序提升劳动素养。家校互动让劳动文化由学校覆盖到家庭,家长和孩子都意识到劳动的重要性,学生的每一个评价也让学生在劳动中获得成就感,感受到劳动的乐趣,开始热爱劳动,慢慢将劳动内化为一种自觉的行为。

(四) 发挥各界的协同力量,形成劳动文化价值认同

劳动文化的建设形成家校社协同育人的共同体,是教育力量的整合与提升。新时代劳动文化从学校到社会,都将是以"尊重劳动、热爱劳动、崇尚劳动"为核心价值,以劳动精神、劳模精神、工匠精神为引领,形成全社会劳动文化价值认同,对学生产生影响。而劳动文化对学生的影响必将帮助学生养成从小热爱劳动的好习惯。

除了家校协同,社会力量的支持是劳动文化建设的重要支援。地区工会、妇联、共青团都具备一定的资源,可以帮助开展各种劳动文化建设活动。如工会可以组织安排劳动模范进校园举行"劳模大讲堂";工会可以组织工匠大师、非遗传人进校园活动,通过多种劳动榜样人物进校园活动,对学生起到榜样引领作用,让师生在校园里近距离接触劳动模范,聆听劳模故事,观摩精湛的劳动技艺,亲身感受劳动者的敬业奉献、开拓创新的劳动精神,争做新时代的奋斗者。[1]

 案例 7 - 8　　拾稻穗

秋意,渐渐地浓了。微凉的秋风,带着阵阵谷穗的清香,徐徐送入庭院,爷爷奶奶家的稻子终于成熟了。

傍晚放学后,在我不依不饶的请求下,爸爸带着我前往爷爷家。一路上,一片片田野令我目不暇接,田野上稻浪翻滚,像是铺着一层金黄色的地毯。我新奇地望着这一切,脑中不停地思索着,爷爷奶奶前几天说起的拾稻穗到底是什么呀,去哪里拾稻穗呀······很快,我们来到了渔山老家。

正值秋收季节,村子里一片热火朝天,家家户户都忙得不可开交。一辆辆收割机在田里繁忙地收割着水稻,眼尖的我一下子就从人群中找到了正在运送粮食的爷爷和奶奶。我迫不及待地朝他们冲去。

爷爷递给我一个篮子说:"孙子,田里还有很多稻穗,你去把这些稻穗拾起来。"

"知道啦!"我雀跃着,挎上篮子在田间穿行。

我瞪大眼睛,低着头仔细地搜寻着。啊,发现了一根,我学着爷爷的样子,把稻穗整理了一下,小心翼翼地放进篮子。夕阳的余晖洒在我们爷孙俩身上,一老一少在田

---

1 章振乐.学校劳动文化建设的价值追求与实践路径[J].创新人才教育,2021(03):22—25.

野间寻觅稻穗。篮子里的稻穗越来越多,铺满了篮底,沉甸甸的,我的脸上都是汗,我的腰也酸得直不起来了,我的手臂上也留下了竹篮深深的嵌痕。爷爷接过沉甸甸的篮子,抬头,望着远方,嘀咕着:"乐乐,你爸小时候也陪我收过稻谷,可是现在的他连把锄头都拿不好了。爷爷老了,这田不知道什么时候也会荒了。"

爷爷拎着篮子,拖着疲惫的身子朝田埂上走去。看着失落的爷爷,我追上去,抢过篮子:"爷爷,爸爸不回来,我在呀,我现在陪你拾稻穗,以后我都来陪你播种、除草、收割……现在我们学校也有农场,我们都在学习呢。"

从上面这个案例中可以看出,学校在校园劳动文化的建设中,注重劳动品质、劳动习惯的融入,学生在浸透着浓郁的劳动氛围的校园中学习、生活、劳动,逐步形成积极的劳动习惯和劳动品质。学校劳动文化建设是对新时代背景下劳动教育内容的丰富发展,也是发挥劳动的育人功能的需要。

第八章

激励：
"新劳动教育"的评价创新

我校创"新劳动教育"的评价设计，开发以劳动币为特色的劳动教育的评价载体，将劳动币的使用全面渗透到劳动教育课程、主题活动、实践体验、技能竞赛等方面，发挥家校社协同作用，促进评价载体运用主体的多元化，全面提高劳动教育开展的有效性，切实保障劳动教育落地。

现代教育评价倡导既要发挥评价的甄别作用,又要发挥评价的教育、改进和激励作用,评价只有关注学生的发展过程,才能发挥评价促进学生个性发展的功能,实现知识与能力、过程与方法以及情感态度与价值观的全面协调发展。现代教育评价更加注重促进学生的全面发展,评价的内容不仅仅关注学生的成绩,而且要体现学生多方面的潜能发展;不仅要关注学生获得的知识,还要关注学生的实践能力以及学生的情感、态度、价值观等,体现学生的个体差异和发展的不同需求,提高学生的综合素质。因此,我们在"新劳动教育"的实践过程中,努力探索新的评价,实现评价与教育的一体化,为促进学生更好地发展服务。

第一节　"新劳动教育"的评价设计

正心立德,劳动树人。2019 年 11 月 26 日,中央深改委审议通过了《关于全面加强新时代大中小学劳动教育的意见》,强调劳动教育是中国特色社会主义教育制度的重要内容。劳动教育是全面贯彻党的教育方针的基本要求,是实施素质教育的重要内容,也是培育和践行社会主义核心价值观的有效途径。其中,如何科学地实施劳动教育评价成为新时代学校劳动教育实践亟待思考的课题。2020 年 3 月,中共中央、国务院发布了《关于全面加强新时代大中小学劳动教育的意见》(简称《意见》),为新时代劳动教育评价改革与创新作出了指引。

一、新时代劳动教育评价的设计原则

新时代劳动教育实质上是一种立足于人的全面而自由发展的教育形态,是对传统劳动教育的主动继承和积极扬弃。劳动素养的全面提升成为新时代劳动教育的应然选择,学校应积极探索新的评价策略,发挥其对学生劳动素养的培养、促进、引导和激励作用。

(一) 面向全体,培养劳动兴趣

劳动兴趣是养成劳动素养的前提和基础。在劳动教育评价过程中,教师应面向

全体学生进行积极评价,而不能只惠及优秀学生。关注"每一个",才能有效地激发学生的劳动兴趣和主动性。教师要从多个角度评价不同学生在劳动实践中取得的进步,使每一名学生都能体会到进步的快乐,切实达到以评促学的效果。为此,教师需时刻关注学生在劳动中的态度、成效以及时发现其进步和闪光点,作出评价,让学生感到劳动光荣、劳动有趣、劳动快乐,从而产生劳动的兴趣。例如,在值日劳动中,教师可以表扬学生打扫得干净,也可以从学生的分工合作、打扫方法、打扫态度等方面进行激励,让学生在获得肯定后更加乐意做值日,对自己的值日工作更有信心。

(二)关注过程,深化劳动体验

劳动素养的形成与发展离不开实践体验,学生的劳动感悟与情感都从体验而来。经由劳动实践体验,学生才能体会劳动人民的艰辛,懂得尊重劳动者,珍惜劳动成果。因此,劳动教育评价应关注劳动教育的全过程,促进学生产生更深层的劳动体验。例如,学生在土豆种植的课程学习中,会经历认识土豆、种植土豆、创意绘画、土豆食品制作、土豆义卖等过程,在种植中获得成功、在绘画中发挥创意、在烹饪中学会技术、在义卖中学会交际……学生的种种劳动体验都能得到肯定,感受到教师的关注和鼓励,这将引导学生更主动地参与劳动,逐渐实现劳动素养的提升。

(三)多元参与,树立劳动观念

学校要倡导用发展的眼光看学生,劳动教育评价重在激发学生潜能,鼓励其在实践中逐渐养成良好的劳动习惯,树立正确的劳动价值观和劳动态度,从而不断养成与提升动手实践能力和创新发展能力等。如此,才能帮助学生逐渐养成劳动素养,主动为将来的劳动作好准备。

学校可借助表现性评价等多元评价方式,考察学生对待劳动的态度和观念,促进学生逐渐树立正确的劳动观念。例如,在生活整理课程学习中,教师要根据学生的年段特点,设计不同的生活整理技能学习要求,让每个学生都有看得见的成长。学生的家庭劳动实践是课程的重要部分,我们可邀请家长对孩子的劳动状况做记录,以此作为表现依据,对孩子的态度、成果、进步作出评价,引导学生体验劳动的乐趣,端正劳动态度,树立正确的劳动价值观。

相应地,劳动教育评价应有教师、家长和同伴等多主体的共同参与,借助学生自评、家长评价、同伴互评等形式,客观准确地评价学生的劳动。其中,教师是劳动实践过程中的组织引导者,其评价应注重学生情感的触动,以激励为主,同时应帮助学生发

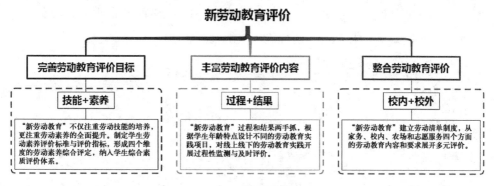

图 8-1 "新劳动教育"评价方式

现自己的优点与不足,用评价促进反思,发挥诊断调节作用。[1]

唯有把握育人导向,遵循教育规律,创新体制机制,注重教育实效,实现知行合一,我们才能通过劳动教育评价促进学生形成正确的世界观、人生观、价值观。

二、"新劳动教育"的评价机制

留存有价值的劳动教育成果,对于充实劳动教育课程资源,丰富课程内容,提升课程质量,构建开放、兼容、有序、动态、迭代的劳动教育课程体系,具有非常重要的意义。"新劳动教育"评价关注过程性评价,关注学生在劳动实践中的丰富经历,激发学生兴趣,从"技能+素养"出发,以劳育人立新标;从"过程+结果"评定,关注全过程出新招;从"校内+校外",多元参与全员评价。

"新劳动教育"评价需建立有效的激励机制,充分调动管理劳动教育实施主体的积极性。从劳动教育实施主体组成的结构来看,激励机制又可以分为指向劳动教育对象——学生为主体的指标导向机制,指向劳动教育实施者——学校、家庭、社会三方的合作机制,以及指向劳动教育主体单位学校各部门之间的项目考核机制。

(一)指标导向机制

指标导向机制是以学生为主体的评价,劳动教育通过劳动必修课、学科渗透劳动教育、校内外劳动实践和校园劳动文化建设四大途径实施,不同途径的评价精神维度有共通性,即劳动学习的态度、劳动的技能、劳动的价值观和劳动精神,具体到某一方

1　章振乐.新时代劳动教育评价改革的思考与实践[J].中小学德育,2020(04):63—64.

面的内容,其评价指标是不一样的。以劳动必修课为例,劳动的评价指标从劳动态度、劳动技能、劳动的思维能力、劳动的价值观等方面进行设计。

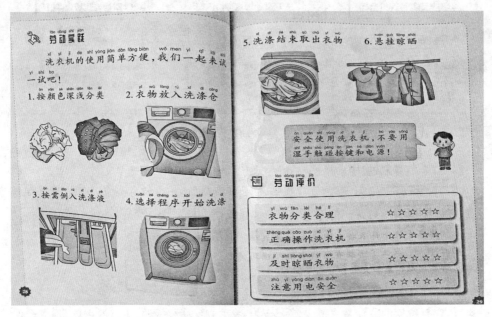

图 8-2 一下《劳动》"洗衣物"评价指标

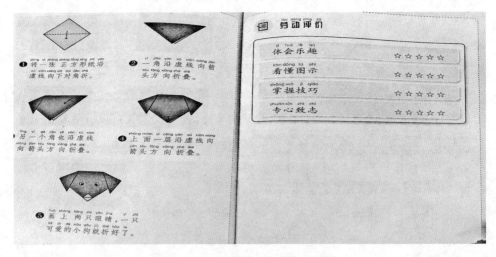

图 8-3 一下《劳动》"折纸"评价指标

必修课根据每课劳动任务设计和劳动评价指标,"衣物分类合理""正确操作洗衣机"等是以劳动技能为评价指标,"体会乐趣""专心致志"等则是以劳动情感和态度方面作为评价指标,不同的劳动任务具体的评价指标是不一样的,以指标为导向的评价更科学、更合理、更具有操作性。以家务劳动为例的劳动实践指标则以劳动习惯的养成,即以参与程度和劳动技能的形成为主要评价指标。以浙江省教育厅出版的家务劳动清单为例,家庭劳动评价的具体指标如图8-4。

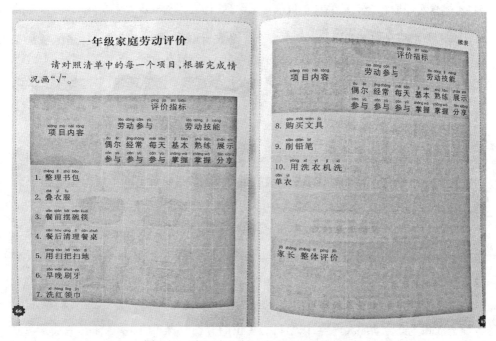

图8-4 浙江省一年级家庭劳动评价指标

用量化的方法来衡量劳动参与程度,从而评价学生劳动习惯养成程度,以"基本掌握""熟练掌握""展示分享"三个不同程度的阶梯式评价来衡量劳动技能的掌握程度,操作性强,重点突出,各有侧重。

(二)家校合作机制

指向劳动教育实施者——学校、家庭、社会三方的合作机制不仅是一种激励机制,同时也是一种保障机制。教育不仅仅是学校的事情,也要全社会参与进来,全员德育,全员参加劳动教育,发挥学校、家庭和社会各自的优势和功能,达到劳动教育实施的最大化和最优化,是现代教育的特点,更是现代教育的应然状态。

学校发挥劳动教育的主导作用;家庭是社会的细胞,要发挥劳动教育的基础作用;社区是千百家庭的生活共同体,以社区为依托,发挥三者之间的协同实施机制,形成共育合力是新时代下劳动教育的保障之一。

劳动是生活的第一需要,劳动是生活的基础,是幸福的源泉。学生劳动教育的主要任务不在于掌握高深的劳动技能,而是在劳动实践的过程中模拟劳动创造的过程,感受家长的辛苦,形成正确的劳动价值观。模拟劳动的环境需要家庭和社会作为支撑,劳动价值观的形成更是需要社会各行各业劳动榜样的示范引领,零距离的体验、认知,才能真实还原社会劳动的真正价值,才能真切体会劳动推进社会发展的动力,才能做好对未来合格劳动力或优秀劳动力的传帮带作用。

学校联合家庭、联结社区、联系社会,三方联动,争取共青团、少工委、妇联、工会等社会各部门的支持和合作,多管齐下,共同促进学校劳动向外延伸、生产劳动下水试身、家庭劳动巩固提升、服务劳动热门上升。

(三) 项目考核机制

指向劳动教育主体单位——学校各部门之间的项目考核机制是切实落实落细劳动教育实施的标尺。学校要发挥劳动教育的主导作用,要自上而下建立全面实施劳动教育计划,要建立以学校党组织为中心的劳动教育领导小组,建立以年级为单位和以学科为单位的劳动教育实施小组,以课程为载体,以项目化实施为途径,根据学生身心发展特点和学科特点,由易到难、由浅入深、由个人到团队,阶梯式开展劳动教育实践。

以年级组为单位的劳动教育实施小组根据年段特点,开展学校劳动、家务劳动、服务性劳动和生产劳动四大内容;以学科为单位的劳动教育实施小组,探究学科渗透劳动要素,开展与学科结合的项目化实施;学校组织机构根据各部门功能,如德育处探索、开展、组织实施主题类劳动活动或系列劳动活动,教科室和教导处联合开发劳动教育校本课程,总务处为劳动教育实施建立劳动基地,提供劳动工具和场所,等等。各部门联合开展,建立劳动教育的共同体。

学校对各劳动教育实施小组建立个性化的考核项目,评选出最佳合作团队、最具创意团队、最有领导力团队、最有执行力团队等,并通过学校微信公众号、网络媒体等多种途径进行宣传报道,弘扬劳动教育正能量。

三、"新劳动教育"评价的实施方法

在"新劳动教育"质量监测指标中,结合学生劳动素养的养成需求,研制了《劳动教育跟踪评价项目方案》,开发了"i 劳动·学生劳动素养培育和提升平台",构建了劳动教育智能管理和监测评价体系,实施了劳动实践体验反馈单评价、劳动争章评价、劳动币评价等多种评价方式。

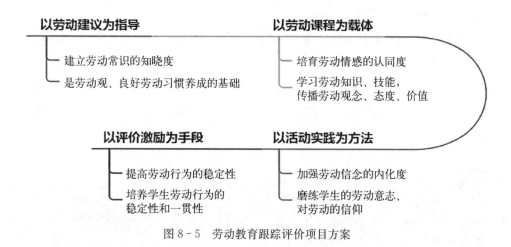

图8-5 劳动教育跟踪评价项目方案

学校"i劳动·学生劳动素养培育和提升平台"平台,是学校研发的劳动评价工具,平台既注重学生具体劳动行为的描述,更重视持续性的长期观察,加强对学生家务劳动的过程性管理和科学评价,拓宽了劳动教育评价新途径,同时也是联盟各校值得借鉴与推广劳动教育评价的一个范式。

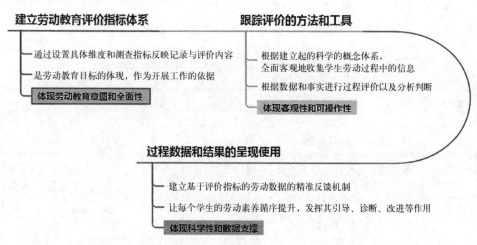

图8-6 学生劳动素养培育和提升平台的功能示意图

根据各年级家务劳动清单内容,由德育处设置每周劳动任务,学生根据一周的家务劳动内容进行过程性记录,用文字、图片或者视频等多种形式记录自己的劳动成长,教师与家长参与评价。平台大数据实时形成学生的劳动素养动态变化图。利用对大数据的分析,动态记录和反馈学生劳动习惯的养成、劳动能力的提升,帮助学生在劳动实践中逐步树立正确的劳动价值观,形成积极参与的劳动精神。

学校以"劳动实践清单"为指导,有效解决了劳动教育评价过程记录难、数据信息多、花费时间大、结果应用弱等诸多难题。以六年级为例,开通账号学生 358 名,学生整体打卡率100%,发布过任务的教师 7 人。单日学生最高登录率为 93.58%,最高活跃人数 335 人。以平台记录六年级 2020 年 10 月 19 日至 2020 年 12 月 20 日的数据为例:

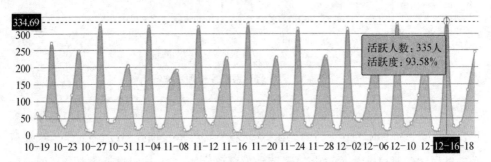

图 8-7 六年级学生整体参加劳动打卡数据

德育处每周发布六年级打卡活动内容,各年级利用周三无作业日布置劳动实践内容,或者在周末完成,完成时间不作统一规定,避免为了完成任务而劳动。

表 8-1 六年级学生家务劳动打卡内容及打卡率

序号	活 动 名 称	打卡人数	打卡率
1	第 9 条:学习晾晒衣服	344	96.09%
2	第 4 条:坚持每天帮家人盛饭,饭后一起收拾桌子	339	94.69%
3	第 11 条:能根据营养搭配需求,独立去菜场买菜	336	93.85%
4	第 8 条:能自己洗鞋	322	89.94%
5	第 7 条:能根据衣物材质和颜色进行分类清洗	322	89.94%
6	第 5 条:学习清理冰箱	320	89.39%
7	第 12 条:每周为家人烹饪三菜一汤	307	85.75%

序号	活　动　名　称	打卡人数	打卡率
8	第 14 条：坚持每周至少洗一次碗，洗完后及时擦干灶台和厨房地面	306	85.47%
9	第 6 条：坚持每天整理床铺，会自己换床单和被套	294	82.12%
10	第 10 条：养护花草	293	81.84%

各班根据打卡率情况，发送班级劳动币，同时，在打卡过程中有表现优异的学生，将被评为劳动小达人，并在学校微信公众号上推送表彰。

案例 8-1　六（2）班刘劢辰同学在"爱劳动"平台发布了劳动图片并留言

现在的我，做许多家务都变得非常轻松，虽然不是做得很完美，但能够较好地完成。每次我结束劳动后，看到自己胜利的果实，总感觉到一种幸福，一种快乐！每周三或周末，只要有空，我都会力尽所能地为家里干点家务。

家务活动打卡让我把劳动当作了一种习惯，我深刻地领会到了一个道理：劳动使人快乐！

刘劢辰同学的爸爸则在家长留言区写下了寄语：

一开始，看着儿子拿着扫帚在地上胡乱地扫着地，觉得好笑；看到他那么卖力认真地在做一件事件，又感到欣慰。从小儿子读书是较用功的，但家务活基本不做，感觉就像生活中的跛脚鸭。这次劳动实践作业，我想对他也有一个促进作用，改变他对劳动的看法——从不肯劳动、被动劳动向主动劳动转变。看到家里地面上有一点脏，他会拿纸轻轻地抹去，早上的被子也能主动地叠好，自己的书房也变得整齐干净了。这种转变不仅仅是形式的，更是意识的转变。让他知道劳动累并快乐着，劳动者是美丽的；也进一步促使他珍惜劳动成果、尊重劳动者！通过劳动教育，他获得在书本上学不到的知识。相信儿子在成长的过程中会变得更优秀！

评价是为了孩子的发展服务。有些活动或课程的评价是无法细致量化并进行书面评价的，但是我们通过观察，从参与状态、参与时间、参与方式、参与质量等多方面，关照整个劳动课程、劳动活动实践的过程,进行多元评价:基于激励性评价培养劳动兴趣,基于过程性评价加强劳动体验;基于表现性评价树立劳动观念;基于多元化评价端正劳动态度,基于发展性评价培养劳动习惯。多元评价,达成提升素养的价值引领,让每一个孩子"横"得更长、"竖"得更高。

学校还设计特有的"劳动币"作为评价奖励的一个手段。劳动币在学校举行的收获节上可以兑换美食、书籍、演出机会、管理机会等。针对课程学习过程中产生的物化结果,例如研究报告、绘本集、自然笔记、科学小论文、摄影摄像等,我们或分主题举办成果展,展示优秀作品;或开设劳动讲坛,由各方面有特长的学生作为小专家,进行专题报告,以一个孩子带动一批孩子。

第二节 劳动币："新劳动教育"的评价载体

学校劳动教育历经十多年的探索,已经建立起较成熟的劳动教育课程体系、劳动实践体验活动、劳动文化建设等,从校内劳动向校外劳动延伸,劳动教育的途径和平台丰富多样。随着信息技术的推广和深入,我校利用网络平台开发"i 劳动"评价教育平台,利用线上电子劳动币奖励机制和线下纸质劳动货币相结合的奖励机制,创建劳动储蓄银行,建立银行运行方式,开发劳动币奖励机制,进一步激发和保持学生的劳动热情,提高学生的劳动技能,培养学生良好的劳动习惯。

劳动币作为学校开展"新劳动教育"课程和实践活动评价的载体。坚持立德树人,将劳动教育贯穿家庭、学校和社会各层面,创"新劳动教育"评价体制机制,模拟银行工作方式,以学生的劳动课程、劳动实践和劳动基地活动为三大主要内容,以"银行储蓄"为手段,通过获得"劳动币",储存"劳动币",用累积的方式,引导学生养成劳动习惯,热爱劳动,尊重普通劳动者,培养学生勤俭、奋斗、创新、奉献的劳动精神。

一、劳动币的设计

学校立足校本实际,以劳动教育为抓手,创新发展劳动教育评价方式,开发劳动教育评价新载体,设计一套旨在激发学生劳动热情、促进劳动习惯养成的劳动币。

(一)劳动币的设计原则

根据心理学家皮亚杰的认知发展阶段论,小学生正处于具体运算阶段,对具体的事物特性等直观感受比较感兴趣,随着年龄的增加,逻辑思维能力也逐步提升。因此,面对劳动币的使用对象——小学生,我们在设计时要遵循儿童心理发展的特点,要结合儿童的生活经验来设计。

1. 童趣化原则

儿童心理学认为在小学儿童感知发展中,视觉的发展对儿童心理发展起着十分重要的作用。小学生的颜色视觉发展随着年龄的增长而增长,颜色的辨识能力提高。小学生更偏爱红、黄、蓝、绿四种颜色。因此在设计劳动币的主色调时,我们应遵循儿童的感知发展特点,符合儿童喜好的色彩才能激发儿童的兴趣。因此童趣化是劳动币设计的首要设计原则。学校采用了以白色做底,以蓝色、紫红色作为劳动币的主色调。

同时,相对于写实的风景绘画,儿童在绘画作品的喜爱上更偏爱于简单的绘画,更易于接受简笔画等,这与儿童的思维发展能力息息相关,儿童的欣赏与鉴别能力到中高段才开始提高。因此,劳动币主画面的设计风格还要采用儿童易于接受的绘画方式,让学生喜闻乐见。

2. 激励性原则

教育学明确提出教师对学生进行德育应该遵循表扬、激励的正面教育的原则,作为从德育中分离出来的劳动教育,在曾被视为消极惩罚手段的背景下,更要摆正劳动教育的地位,重视发挥劳动教育的正面激励作用。以劳动币为评价载体的设计应遵循激励性原则,充分肯定学生劳动的价值,以类似货币的形式奖励学生的劳动成果,以看得见的形式展示学生在劳动成长过程中点点滴滴的收获,爱劳动者多劳多得,懒于劳动者少劳少得。

3. 累积式原则

劳动教育是一个长周期的、坚持不懈的过程,劳动币作为特殊的货币在学校内部流通使用,必须遵循累积式原则。学生经过长时间的劳动,参加了丰富多样的劳动实践活动,应获得相应的劳动币。劳动币数量的获得应根据学生个体参与的劳动次数、劳动态度和劳动成果的质量等方面决定,累积的币值数额应方便全体师生统计。为劳动币能合理有序地流通作好充分的准备。

(二) 劳动币的版面设计

1. 校标 Logo 明主权

劳动币作为我校劳动教育的评价特色,版面设计首要标注的就是学校名称和校标logo,这是使用主权的象征,代表我校学生使用劳动币的至高无上的权力。同时,我校的校标由黄、绿、蓝三种儿童喜爱的颜色组成,黄色的树干、绿色的大手、蓝色的天空,组成了劳动的元素,象征着全体师生用勤劳的双手在劳动,老师用勤劳的双手呵护儿童像树木一样茁壮成长。"十年树木,百年树人"的育人含义无痕地蕴藏其中。

2. 农场 Logo 显特性

"开心农场"是我校劳动教育的重要基地,是教师与学生一起在田间劳动、耕作、丰收的田地,它已成为我校劳动教育的特色基地,是学生劳动成长的乐园,成为我校学子小学生涯中校园生活不可缺少的组成部分,在童年的画卷上留下浓墨重彩的一笔。因此,劳动币的版面设计,不论是老师,还是学生都不约而同地想到把"开心农场"作为主画面,以此彰显我校劳动教育的特色。它是我校劳动教育的代表,在学生心中,农场甚至比教室更重要。看到印有农场Logo的劳动币,就仿佛看到了自己在班级的承包田地里挥洒汗水、辛勤劳作、快乐丰收的身影,更加激发了学生对劳动币的珍惜和爱护,激发了学生对赚取劳动币的内在动力。

图8-8 劳动币反面设计图案

3. 货币要素整齐全

劳动币之所以被称为"币",它的版面设计要素就应像人民币一样,有流通货币的基本设计元素,面值、发行时间、发行代号、发行银行,甚至类似于人民币防伪标志的光变安全线。

因此,我校劳动币的设计要素采取人民币的几大面值,发行时间为20090901,发行代号是学校全称的首字母大写,发行银行是以学校命名的劳动银行,面值单位是元。

图8-9 劳动币正面设计图案

在遵循不仿制人民币的法律条文的前提下,学校的劳动币设计达到了"以假乱真"的效果。学生对全体师生脑洞大开的设计效果感到非常惊叹,更为大家团队设计付出的辛劳与智慧感到佩服。

(三) 劳动币的体系规划

为了肯定不同程度的劳动热情和态度,为了区分不等量的劳动实践,为了区分不同质的劳动成果;同时也是为了便于校园内不同价值的劳动商品的兑换流通,以及线上劳动记录的及时累积,学校设计了一套面值不等的劳动币,开发了线上线下种两货币形式——虚拟币和纸币。

1. 设定币值购买力

根据小学生生活物品、学习用品等日常物品的价格,学校模仿人民币的面值设计,设定单位纸币代表的不同价值量。根据学校和班级两个不同使用层面,设计了两个等级的劳动币,一是以元为单位的劳动币,分为 2 元、5 元、10 元三个面值的劳动币;二是以角为单位的劳动币,分为 1 角、5 角两个面值的劳动币。

以元为单位的面值一般在学校大型劳动主体活动或实践活动中使用得较为频繁,需要通过一定强度的劳动量和一定难度的劳动技能才能获得;而以角为单位的劳动币在班级的日常劳动中使用较为常见,劳动技能难度低,劳动强度小。

2. 虚拟现实相结合

以儿童喜欢的物化形式作为劳动教育的评价载体,促进线下劳动教育实践活动有效开展,加强劳动教育日常化。新时代网络媒体的发展,新冠疫情的暴发和持久性,更是给劳动教育的开展带来了双重的压力和挑战。线上劳动教育的开发与设计成为了新时代劳动教育的必要组成部分,因此疫情期间居家劳动打卡,可获得相应的电子劳动币,学生根据劳动打卡的次数,电子劳动币的累积也越来越多。电子货币与纸质劳动币等值。

(四) 劳动币的设计流程

劳动币作为评价学生劳动教育的载体,源于学生劳动,用于学生劳动的成长过程,以促进学生劳动意识这一核心素养的发展为终端目标。学生是劳动教育的主体,劳动评价的载体设计理应充分发挥学生的主观能动性,发挥学生的主体意识。劳动币设计的过程本身就是学生劳动实践的过程,是创新劳动的体现。

1. 全员参与,我的劳动币我设计

为了充分发挥全体师生的聪明才智和主观能动性,学校德育处向全校师生发出

"我的劳动币我设计"的征集令。学生以班级为单位,讨论劳动币设计元素包含的内容;教师以年级组为单位,分学科进行探讨,各组各部门汇成"金点子"上交学校大队部;学校大队部的少先队干部在辅导员老师的指导下,对"金点子"进行筛选,挑选出可行的方案,进行公布颁奖;学校美术社团的学生根据征集的"金点子",融入自己的美术创作技能,进行绘画创作;美术指导老师协作指导,真正实现全员德育,全员劳动教育。

2. 以生为本,我的劳动币我做主

劳动币的设计灵感源于校园的劳动生活,设计的手稿也是源于学生的创造,最终的版面设计稿也由学生决定。学校大队部利用周一升旗仪式广而告之,在线海选劳动币设计稿件;全校学生在微信交互软件进行海选投票,开展"我的劳动币我做主"的投票活动,选取投票最高的设计稿件作为学校劳动币的最终发行版。

劳动币的诞生给学生带来了极大的荣誉感,这是学生参与劳动创作的成果,学生渴望获得劳动币的迫切心情不言而喻,独特的劳动币燃起了学生获得劳动币的热情,极大地激发了学生主动劳动的内在动力。

3. 仪式教育,我的劳动币我发布

学校规范而成体系的仪式教育具有较强的教育辐射作用,是学校教育文化不可缺少的部分。隆重的仪式教育给予学生思想的灌溉、心灵的涤荡、文化的浸润、精神的洗礼,是学生德智体美劳全面发展的重要途径。学生在教育仪式活动中产生价值共鸣,获得价值认同,找到自我归属,促进个体内化为自觉行为,树立共同的信仰和价值追求。

学校德育处利用周一升旗仪式举行了隆重的"劳动币"发行仪式。在仪式上,放大版的劳动币广告牌赫然出现在主席台前,瞬间吸引了全校师生的眼球。校长向获得最佳设计者郑重颁发奖状和纪念品——学校第一次发行的劳动币面值一套,并请大队辅导员和设计者一起介绍劳动币的设计特点与用途。学生纷纷为富有校园生活气息、具有劳动特色元素的校园版"人民币"点赞。德育校长向各班中队长发放第一笔班级劳动基金(人均 10 元),各班代表上台接受校长的赠予。隆重而独特的发行仪式极大地激发了学生劳动的热情,纷纷表示"从现在开始,我要努力赚取劳动币"。

(五) 劳动币的实施方法

"新劳动教育"评价方法集中体现"六·一"快乐模式。"六"是指评价的六大特点:

一是劳动知识评价与非知识评价,检测成绩可以得出学习目标的达成度,融合劳动过程中核心能力表现评价,才更为全面;二是多主体评价结合的方式,多方参与,分项评价,教师评价、家长评价、同伴评价、自我评价、专业机构评价、系统评价等;三是指静态评价和动态评价结合,在一定时间、空间、情境里对学生劳动观变化过程的评价;四是定量评价与定性评价结合,改变过去主要依靠经验和观察进行评价的做法。结合劳动时间、劳动次数、劳动态度、实际操作、劳动成果等;五是发展性评价与结论性评价结合,注重考查学生进步的程度和学校的努力程度,改变单纯强调结果不关注发展变化的做法;六是内部评价与外部评价结合,注重促进学校建立质量内控机制,改变过于依赖外部评价而忽视自我诊断、自我改进的做法。"一"是指所有的评价通过一种载体得以体现,即劳动币。

同时"六·一"快乐模式还是指小学六个年级设立六大劳动分行,学校这里设置一个劳动总行,各班级以年级组为单位,进行统一的活动开展;六个年级以学校计划为纲,围绕学期劳动教育系列活动和教育内容,开展"六·一"分层实施模式,进行劳动教育过程中的劳动币奖励运行机制。全体教师在学校党总支的领导下一心向党,为党培养一支德智体美劳全面发展的未来劳动大军。

二、劳动币的实践运用

《大中小学劳动教育指导纲要(试行)》指出:劳动教育的途径有独立的劳动教育必修课、学科中的劳动教育、校外劳动实践和劳动文化建设。学生通过多种渠道参加劳动教育,获得一定的劳动技能,养成一定的劳动习惯和品质,获得相应的劳动报酬——劳动币,在不断地赚取劳动币的过程中逐步树立"我们从小爱劳动""劳动最光荣"等劳动价值观,在长期的劳动实践中逐渐形成积极的劳动精神。

(一) 劳动币的使用方式

1. 劳动币的集币方式

挖掘劳动币的功能,建立劳动币的使用体系,统整学校学科劳动教育和劳动主题活动、实践体验活动和技能活动以及劳动文化创建活动等多途径的评价方式,以劳动币作为全员劳动教育的评价载体,将劳动币成为学生获得劳动成果报酬、使用劳动报酬在校园范围内流通的特殊货币。将劳动教育评价载体功能最优化、最大化。结合学校劳动教育特色,丰富劳动币获取的渠道,全面激励学生。

2. 劳动币的储存方式

妥善储存学生通过劳动获得的劳动币,是确保劳动币能经过累积、购买、兑换学生所需的商品,保障劳动币的循环使用更顺畅。减少遗失,加强存储功能,便于劳动教育进行阶段性的评价和活动开展。

3. 劳动币的兑换方式

货币的最大功能是实现购买力,满足主体生活的需要。劳动币的流通和物质兑换是实现劳动评价物化的最终环节。没有物化的兑换方式,再多的货币储存都会失去它的评价功能和价值。

(二)基于现场的劳动币使用

1. 基于现场的劳动币集币

(1)现场集币:实践体验式获取。富阳区推进"新劳动教育"实践体验活动成为全国劳动教育的典型案例。全区3—6年级的小学生每年都到校外劳动实践体验基地参加劳动实践活动1—2次。校外劳动实践体验基地形式丰富多样,有制作服装的企业基地,探究水力发电的水电厂,有学习传统地方美食的豆腐工坊,有现代农业种植的农林基地等。学生在参加各种各样的劳动实践活动中,表现出积极的劳动态度,参与团队合作劳动过程,并能注意劳动安全,在规定的时间内完成一定的劳动实践内容。负责带队的班主任老师和负责基地实践体验活动组织的劳动指导教师根据以上几个方面进行考评,并评选出一定数额的劳动实践小标兵,根据考核结果奖励劳动币,部分劳动实践体验基地有专门的劳动营元,学生获得劳动营元可以马上在基地兑换纪念品。

 案例8-2　　劳动周实践活动

学校组织全体五年级学生到全国劳动教育实践体验基地参加为期三天的劳动周实践活动。活动项目有入驻农家、参加劳动招聘会、参与集体劳动技能竞赛等。招聘会上设立服装厂、食品厂、五金厂、玩具工厂、安保公司、家政公司等多个劳动单位,开设食品制作、组装家具、轴承制作、保洁清洗等几十个工作岗位,根据"双向选择"应聘上岗,并参加岗前培训,获得上岗证后方可正式上班上岗,并通过劳动验收获得相应的劳动营元报酬,与学校劳动币等值。

岗位要求：
吃苦耐劳，善于合作，喜欢整理，做事有条理，
有叠衣服经验者优先。

工作内容：
1. 按时上工。
2. 检查衣服的破损情况，按型号进行分类叠放。
3. 服从单位领导安排。

薪酬信息：
基本工资 400＋绩效工资

图 8-10　岗位示意

　　学生经历一天的上岗工作后，深刻体会到球阀工工作的难度："我们有几个同学因为没按要求做，被扣 100 营元；有的同学在工作的时候讲话聊天也被扣工资了；还有的同学把一个球阀敲坏了，直接被教官解雇了，一分钱都没赚到，实在是太可怜了。以后工作我们要提高专注力，不能偷懒，否则就会有被老板解雇的危险。这工作真不容易啊！"

　　奖罚分明的劳动币（营元）奖惩机制不仅明确了劳动的要求，更让学生体会到劳动过程中的态度也非常重要，不仅要遵守劳动纪律，还要注意劳动安全。对劳动有了更为深刻的认识，对认真劳动有了更为具象的理解和生动的体会。

　　（2）现场集币：学科探究式获取。劳动教育必须开设独立的劳动必修课。2021年浙江省劳动教材的出版为劳动教育进入课表提供了保障。我校按照教材一周一节开展劳动教育必修课。课程是教育的主途径，教室是教育的主阵地。当然，劳动教育必须与生产劳动相结合的原则，决定了劳动教育的实践性特点。学生在劳动课堂上进行探索研究，在老师的指导下学习劳动知识，掌握劳动技能，获得劳动成果。如图 8-11，学生根据课本知识学习折衣服、系鞋带。

图 8-11　一上《劳动》第二课"我会系鞋带"方法与评价维度

劳动币在课堂上的使用,将学生的学习劳动状态以物化的形式呈现出来,学生更能直观感受到自身接受劳动教育的状态。通过课堂的学习,一年级的学生学会了衣服折叠整齐,裤子放平整,还学会了自己的鞋子自己系,成为了能干的小主人,也获得了相应的劳动币。

2. 基于现场的劳动币储存

(1) 开财商课程,树立节约意识。储存劳动币,首先要知道劳动币的价值,懂得劳动币的来之不易,珍爱劳动币。为了帮助学生树立正确的劳动价值观和理财观,学校结合两季研学活动,开发了20元财商购物课程。学生在春(秋)季研学活动前,在数学老师的课堂教学指导下,中高年级以小组为单位(低年级以个人为单位与家人一起亲子购物),共同探讨人均20元的费用购买食品等,拟定20元购物清单计划,要求物品有分类,价格清楚,购买费用人均不超过20元,见下图8-12。

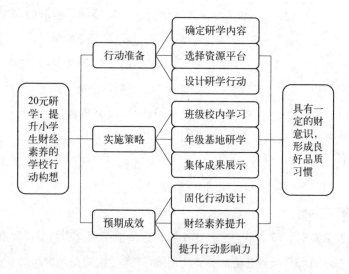

图 8-12　1—2 年级秋季研学活动"20 元财商"预算表

在小组合作的过程中,学生体会到了货币积累使用的好处,更体验到20元人民币的购买力其实是比较小的,须统筹购买,且要考虑每个组员的喜好,学会为他人着想,学会分享,学会担当;更明白了人民币和劳动币的赚取来之不易,要更加懂得节约,不浪费,学会累积使用,合理规划使用。

(2) 设劳动银行,存入现实"货币"。学校立足劳动教育特色,以激励学生发展为导向,设立劳动银行,发行劳动币,号召全校各部门联动,互相合作,统筹协调评价。学校劳动银行的印发,要提前做好规划,规范使用方法,不滥发劳动币。为了便于管理和激励的及时性,劳动银行设两级,分为学校管理层面的劳动银行总行和年级层面的劳动银行分行。总行负责统筹各年级的劳动币总量,根据各年级劳动实践主题参与活动的情况按需分配,年级组的分行以平行班级为单位进行平均分配,同时兼顾学科劳动教育的评价总量。各班级成立一个理财部门,班主任老师就是理财经理。

学生将平时积累的小额面值的劳动币保存到班主任老师处,每个月进行一次汇总,最后纳入学期末的汇总表中,为期末劳动财富榜的评选做好过程的积累。

3. 基于现场的劳动币兑换

货币的最大功能是实现购买力,满足主体生活的需要。劳动币的流通和物质兑换是实现劳动评价物化的最终环节。没有物化的兑换方式,再多的货币储存都会失去它的评价功能和价值。

(1)设计兑换总则,兑换活动有秩序。劳动币的兑换是一个有序的系统,需要设立兑换规则,设计兑换总则。根据学校实际情况和学生劳动币赚取的程度,学校少先队大队部召集少先队干部一起商讨对话总则,经过民主商议和探讨,拟定兑换总则的时间、地点,梳理兑换活动中应遵循先来后到的顺序,有序排队,兑换过程中应注意文明礼貌等基本的少先队礼仪;爱惜兑换物品,不随意损毁兑换物品等规则。

(2)开放领巾超市,纸币兑换乐开怀。学校向社会募集善款,免费为学生提供学习用品等物质奖励,帮助学校筹建红领巾超市。同时,学校号召全体师生,通过自己的创意劳动,将劳动物品如发夹等生活实用小物品进行批发售卖给学校红领巾超市,保证红领巾超市的货源源源不断的同时,更实现了学生劳动的价值,激发了学生创意劳动的浓厚兴趣和创造力。

少先队大队部成立劳动币兑换工作小组。人员根据大队部的岗位设定和分工,召集大队干事轮流做好兑换服务等工作:首先做好"我喜欢的兑换物品"调查工作,根据学生的喜好程度来准备学校红领巾超市的物品;做好红领巾超市的及时开放通知工作,做好红领巾超市的卫生打扫工作等,兑换物品有记录,月月进行超市盘存。以12月红领巾超市开放活动为例,如图8-13。

图8-13 红领巾超市开放活动

本次贸易分为教室贸易和红领巾超市贸易。班级根据学期的劳动成果到红领巾超市进行相应兑换,并进行错时兑换。小小售货员们迅速地把东西摆好,做好导购,力争做优秀的售货员,品种介绍,合理购物,售卖服务得紧紧跟上。老师们平时讲的"财商",此刻派上用途,实践出真知,"售货员"为了更好地分享,拿起自制的话筒和海报,进行文明宣传,贸易活动在同学们的引导下开始了!学生用自己辛苦积攒的劳动币换取心爱的物品,获得同学和老师的赞赏,心里乐开怀。

(三)基于活动的劳动币使用

1. 基于活动的劳动币集币

(1)活动集币:主题式获取我校结合五一劳动节、学雷锋纪念日、国庆节、元旦节等主题活动,组织了一系列劳动主题活动,如"奏响劳动五部曲　快乐假期共成长"五一劳动节活动,学生通过聆听劳模故事、绘画劳模身影、探秘劳模精神、计划劳动清单,开展洗涤类、整理、农耕、烹饪和种植五大劳动实践内容;再如学雷锋纪念日,开展擦洗公共自行车、垃圾分类、清理河道等志愿服务劳动;国庆节结合爱国主义教育开展主题为"同心共筑中国梦　劳动创造新未来"的长假劳动习惯养成计划活动。通过参加主题活动,班主任老师奖励相应的劳动币,肯定学生在节日里的积极劳动,营造爱劳动的浓厚氛围,形成强有力的劳动文化。

 案例 8-3　收获节主题活动

一年一度的收获节是我校最具特色的劳动主题活动,活动时间为每年的立夏节气。立夏时节,正是蚕豆丰收的季节,一年级的孩子在收获节的时候就要到班级承包的责任地里摘蚕豆、剥蚕豆,在老师的指导和家长志愿者的协助下,学习煮蚕豆,并能愉快地和六年级毕业班的哥哥姐姐们分享美味的蚕豆,作为去年九月哥哥姐姐们赠送向日葵的回赠。

表 8-2　2020 年收获节·一年级"蚕豆大哥旅行记"主题活动与评价标准

序号	具体活动内容	劳动时长	赚取劳动币值	评 价 要 求
1	摘蚕豆	1 课时	1 元	在规定时间内,能扶着蚕豆茎叶有顺序地摘完规定数量的蚕豆,没有遗漏。
2	剥蚕豆	1 课时	1 元	在规定时间内,能剥规定数量的蚕豆,收纳蚕豆颗粒不浪费。

序号	具体活动内容	劳动时长	赚取劳动币值	评 价 要 求
3	洗蚕豆	1课时	1元	能洗净蚕豆,沥干水分。
4	煮蚕豆	1课时	2元	能在老师的指导下安全有序地根据步骤煮蚕豆,同学间合作愉快,有分工。
5	分享蚕豆	1课时	2分	能与同学一起分享美味的蚕豆,并且乐于与六年级哥哥姐姐分享蚕豆。

　　学生从去年霜降节气种下蚕豆,为蚕豆种子浇水、拔草到丰收,学生亲自参与种植与丰收的全过程,虽然劳动周期长,但是劳动的热情丝毫不减,这不仅仅是源于对种植付出的期待,更是对自己劳动成果的骄傲与自豪。在这过程中,劳动币的过程性奖励也极大地巩固了学生的劳动习惯。每日到农场去观察蚕豆的生长情况,天气干燥了,就主动浇浇水;草长得旺盛了,就去拔拔草,农场里呈现出一派"我们从小爱劳动"的美好画面。学校劳动的氛围非常浓厚,劳动已经成为学生日常校园生活中不可或缺的一部分。

　　(2)活动集币:技能竞赛式获取。劳动技能竞赛是展示学生劳动技能、展现学生劳动成果的表现形式。学生通过一段时间的劳动锻炼和劳动习得,掌握了一定的劳动技巧,学校通过组织劳动技能竞赛的方式激发了学生展现自我的热情,以劳动币来肯定学生的参与过程和结果,以赛促竞,在全校范围内树立劳动的榜样,发挥劳动小达人的榜样示范作用,引领全班乃至全校同学掀起学习劳动技能的热潮,进而巩固学生劳动习惯的养成,形成良好的劳动品质。

◎ 案例8-4　"强国有我　请党放心"劳动技能竞赛活动

　　少先队员听党的话,跟党走,树立劳动强国的思想意识。加强劳动技能的锻炼,积极投入到劳动技能竞赛中来。

表 8-3　2021 年学校劳动技能竞赛内容、考评与奖励

学段	校级竞赛项目(区级竞赛项目范围)	"劳动小达人"评选数额和奖励
低段	系红领巾　系鞋带　穿衣服 整理文具　扫地	各年级所有劳动项目竞赛总分前30%名为"劳动小达人",颁发奖状,并奖励劳动币 10 元,优胜班级获得 50 元奖励基金。
中段	择菜剥豆　剥鹌鹑蛋　垃圾分类 洗晒衣物　归类收纳生活用品	
高段	缝衣物　包水饺　设计家庭购物清单　洗鞋子、做家常菜	

各年级围绕浙江省劳动教育清单参考条例,分学段分内容进行劳动技能的训练,低年级以生活自理劳动项目为主要内容;中高年级以校园劳动和家庭劳动为主要内容。竞赛现场激烈,学生个个都是劳动高手,撸起袖子加油干,争取在最短的时间内完成劳动项目。经过激烈的角逐,劳动小达人和班级优秀组织奖都获得了相应等级的劳动币奖励。校级劳动小达人还将代表学校参加区级劳动技能竞赛,这是全校师生的骄傲。

2. 基于活动的劳动币兑换

举办年度美食节,狂欢购物有智慧。学生日积月累的劳动储蓄到学期末达到高峰,为了便于学校劳动币的回收和循环使用,实现劳动教育的闭环作用,仅仅定期开放小面值兑换的红领巾超市是远远满足不了学生的购买力的。学校充分发挥劳动教育联盟单位,邀请对方学校参加我校的美食节,把学校的劳动特色成果集中展示到我校现场,可以是美食,也可以创意作品等,来迎接千名学生上万的劳动币购买力。而我校则充分发挥农场种植的特色,将自己种植的农产品制作成美食,进行加工创意,以年级组为单位,在操场上举行隆重的美食节活动。学生从劳动银行支取大部分劳动币,到各摊位进行购买。

丰富多样的美食和创意作品极大地激发了学生的购买欲望,活动场面火爆。有了之前 20 元财商课的教育,学生狂欢购买也有技巧、有方法。三五个好友聚在一起商讨怎样用最少的劳动币购买到人人都能分享的美食。这不仅是一场美食节,更是一场劳动的智慧秀,秀出了我们劳动教育的芬芳果实。

(四) 基于线上的劳动币使用

1. 基于线上的劳动币集币和储存

(1) 线上集币："i 劳动"平台打卡。为了进一步推进"新劳动教育"的数字化管理和评价建设，加强对学生劳动教育的过程性管理和科学性评价，学校开发了"i 劳动"线上评价平台，利用虚拟劳动币，动态记录和反馈学生劳动习惯的养成、能力的提升，在劳动实践中逐步树立正确的劳动价值观，形成积极的劳动精神。

老师、学生和家长都可以对平台上进行劳动打卡的学生进行及时性评价，点击送花朵、颁发电子奖牌，肯定、鼓励学生的劳动积极性、劳动能力和劳动习惯的养成，见下图 8-14、8-15。

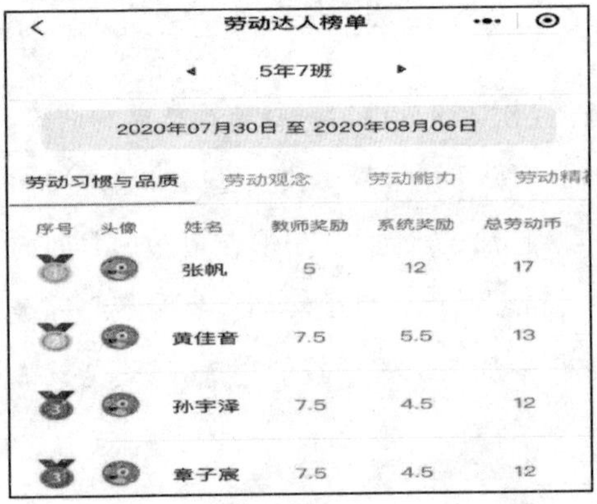
劳动达人榜单
5年7班
2020年07月30日 至 2020年08月06日
劳动习惯与品质
劳动观念
劳动能力
序号
头像
姓名
教师奖励
系统奖励
总劳动币
张帆 5 12 17
黄佳音 7.5 5.5 13
孙宇泽 7.5 4.5 12
章子宸 7.5 4.5 12

图 8-14　学生"i 劳动"平台家务劳动奖励榜单图

年级	家务劳动劳动币数	存入时间	支出时间	发行单位
一年级	9092元	2020.09.01	2020.12.30	一年级劳动分行
二年级	8309元	2020.09.01	2020.12.30	二年级劳动分行
三年级	12893元	2020.09.01	2020.12.30	三年级劳动分行
四年级	15111元	2020.09.01	2020.12.30	四年级劳动分行
五年级	19311元	2020.09.01	2020.12.30	五年级劳动分行
六年级	17542元	2020.09.01	2020.12.30	六年级劳动分行

图 8-15　年级"i 劳动"平台劳动奖励存取清单

学期末，学校劳动银行总行根据各年级学生在线上进行家务劳动打开的次数和获得劳动币的总数，颁发劳动报酬；各年级根据各班的实际劳动情况实时发放。电子化的管理相对纸质更为环保便捷，减少了日常流通过程中的损耗。

(2) 用志愿汇 APP，时效转化公益币。劳动教育的内容不仅包括生活自理劳动、校园劳动和家务劳动，还包括社会志愿服务劳动。我校"新劳动教育"充分发挥家校社协同作用，加强与团委、少工委和爱心公益组织的合作，建立起党建带团建、党建带队建的志愿服务队，由团委、少工委和爱心公益组织牵头，寻找社会不同区域、不同人群的服务需求，在志愿汇上规范注册志愿服务项目。学校德育处和少先队将服务信息发送到学校通知群，号召各班红领巾假日小队在家长志愿者的组织下与团委联系，发挥志愿服务的传帮带作用。学生用身份证实名注册志愿汇账号，通过志愿汇实时记录劳动服务的时常,转化为公益币,成为志愿服务劳动的奖励认可,见下图 8 - 16、8 - 17。

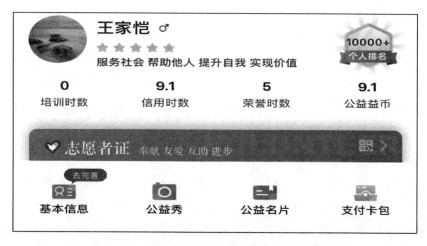

图 8 - 16　学生志愿汇公益信用时数与公益币总数

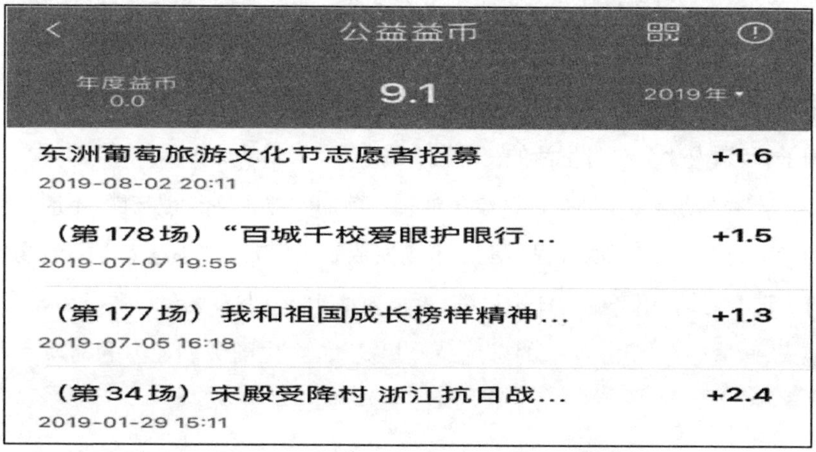

图 8 - 17　学生志愿汇公益币清单记录

区教育局团委书记组织各校德育处,根据学生每学年在志愿汇上记录的公益币总数进行区"公益好少年"的申报和评选。

2. 基于线上的劳动币兑换

线上劳动币每学期进行一兑换,根据一定比例(如 10∶1)兑换成学校发行的劳动纸币,在主题活动中进行消费使用。各年级分行根据学校总行下发的劳动币总和,结合各班级劳动币累积数量,按照"多劳多得、少劳少得"的原则进行班级间分配和班内学生间的分配。

校内劳动实践的教育通过劳动币的发行、赚取、存储、支取和购买,形成了劳动教育评价的闭环效应。而校外的志愿服务劳动公益币不能在校内流通。因此,充分发挥社会各界的支持与协同作用,联合爱心驿站,实现公益币免费兑换生活物品的功能。既肯定了学生志愿服务劳动的价值,又为生活提供了方便。从而让学生体会到"我为人人,人人为我"的风险精神,进而帮助学生树立正确的人生观、世界观和价值观。

　　劳动币作为"新劳动教育",在课程实施、主题活动和实践体验活动以及文化等方面起着非常大的促进作用。

　　(1)学校劳动氛围空前高涨。评价新载体的开发与设计在使用过程中,极大地调动了学生的主观能动性。校园里的值日劳动天天做得劲头十足,班级与班级之间形成劳动PK大军;家庭劳动从被动地接受到主动地做,每周三和周末都能看到朋友圈里小劳模的身影,有参加家庭大扫除的,有参加社区志愿服务的等,劳动的氛围空前高涨。

　　(2)学生劳动习惯更持久。班级人人都是劳动小主人,事事不落下了。每个卫生死角都有学生有序地打扫,包干到户,责任到人;作为家庭小主人,能体会到父母的辛苦与不易,会主动帮忙了;作为社会小公民,服务大众的意识更强了。劳动的习惯变得更稳固了,渐渐内化为自身生活的一部分。

　　(3)学生劳动能力不断提高。学生通过不断的学习生活自理技能,不断地得到劳动币的激励,在熟练练习的过程中不知不觉变成了生活自理"小达人"了;农场里每周的田野大课堂劳动,用辛勤的汗水浇灌,更像农业生产"小农夫"了;服务劳动参与多,体谅他人、同情他人、服务他人的思想品质提高了,学生的劳动能力和品质不断地提高了。

第九章

收获：
"新劳动教育"的丰硕成果

"新劳动教育"历经十余年的不断探索和努力,最终形成了"新劳动教育"体系。它的实施,不仅在真实情境中培养了学生的自理能力,学生不断感受到父辈们的艰辛和奋斗精神,感受到高科技、高端服务业背后的辛勤劳动;也提升了教师的专业能力,更改变了学校的育人方式,丰富了学校的办学文化与特色。

"新劳动教育"的实施,是一个循序渐进的过程,从校本课程开发到国家课程渗透,逐步推进,逐步完善;从社团建设到项目实施,逐步拓展,逐步积累。历经十余年的不断探索和努力,最终形成了"新劳动教育"体系。而"新劳动教育"的实施,又为学生的成长搭建了这样的平台,孩子们在享受学校生活的同时,更让拥有不同智能优势的孩子都找到一方张扬自己个性的天地,并从中提升了生命的精神品质。"新劳动教育"的实施也为教师的专业发展提供了机会和平台,让教师在课程开发、科研创新等方面有了很大提升。"新劳动教育"的实施也改变了学校育人方式,丰富了学校的办学文化与特色,提升了学校的知名度。

第一节　"新劳动教育"带来的学校新变化

　　"新劳动教育"所创建的系统育人模式,解决劳动教育被弱化、淡化、异化等问题,基于对劳动教育的新认识,根据学校办学宗旨完成顶层设计,形成了目标清晰、内容丰富、途径鲜明、方式多样的实施模式,实现了劳动教育的新样态;所采用的"价值创新、课程引领、系统实施、区域推进"改革经验与方法,形成了小学劳动教育的实践样本。"新劳动教育"的实施,给学校带来了很大变化。

一、学生的劳动素养得到了明显的提升

　　为了突出新时代对劳动教育的要求,更好地发挥劳动教育综合育人的功能,富春第七小学根据地域特色、学校实际、学生需求,结合不同学段的培养目标,有计划、有序列地开发特色劳动教育课程,形成了以专门课程、渗透课程、项目课程、综合课程为主的课程体系,探索以一育带动诸育的融合创新路径,促进学生综合素养的提升。

　　(一)学生更加珍惜劳动果实,养成节俭好习惯

　　学生在经历"新劳动教育"实践中,切实感受到劳动的辛苦,明白劳动成果来之不易,从而更加珍惜劳动成果。

1. 学生更加珍惜劳动果实

在实践中,学生感受了"谁知盘中餐,粒粒皆辛苦""一分耕耘,一分收获"的真切含义,所以他们更加珍惜劳动果实。如学校通过数字化管理平台,小干部们会对各班午餐产生的泔水桶进行称重扫码,上传数据到易腐垃圾回收管理数据平台。这些数据见证了学生进行光盘行动的有效性。在学校中餐泔水的回收情况统计中,可以发现:2020 年与 2010 年相比,班级每餐泔水回收量明显下降,见下图 9-1。

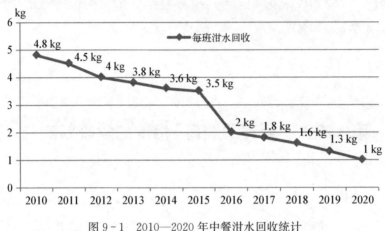

图 9-1　2010—2020 年中餐泔水回收统计

2. 学生养成节俭的好习惯

如今我校的学生都很会"精打细算"。学生的压岁钱他们会比较不同银行的利率再存入,针对压岁钱会制定使用规划,对购物也会货比三家,学生会调查商品价格,制定采购清单,集体行动购买,体验从采购计划的制定到实际购物的整个过程,一步步学会节俭、学会统筹和计划、学会商品的选择,养成勤俭节约的习惯。下面是一则家长发在微信朋友圈的学生研学购物小文章。

案例 9-1　　20 元研学购物(学生包圆)

今日雨,倾之若瀑,吾揣 20 元,来到超市备食材。小毛做洋餐,何胖蛋炒饭,爪蛋之类归小邵,班长首选金牌寿司,吾思虑再三,五香卤牛肉乃吾家祖传美食之一,且牛肉补气,强骨壮筋,应是旅行必备之佳品。奈何经费有限,只得缩减组员食材,方得牛肉一小块,茴香、陈皮、生姜、桂皮、料酒、冰糖、辣椒、油盐酱醋皆由母亲友情赞助。

结账处,收营员见怪不怪,末了,唠叨一句:"这几天是怎么了,来买东西的都特节约,黄瓜巴不得买半条,面包最好买两片,总价还不能超过 20 元。"我在一旁偷着笑,阿姨,阿姨别奇怪,这是七小的财商课。

待我回到家中,切肉,抹盐静置一炷香,同时取牛骨配清水熬煮高汤一锅,清水稍洗入高汤,加大料,大火炖煮 20 分钟转小火慢慢熬制。火候足时它自美,约一个半小时后,关火待凉,就盼明早切成片。母亲与我相视而笑,佳肴已然出炉,期待明日一鸣惊人。

同时,在近几年对学生零用钱花费情况调查中,可以发现:在 2015 年至 2019 年与同类学校相比中,本校学生每周零用钱花费明显下降。

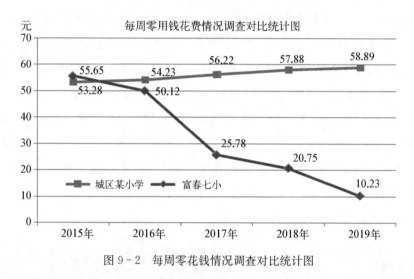

图 9-2　每周零花钱情况调查对比统计图

(二) 学生劳动观念转变,更加热爱劳动

随着劳动内容的具体化,学生参与劳动时间的不断增加,逐渐养成了爱劳动的习惯,"我们从小爱劳动"也深入人心。在 2019 年 10 月,对全校 2432 名学生进行的劳动情况调查中显示,学生在家劳动时间与 2009 年相比显著增加,见下图 9-3。

在劳动技能的掌握方面,对低学段学生进行了穿衣、整理书包、折袜子等 10 项家务劳动的调查中发现,83.1% 的学生全部都会;对中高学段学生整理衣柜、洗衣服、烧饭等 10 项家务的调查中发现,79.2% 的学生全部都会。在连续两届的劳动技能大赛中,学生参赛人数越来越多,各项劳动技能越来越熟练,完成的速度也越来越快。

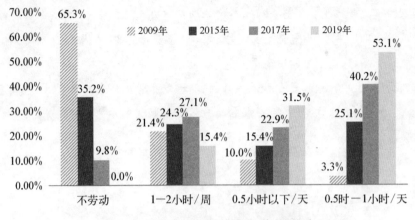

图 9-3 不同年份学生在家劳动时间统计

(三) 学生更具奋斗精神,懂得尊重普通劳动者的道理

在劳动中,学生不断感受到劳动最光荣、劳动最美丽,感受到劳动创造幸福,要尊重每一位普通劳动者。在劳动中,学生做在其中,乐在其中,克服困难,获得成功,让学生更具奋斗精神。如在"开心农场"的每一个农事主题的开放性学习中,学生都表现出极大的兴趣。他们乐于观察、乐于研究、乐于劳作、乐于分享……走出教室,在开放的空间里,学生得到了身心的放松,学习兴趣在对农作物的培育中得以自由地发展。在农事体验课程中,随着四季、节气的变化,孩子们的经历随着不同农作物的种植获得了不同的体验过程,在田间地里亲身劳作,在课堂内外主动探究,潜移默化中形成了对土地的热爱、对劳动的热爱,感受了"谁知盘中餐,粒粒皆辛苦""一分耕耘一分收获"的真切含义。

案例 9-2   麦子丰收之歌(学生骆科翰)

五月,温暖的阳光洒向大地,照着绿绿的银杏树,反射出耀眼的光芒,照在了富春七小的那片金黄的麦地上。小麦们在微风中摇曳,好像在对富春七小的学子们说:"我们长大了,快来收割啦!"5月10日的早晨,富春七小六(6)班的同学们手拿镰刀和剪刀直奔麦地。在农场顾问张大伯和张老师以及班主任和老师的带领和教导下,我们分工明确,开始各自干起了各自的活儿。

干活的一共分成三大类:割麦、运麦、剪麦。其中剪麦是最枯燥,最难以让人忍受的是割好的麦大量地被运送过来等着剪麦。由于剪麦的速度有限,割麦的速度惊人,小麦在我们剪麦的旁边,堆积如山。

　　时间在一分一秒中不停流逝。炎热的太阳烤得我们饥渴难耐,不得不使我们对麦子失去了耐心。原本清楚明了的麦穗被我们捡得掺杂了好多其他东西,杆子特别杂乱,看着都令人心烦意乱。汗珠从额角滚滚流下,再回头看看那大片没割完的麦子和已经堆积如山的麦堆,这次的小麦收割,让我感到了劳动的辛苦和不易,知道了农民伯伯的辛劳。但是,我也体会到了丰收的快乐,明白了不要浪费每一粒粮食的道理,真切地领悟了"谁知盘中餐,粒粒皆辛苦"的含义。

　　不知道过了多久,一切总算是大功告成了。虽然我们个个腰酸背痛,但是看着自己手中那一张崭新的十元劳动币,看着自己的劳动成果,我们脸上始终洋溢着笑容。劳动是光荣的,只要肯付出,就一定可以收获满满的快乐,得到甘甜的回报!

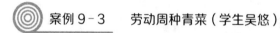

案例9-3　　劳动周种青菜(学生吴悠)

　　山里空气可真好,到处有鸟儿婉转的啼叫,凉凉的微风吹得人很舒适。昨天下了一场淅淅沥沥的小雨,土地松软,正好适合翻土。我们说干就干,先把杂草啊、大石块啊,清出来扔在一边。然后再拿小锄头用力地锤,翻一翻,推一推。毕竟我是个女生,砸了老半天也就开了一小块地,看看组里的男同学都在奋力地锄地,已经有一大部分被挖完了,我顿时觉得有些不好意思,把汗随手一抹又努力地干了起来。

　　经过大家的努力,不一会儿,三片地被翻完了。我们挖了一排三个一列大概十七八个适量大小的坑,将从坑里挖出来的土高高地垒在一边。然后我们去菜地拔菜苗,哎呀,青翠欲滴的小青菜,犹如一个个绿色的精灵,那绿油油的帽子,那细细的腰杆,紧紧地簇拥在一起,感觉非常温馨。我小心翼翼地把几株小青菜放进篮子,差不多拔了整整一竹筐吧。我们把小青菜轻轻地放进坑里,请注意坑一定要很深哦,不然小青菜被风一吹雨一打就得倒。埋进土里的时候也需要非常小心,把一边的土弄下来填进坑里,然后压实,一定要埋过它的根,再适当加一些土,使它更加牢固。看着一株株小青菜舒展着那绿色的外衣,仿佛一列列整齐的军队正在向我致敬,虽然满头大汗,我却十分满意。我们拿来水盆去接水,浇到地里,小青菜犹如一个个贪婪的婴儿,吮吸着天地之精华。我还捧着一些黑色的肥料,轻轻地撒在小青菜的根上,吃吧吃吧,最好个个长得身强体壮。忙完这些,太阳老早就挂在山头了。老师把大家叫了过来,发现许多男同学的手上都磨出了血泡。

发工资了,这一激动人心的时刻终于到了。看着老师手里拿着的厚厚的一沓钞票,我竟然获得了 1 200 元营币,我们整个小队一共有 15 000 多营币。突然有了一种成就感,一种很强很强的成就感,我们用这些营币换来了水饺、米饭、豆沙包、五香肉、毛豆、鸡蛋等,这些都是我们辛苦了一天挣来的,心里特别美滋滋。

不知怎的,我突然明白了挣钱的辛苦。劳动也许是苦的,但得到工资的那一刻却是甜的,一分耕耘,一分收获……

在对学生进行"你心中的最美劳动者"和"你的职业理想"的调查中发现,学生对各行各业的普通劳动者有了正确的认识,懂得每个社会劳动者都有自己的价值,能树立做一个普通劳动者的职业理想。

(四) 学生素质全面发展,培养时代新人

节气、农事等课程不断坚定了学生的文化自信,从小激发了文化创新的活力;志愿服务劳动、特色节日课程让孩子们感受到校园生活的美好,感受到和谐社会的幸福,培养他们从小心怀感恩之心,学会了与人合作,学会了与人分享,培育了公德心、公益心;在创意劳动课程中学生坚持研究与创新,成果丰硕,探究意识和探究能力不断增强。如 2020 年,学校共有 80 位学生的科学探究小论文或作品在全国小学生科学探究作品征集活动中获奖,在浙江省中小学生科技创新大赛中分获一、二、三等奖。2021 年,61位孩子的作品获得全国一、二、三等奖。其中,吴子涵同学的《跟着节气种水稻》系列作品获特等奖。

案例 9-4　白露护稻行动——劳动研究日记片段(学生吴子涵)

随着白露节气的到来,气温开始逐渐下降,一般昼夜温差在 10℃ 左右,是一年中昼夜温差最大的季节。在清晨时分发现地面和叶子上有许多露珠,这是因为夜晚水汽凝结在上面,所以得名。古人以四时配五行,秋属金,金色白,故以白形容秋露。白露实际上是表征天气已经转凉。

我移植了两盆水稻,一盆水稻终于抽穗了,抽穗的稻谷一粒粒紧紧挨着,稻谷的一端能看到细小的花朵,用手轻轻一捏感觉里面是空空的,是一层稻壳,在阳光下呈半透明状,能看见稻壳里面有根细细的杆子。但我一直关注细心照料的那盆水稻至今还没有抽穗,这盆水稻叶高79厘米,叶宽2厘米,有很多叶子变黄,仔细看发黄的叶子上有很多斑点。爸爸和我一起研究讨论了水稻没有抽穗的原因:可能是泥土太少,水稻的株数多,泥土的营养供给不了,所以没能抽穗。老家的稻田经过出苗、拔节、孕穗、抽穗等一系列生长过程,成功将稻子孕育出来了。爷爷打来电话说家里农田的稻谷被麻雀给吃了。原来水稻成熟的季节,会有铺天盖地的麻雀飞来偷食。为了吓唬麻雀,人们扎起稻草人,站在田地里。为了把稻草人做得更逼真,给稻草人穿上旧衣服,戴上旧草帽,伸展着双臂,一副进攻的架势。爸爸急忙带我回老家,我们用绳子将稻田围起来,在绳子上系上一根根红色的布条。我分析这样做的目的就是吓唬麻雀,通常小动物、飞鸟对红颜色是惧怕的。

二、 构建了富有学校特色的劳动育人模式

学校以"培育全人,奠基幸福"为理念,提出了"新劳动教育"理念,开展了持续而深入的探索和实践。学校基于选择性思想,以劳动为载体,以亲近自然、动手动脑、怡情健体为发展宗旨,以认知规律为基点,以能力培养为主线,以过程体验为重点,以为孩子终身发展奠基为目标,开发实施了"'新劳动教育'课程"体系,构建了富有学校特色的劳动育人模式。

(一) 提升了教师的专业素养

"新劳动教育"的推进,不仅使学生发生了巨大的变化,也使得教师受益匪浅。从对劳动教育的价值认识到教育行为的把握,从"新劳动教育"的课程开发到具体实施,教师的专业素养得到了提高。

1. 教师的课程开发能力得到了提升

课程改革是教育发展的必然,课程开发是学校深化内涵建设的主要任务之一。在实践过程中,教师们对校本课程的理解能力、开发能力都得到了锻炼和提升,自觉形成了课程意识,提升了教师整体专业素养。

教师是课程开发的主力军,结合校本"新劳动教育"实际,学校构建了教师培训模

块,进行课程开发内容的顶层设计,为教师发展保驾护航,形成了关于农事体验主题课程、二十四节气课程、校园特色节日课程等一系列课程样式和操作案例,提升了教师的课程研发能力、创新能力、教学能力以及教学实效,扩大了学校的品牌效应,助推了学校的办学发展。教师积极开展校本课程开发和国家课程校本化实施研究,开发了《蚕豆成长记》《呀,土豆!》《小小蚕儿趣事多》《油菜花开金灿灿》《葵花朵朵向阳开》《嗨!小兔》《二十四节气实践活动手册》《笛韵悠扬》《开学课程》等校本教材。《小农夫课程》《财商课程》《嗨!小兔》等多个课程或区级及以上精品课程,《葵花朵朵向阳开》和《青青校园种植课程》分获浙江省第六届精品课程和第八届精品课程。2020年4月,章振乐、洪玉芬、戴君三人参加了劳动教材的编写,2021年6月,章振乐等14人参加了浙江省劳动教材的编写与审稿工作。在课程开发与教材编写过程中,快速提升了教师整体专业素养。

2. 教师科研能力大幅度提升

学校坚持"新劳动教育"实施与开展,整体提升了教师的专业素养,在科研能力上也得到了大幅度提升。学校在各类期刊发表文章50余篇,从不同角度深度阐述了学校的特色发展。

表9-1 教师有关"新劳动教育"文章在重要期刊发表统计表

序号	论 文 名 称	发表刊物	发表时间
1	《"新劳动教育":让人事相趣》	《人民教育》	2014.08
2	《劳动教育的时代转型——以富春七小"新劳动教育"探索为例》	《人民教育》	2019.11
3	《劳动教育的时代转型——以富春第七小学"新劳动教育"探索为例》	《中国人民大学复印报刊资料素质教育》	2020.03
4	《小学"新劳动教育"体系的建构与实施》	《人民教育》	2020.10
5	《"新劳动教育"课程体系的建构和实施》	《中国人民大学复印报刊资料素质教育》	2021.01
6	《新时代劳动教育的实践路径》	《人民教育》	2021.06

同时,教师团队也积极参与课题研究、撰写案例与论文,及时参与研究与经验总结。2012年以来,教师以劳动教育为研究主题的科研成果和论文数量达到百余篇,教

师每年在区级及以上的教科研评比中获奖数量逐年提升,名列同类学校前茅。以2020年11月到2021年6月为例,短短8个月,学校教师以劳动教育为主题的论文和课题在市级以上获奖6篇。

表9-2　2020年11月至2021年6月教师杭州市级以上课题立项或论文获奖(劳动教育)

教师姓名	论文获奖或课题立项名称	时　间
夏建筠	《基于学科特质提升小学教师学科渗透劳动教育的研究》杭州市教师教育课题立项	2021.06
洪玉芬	《20元研学:劳动教育背景下提升小学生财经素养的学校行动》获杭州市教育科研优秀成果二等奖	2020.11
章振乐	"党建+劳动"党建工作案例获得浙江省中小学党建工作精品案例	2020.12
余利娟	"跟着节气去劳动"获浙江省精品课程	2020.12
余利娟	《"跟着节气去劳动"课程的开发与实施》获杭州市2020年度中小学劳技学科教学论文一等奖	2021.01
陆舒婷	《知劳动　会劳动　爱劳动——小学低学段日常生活劳动的实施策略》获杭州市2020年中小学劳技学科教学论文二等奖	2021.01

(二) 转变了教师劳动育人的观念与方式

1. 教师的教育教学观念发生了转变

"新劳动教育"课程的开发研究,重在充分利用学校特色资源优势,更多考虑课程与农事体验的结合、课程与劳动教育的结合,这样的思维方式,逐渐培养了教师"以劳树德""注重践行""学以致用""五育融合"的全面育人观念,进而转变了教师的育人方式。课程开发是教师专业成长的重要途径之一,通过课程开发不仅使教师的课程理念得到了提升,也使教师的知识结构得到了优化,反思能力得到了发展。教师在教学活动中,教育观念发生了明显变化,对于自然教育、劳动教育、全员德育、全科德育等有了新的认识,促进了育人水平的不断提高。

2. 教师的课堂教学效果得到了提高

在"新劳动教育"课程的实施与研究过程中,课堂因为注入了"农事体验""文化探究""成果分享"等丰富的实践体验内容,课堂因此而变得生机勃勃、活力无限,教学的空间被拓展,课堂的时间被延伸,展现了基于学科课堂又超越课堂边界的一种教学状态。原本抽象的概念被具体化,原本传统的学练被情境化,教师的教学热情被有效点燃,学生的学习潜能被有效激发,呈现了一种民主、平等、和谐、共生的课堂文化,教学的成效自然得到了提升。

总的来说,教师成长迅速。教师开发的"新劳动教育"校本课程38个,区及以上精品课程10个,省级精品课程2个。举办劳动教育主题讲座500余场,培训教师30 000余人;教师获区级以上奖励170项、荣誉称号80个、开设区级以上公开课近500节;教师省级以上教学比赛获奖达30人次。培养名师名校长、学科带头人、教坛新秀50余人。教师整体上更爱探究教学,教育科研能力得到提升,对教育工作更有热情,对劳动教育的理解更深刻,部分教师凝练出了自己的教学主张,以更好地落实劳动育人。

(三) 学校转变育人模式,深化新课程改革

学校的"新劳动教育"作为贯彻落实"立德树人"教育根本任务的重要载体,形成一个以亲近自然、动手动脑、怡情健体为发展宗旨,以认知规律为基点,以能力培养为主线,以过程体验为重点,以为孩子终身发展奠基为目标。"新劳动教育"体系建设是学校基于劳动教育的全面改革,劳动与"各育"的融通,发挥了综合育人的功能,促进了学生全面核心素养的培养。

1. 学校育人方式得到转变

如学校的校内劳动基地"开心农场"是学校为了给学生提供更广阔的实践活动天地而向社区租用的土地,用来开展种植蔬菜、花卉、树木,观察植物生长等活动。学校还在"开心农场"创建了"农具陈列馆""开心画廊""小小农科院""蔬菜种植区"等区域,开展以体验农耕文化、探究与创意、亲历与实践、合作与爱心和成果分享为主题的参观农具陈列馆、小课题研究、爱心义卖、"收获节"等活动,课堂教学追求"开放",课堂效果追求"开心",学生发展追求"开窍",极大地促进了学校教育从课堂育人到开放育人,从书本育人到生活育人,从知识育人到实践育人,实现育人模式的转换。

2. 学校育人课程内涵丰富

在深化课程改革的背景下,在课程建构和实施的过程中,还需加强以下三个方面研究:第一,多维度地开发课程,使课程种类更加丰富多元,让学生有越来越多的课程选择。第二,将多元课程有机统筹于"农事"特色课程群体系之中,使课程维度的设计更加科学合理,进一步实现系统性,确保学生学习时空的连续性、完整性和开拓性。第三,加强对学校拓展性课程建设的管理,特别是课程建设对教师专业发展的促进作用需要得到充分发挥。

3. 学校劳动教育成果丰富

　　十多年来,学校多项成果在省市级及以上获奖,多本书籍陆续出版,影响力大,成绩斐然。《大地上的劳作:24 节气亲子书》("新劳动教育"实践课程),以富春七小的"新劳动教育"课程为基础,让教师、家长、孩子一起参与撰稿、摄影、绘图,使本书成为一本亲子之书、美好之书,让更多的成人与少年读者,可以通过阅读本书,一同感受劳作与生活之美,一同走进大自然,感受劳作与收获之美,感受中国传统文化之美。《孩子们的二十四节气》集结了富春七小的孩子们在自然劳作中的快乐、灵感和成就,还有孩子们来自内心的对大自然的感受,字里画间有孩子们对自然真诚的描摹与欣然的热爱。《小学新劳动教育论稿》《富春第七小学:新劳动教育探索与实践》《节气笔记　印象富春》等书对本校及其他学校单位开展劳动教育起到引领和借鉴作用。同时多项成果和案例在省市级及以上获奖。

表 9 - 3　学校各级各类教育科研成果、案例获奖统计表

课题(案例)名称	获 奖 层 次	授 予 部 门	完成时间
从小热爱劳动:小学生"新劳动教育"的实践探索	2021 年浙江省教学成果奖特等奖	浙江省人民政府	2021.12
开心农场:育人模式转换的路径探索	浙江省基础教育教学成果二等奖	浙江省人民政府	2016.11
开心农场:育人模式转换的路径探索	杭州市第五届基础教育教学成果一等奖	杭州市人民教育基金会　杭州市教育局	2016.03
小学"新劳动教育"体系的建构与实施	杭州市第六届基础教育教学成果一等奖	杭州市人民教育基金会　杭州市教育局	2020.06
基于育人模式转换的"开心农场"设计与实施的研究	浙江省教育科学研究优秀成果奖评比二等奖	浙江省教育科学规划领导小组办公室	2013.12
田野大课堂:"农事"特色课程群的架构与实施	浙江省教育科学研究优秀成果奖评比二等奖	浙江省教育科学规划领导小组办公室	2015.12
"新劳动教育":基于实践育人的八年探索	浙江省教育科学研究优秀成果奖评比二等奖	浙江省教育科学规划领导小组办公室	2017.12
基于选择性思想的"新劳动教育"课程架构与实施	杭州市教育科研优秀成果评比一等奖	杭州市教育局	2016.11

课题(案例)名称	获 奖 层 次	授 予 部 门	完成时间
实践育人：小学"'新劳动教育'的八年探索"	杭州市教育科研优秀成果评比一等奖	杭州市教育局	2017.11
"新劳动教育"视域下小学德育实践课程的开发与研究	杭州市教育科研优秀成果二等奖	杭州市教育科学规划领导小组办公室	2018.10
从1到N："新劳动教育"区域性推广研究	杭州市2021年教育科研优秀成果一等奖	杭州市教育局	2021.11
课改背景下提升小学教师课程开发能力的实践研究	浙江省教师发展规划课题优秀研究成果一等奖	浙江省中小学教师与教育行政干部培训中心	2019.12
基于二十四节气课程的现代文明家风的弘扬与传播	杭州市家庭教育"十三五"规划重点课题成果一等奖	杭州市家庭教育学会	2021.09
案例：正心立德　劳动树人	全国中小学德育工作优秀案例	教育部基础教育司	2017.12
经验："新劳动教育"：为孩子的幸福人生奠基	全国中小学德育工作典型经验	教育部办公厅	2018.11
案例："新劳动教育"：小学育人模式转换的实践探索	基础教育典型案例	教育部基础教育司	2019.08
浙江杭州富阳：小学生拥有了自己的"劳动清单"	2019年教育部基础教育典型案例	教育部基础教育司	2020.02
案例：新时代劳动教育的创新与实践	"一校一案"落实《中小学德育工作指南》典型案例	教育部基础教育司	2020.11
案例："党建＋劳动"，师生共成长	浙江省中小学党建工作精品案例	浙江省教育厅	2020.12
浙江富阳：政府牵头破除劳动教育场地制约	2020年中国教育部基础教育典型案例	教育部基础教育司	2021.02
案例：现代技术为"新劳动教育"赋能	推荐参加第四届全国基础教育信息化应用现场会	浙江省教育厅	2021.10

课题(案例)名称	获奖层次	授予部门	完成时间
案例:区域性推广"新劳动教育"	浙江省中小学劳动教育典型案例	浙江省教育厅办公室	2021.11
见人见物见生活:劳动周育"有根"小俊才——富春七小劳动周的价值追寻和实践探索	浙江省劳动教育优秀案例	浙江省教育科学研究院	2022.01
研究中的市级以上立项课题			
小学"新劳动教育"理论与实践研究	杭州市第四届重大课题立项 2021ZD11	杭州市教育科学研究院	2021.06
基于学科特质,提升小学教师学科渗透劳动教育能力的研究	杭州市教师教育课题立项 JSJY2021171	杭州市教育局	2021.06
指向财经素养发展的小学财商教育范式研究	杭州市教育学会立项 2021XK0908	杭州市教育学会	2021.04
基于 STEAM 理念的"东吴笛韵"课程建设研究	杭州市基教教研规划课题 L2021206	杭州市基础教育研究室	2021.04

三、 实现了劳动教育的时代创新

"新劳动教育"面向学生生活,创设真实情境,让学生在劳动实践中,获得劳动体验,学会热爱劳动,尊重普通劳动者,实现了劳动教育的时代创新。从目标上看,"新劳动教育"发挥了劳动综合育人的功能,是培养全面发展的人的教育;从内容上看,"新劳动教育"注重培养学生正确的劳动观念和劳动态度,积累劳动经验和智慧,很好地培养了学生良好的劳动习惯和劳动品质;从实施途径上看,"新劳动教育"注重在劳动实践中进行教育,加强了学生生活实践、劳动技术和职业体验教育。

(一)"新劳动教育"的理论贡献

在新时代背景下,劳动被赋予了新的教育意义。在对传统劳动教育进行扬弃的基础上,坚持立德树人的根本任务,强调与新时代相呼应,发挥劳动综合育人价值,赋予劳动教育新的内涵。

1. 劳动教育的新定位

"新劳动教育"基于培育有理想、有本领、有担当的时代新人的需求,基于浙江富裕起来的一代人的全面发展健康成长的需求,重新界定劳动教育的目标,注重让学生懂得"劳动是财富的源泉,也是幸福的源泉",注重勤俭节约、爱惜劳动成果,注重尊重劳动人民、学会劳动,以培养"从小热爱劳动"的儿童为宗旨,形成完整实施的劳动育人体系。

2. 劳动教育的新模式

"新劳动教育"对实践形态和实践路径提出了新的要求,从目标、课程、基地、评价等方面统筹设计、联动实施,提炼实施纲要,开发实施模式,关注知行合一,强调做中学、行中学,在动手实践、亲身体验的劳动经历中,获得劳动素养的全面提升。设计多样性、可选择、可组合、多模态的劳动教育内容,形成大主题、长周期、开放式的实施样态。

3. 劳动教育的新资源

"新劳动教育"整合新资源,将理论学习和实践锻炼相结合,将劳动教育与其他教育活动相结合,将培养学生勤俭奋斗的传统美德与现代教育技术的新手段相结合,让学生主动选择、主动获取,成为自身成长的力量。突破劳动教育传统文本资源形式,以现实资源为主,反映出勤俭、奋斗、创造的劳动精神。

4. "新劳动教育"共同体

"新劳动教育"主张打通学校与社会、教育与生活的围墙,强调政府统筹、专业引领、协同机制,结合美丽乡村建设,形成以学校为主导的"学校＋农场""学校＋农户""学校＋企业"等的劳动教育新共同体。

(二)"新劳动教育"的实践创新

十二年的探索,学校在劳动教育的内涵、价值、实践上进行了新时代的创新实践,具体表现在以下方面:

1. 理论创新:走出了课堂中心的劳动教育新定位

"新劳动教育"从课堂育人到开放育人,从书本育人到生活育人,从知识育人到实践育人。在"新劳动教育"的研究中,我们力图从原来的教师中心、课本中心、课堂中心转向开放的真实生活,注重大主题、长周期、半开放、坚持做,从育人模式的转换,实现了劳动教育的新定位。

2. 实践创新:走出富裕地区劳动教育的新路子

学校针对富裕地区劳动教育出现的问题,"新劳动教育"形成新的劳动教育模式,改变了学校教育,影响了社会,让劳动教育成为全社会共同的责任,走出了富裕地区劳动教育的新路子。

3. 格局创新：走向了劳动育人的新格局

"新劳动教育"体系在实践中形成了实施纲要、实施体系、指导方式、保障体系。它以劳动为载体，以课程活动为途径，在学校、家庭、社会多领域，参与动手实践，形成全社会重视支持劳动教育的氛围，走向了劳动育人的新格局。

四、 打造了学校劳动教育的金名片

学校建校十二年来，一直坚持"新劳动教育"研究，是"新劳动教育"的发源地，2015年被评为小学唯一全国劳动教育实验单位，在社会上有很高的美誉度和影响力，打造了学校劳动教育的金名片。

（一）发挥学校劳动教育的示范引领作用

学校"新劳动教育"实践成果丰厚，并对全国各地学校劳动教育的实施起到了示范引领作用。先后在"全国创新教育典型案例"等国家和省市级评比活动中获奖30余次，学校被评为"全国劳动教育实验单位""中国最具变革力的学校之一""浙江省教科研孵化基地学校"等。学校教育科研成果获得省基础教育成果特等奖，省市教科研成果获奖10余次，出版著作5部，在全国核心期刊发表论文100余篇，被全文转载7篇，省级及上媒体报道130余次，讲座500余场。2019年，中央教育工作领导小组《教育工作情况》2019年第95期刊发文章报道"新劳动教育"实践案例。《人民日报》报道了我校的"新劳动教育"实践。中央电视台"中国教育70年专题片"《教育强国》讲述了"新劳动教育"的探索和创新。央视《中国新闻》《人民日报》《人民教育》等近20家媒体对"新劳动教育"进行过报道或专访。

学校与全国各地100多所学校联盟成立了中国"新劳动教育"联盟、中国长三角"新劳动教育"20校联盟、区域"新劳动教育"联盟等。面向全国，发布了《中国长三角新时代劳动教育20校联盟富阳共识》，明晰了新时代劳动教育发展的方向与实施愿景，提出了共同努力的路径。近年来，全国百余所中小学和数万人次来校学习交流。

成果也在各级各类媒体、杂志、会议中进行推广与辐射，如2019年10月28日《中国教育报》头版以《杭州富阳　农田沃野"种"教育》为题，介绍了富阳区大力推广富春七小品牌经验，在区内全部的24个乡镇（街道）全面推广、全域推进"新劳动教育"的举措与实践。

2020年5月25日，《中国改革报》09版半版专题报道了富阳"新劳动教育"——

《用"新劳动教育"树时代新人》,在两会期间向全国推介十余年来劳动教育在富阳大地上的实践与成果,介绍富阳如何为培养时代新人贡献教育改革创新方案。

2019年10月12日,教育部在浙江省海盐县召开全国县域义务教育优质均衡发展督导评估认定启动现场会。会上播放了《潮起之江·浙江义务教育优质均衡发展纪实片》。其中,纪实片中自6分36秒至7分10秒左右播放了以"让孩子做最好的自己"为主题的富阳"新劳动教育"片段,生动地向与会嘉宾们展示了如何让孩子成为"最好的自己"。

2019年11月5日,由中央广播电视总台和教育部联合摄制的四集专题片《教育强国》在央视综合频道晚8点档首播。在第四集《面向未来》中,全面介绍了富春第七小学的"新劳动教育"。

(二) 社会影响力和美誉度

学校的"新劳动教育"成果也得到了各级领导、全国知名教育家、社会重要媒体和专家、重要社会人士等社会各界的认可。

1. 家长十分赞同

在"新劳动教育"实践中的不断探索,带动学校全面发展,也赢得了家长的肯定,特别是转变了家长对于劳动育人的理解。

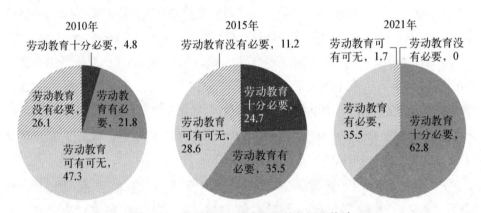

图 9-4　家长对劳动教育必要性的调查统计

2. 各级领导认可

2019年3月,时任浙江省委书记的车俊主持召开了全省教育工作座谈会,富春七小以《新时代劳动教育的富春实践》为题,在会上作了交流发言,获得车书记点赞。车书记感慨七小的孩子很幸福,称富春七小的劳动教育已经走在了前面。他表示有机会,将要到富阳看看富春山居图,看看七小的劳动教育。

2019年4月,教育部基础教育司德育与校外教育处处长荣雷,在省教育厅基教处朱国清副处长的陪同下莅临我校,调研"新劳动教育"工作。荣处长说,久闻其名,百闻不如一见。富春七小的劳动教育与学校教育教学改革深入融合在一起,从实践育人、知行合一的角度进行了很好的探索。七小的劳动教育理念是一种创新,劳动建议很细、很实。希望在现有的基础上,思考再怎么提升,在劳动教育的整体设计上再提炼,在更大范围内推广。

3. 专家题词、各级批示

"新劳动教育"成果丰硕,育人成效显著,因此也受到了全国知名人士、教育家的题词以及各级领导的批示。

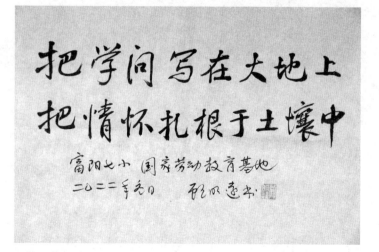

图9-5 著名教育家顾明远先生为学校题词

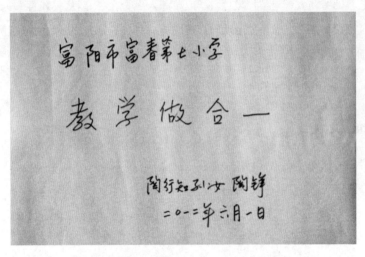

图9-6 著名教育家陶行知孙女陶铮为学校题字

图9-7 著名教育家魏书生老师为学校题词

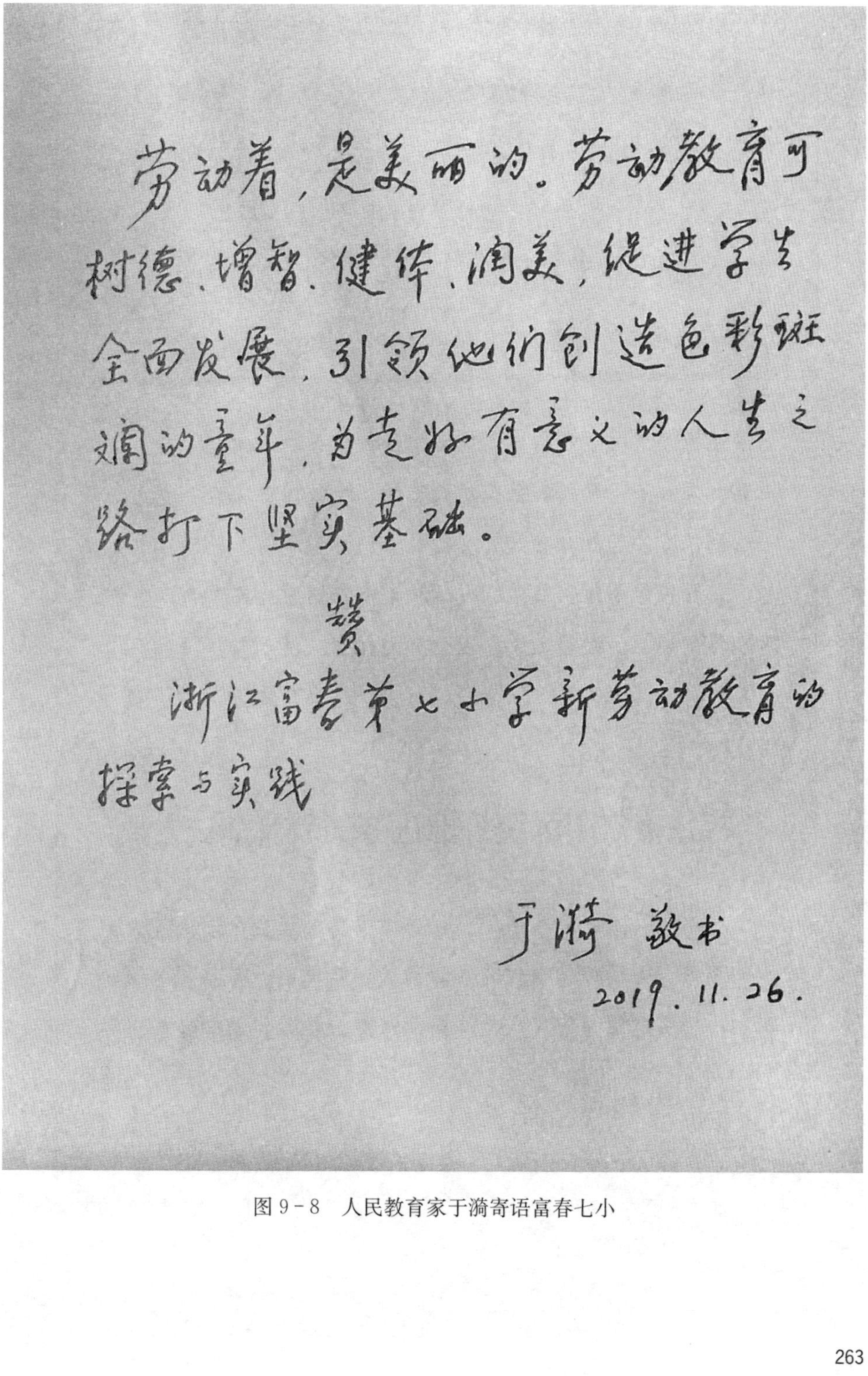

劳动着，是美丽的。劳动教育可树德、增智、健体、润美，促进学生全面发展，引领他们创造色彩斑斓的童年，为走好有意义的人生之路打下坚实基础。

赞
浙江富春第七小学新劳动教育的探索与实践

于漪 敬书
2019.11.26.

图 9-8　人民教育家于漪寄语富春七小

教育参阅

教育改革与政策专辑（18）

省委教育工作领导小组秘书组　　　　　2019 年 8 月 15 日

　　编者按：近年来，杭州市富阳区教育局积极推进学校劳动教育，探索了一系列加强劳动教育的新模式、新经验，建立了一系列保障劳动教育有效开展的新机制、新举措。近日，中央教育工作领导小组秘书组刊发《杭州市富阳区统筹推进劳动教育全域发展》的经验文章，现予全文转发，供参阅。

杭州市富阳区统筹推进劳动教育全域发展

　　杭州市富阳区深入学习贯彻习近平总书记在全国教育大会上的重要讲话精神，积极探索劳动教育新模式，不断完善体制机制，切实加强经费、人员等条件保障，统筹推动劳动教育全

— 1 —

图 9-9　浙江省委工作领导小组刊发《富阳区统筹推进劳动教育全域发展》经验文章

4. 重要媒体报道

2020年12月29日,《光明日报》刊登了《浙江富阳的"新劳动教育"为何这么热》一文,次年1月4日,又继续刊登"走出了新时代劳动教育的新路子"——《浙江富阳的"新劳动教育"为何这么热》,在教育界引发热议。部分内容摘录如下:

 案例9-5 《光明日报》报道

2020年12月29日,光明日报头版头条刊发了关于《浙江富阳的"新劳动教育"为何这么热》的报道,立即引发热议。浙江省委省政府、浙江省教育厅领导和国内教育界专家学者、中小学校长等,纷纷点赞杭州市富阳区的"新劳动教育"实践。

大家认为,浙江富阳的"新劳动教育"实践,回答了劳动教育教什么怎么教、课外校外如何实践、支撑保障能力如何提升等一系列问题,其经验对全国各地的中小学校具有重要借鉴和推广价值。

总结推广富阳经验很有意义。

阅读了光明日报报道后,浙江省委常委、宣传部部长朱国贤作出批示:"感谢光明日报对富阳'新劳动教育'的总结并头版头条报道。作为'新劳动教育'的首创之地,富阳经过十年的探索实践,将劳动教育和德育、智育、体育、美育相融合,走出了一条遵循教育规律和学生全面发展要求的'新劳动教育'之路。路子对了,就要走得更远。教育部门要进一步落实《关于全面加强新时代大中小学劳动教育的意见》,及时总结提炼以富阳为代表的'新劳动教育'创新实践并在全省推广,让更多学生在劳动中树德、增智、强体、育美,以劳动教育树时代新人。"

浙江省副省长成岳冲看了光明日报的报道立即作出批示:"富阳的劳动教育模式来自于多年的持续实践,又可启迪更多新的实践,值得珍视、总结与推广。"

浙江省教育厅党委书记、厅长陈根芳在发给光明日报的致谢信中说:"富阳是'新劳动教育'理念原创地,是浙江省全面实施劳动教育、推动教育教学改革、落实立德树人根本任务的一个生动实践和缩影。我们将加快构建德智体美劳全面培养的教育体系,全面构建体现时代特征的劳动教育体系,广泛开展劳动教育实践活动,着力提升劳动教育支撑保障能力,探索形成符合各年龄段学生特点的劳动教育模式和体制机制。"

"从报道中可以看到,富阳的成功经验具有创新和广泛应用的价值,可以在全国中小学校中复制推广。"曾实地考察过富春七小的上海市人大外事委员会主任委员、教育

部思政理论课教学指导委员会副主任高德毅看到光明日报的报道后特别高兴,称赞富阳在"新劳动教育"的创新理念、系统规划、课程设计等方面探索出了卓有成效的经验,很有典型示范意义。他说,新时代的劳动育人,不仅要有实实在在的劳动体验,更需要有符合时代特点的劳动育人的新理念、新方法,从而实现教育与生产实践相结合、知识传授与价值引领无缝链接,真正达到高效的教育效能。

中国劳动关系学院党委书记、研究员刘向兵说,富阳的"新劳动教育"很好地体现了"以劳促全"的教育理念,从课堂育人到开放育人、从书本育人到生活育人、从知识育人到实践育人,在育人模式的成功转型中探索形成了中小学和幼儿园"五育融合"的崭新教育样态。同时,也很好地体现了党委和政府在推进劳动教育中应该发挥的组织领导作用。区委、区政府通过配套专项支持资金、认定劳动教育实践基地、依托当地工农业资源探索多样化劳动实践模式等,成功打通了学校与社会、教育与生活的围墙,实现了劳动教育全域推进、全面开花,打出了一套漂亮的"组合拳"。

首届教育部基础教育教学指导委员会委员、浙江省教育厅教研室主任任学宝认为,富阳坚持十年开展"新劳动教育",认清新时代劳动教育的重要意义,在实践中不断研究,不仅在学校内创新了资源开发、课程创新、队伍建设、评价完善等,探索出学校劳动教育落细落实的新模式,还走出学校、走向社会,统筹社会资源,建设基地、引进师资、丰富实践,逐步形成家校社一体化的劳动教育新格局。"新劳动教育"实践体验活动更是与乡村振兴同频共振,扩展了劳动教育的平台,提升了劳动育人的实效。教育本身是社会性的,富阳"新劳动教育"回归社会、回归生活,走出了新时代教育的新路子。

中国教育科学研究院课程教学研究所研究员郝志军称从富阳中小学劳动教育实践中获得的最大感悟是,新时代的劳动教育应当着力破解和实践"新""劳""育"三个关键字。"新"不仅仅在于新技术、新方法的运用,更在于劳动教育是否能真正走进学生心里,在于启发、唤醒和适应学生的兴趣、需求,在于使劳动教育融入学生的生活。就是通过劳动教育,把热爱生命、热爱自然、热爱生活的种子播撒在学生的心田,奠基学生的幸福人生。"劳"就是要走出书本、走出课堂、走出校园,到农场、到大自然、到社会中,让学生运用所学,动手实践、出力流汗,接受锻炼、磨炼意志,就是让劳动实践伴随学生成长、成才。"育"就是在劳动中,通过劳动使学生得到真正的、实在的教育:收获成果、收获喜悦、收获情感,体验劳动价值,养成劳动精神品质。

上海理工大学附属小学校长兼党支部书记、上海市特级校长、正高级教师丁利民认为,富阳推行的"新劳动教育"有三大借鉴意义:首先,与中华传统文化紧密连接。

春耕夏种,用节气的思维去对待成长,以四季的规律对待生活。寓教于乐,明农事之重要,传文化之血脉。其次,与地域环境特点紧密结合,让劳动教育不仅限于德育,更体现了综合实践。再次,教育与生产劳动相结合的理念得到了很好的诠释。顶层设计、系统推进,形成区域效益,惠及更多学生。在劳动课程设计中,尤其注重引导学生树立正确的劳动价值观,把个人成长与人民需要、民族振兴、时代使命紧密联系在一起,让孩子们志存高远、向阳成长,在劳动中真正把"小我"融入"大我"。

北京大学教育学院、教育经济研究所研究员卢晓东说,富阳区的"新劳动教育"努力推动孩子们到更广阔的空间去锻炼实践。突破学校狭窄场域的"更广阔的空间"需要社会、政府的支持,需要学校和社会共同创造。富阳区已推出的25个"实践体验点"以及未来的拓展计划,呈现出当地政府和社会在"新劳动教育"中的责任、担当和视野。期待在全国更多的地方,劳动教育实践空间的拓展得到社会、政府的积极支持。

宁波华茂教育集团董事长徐万茂认为,"富阳模式"让曾经囿于一方书桌的孩子,拥抱广阔的大自然,将双脚踩进松软的土壤里,用"脚底板"走出了一条扎扎实实的"新劳动教育"之路。多元互动、多措并举,富阳经验应该从"树木"蔓延为"森林",成为当下学校劳动教育改革的解题之路。

"华茂集团打造了国内首个以'艺术教育'为主题的博物馆——华茂艺术教育博物馆,致力于打造一个开放多元、无围墙的社会美育大课堂。二十年的探索、实践,让我对教育有了更深刻的理解。教育的最终目的是培育人才,最高的境界是培养出真正德、智、体全面发展的学生。"徐万茂说,"进入新时代,教育应该让美德真正连在一起。有美才有德,有德才有美。富阳这样的教育,是让学生、全社会倡导劳动、懂得劳动,真正热爱劳动。这样的教育,在当下,对我们的国家、对我们的民族太重要、太必要了!"

杭州市时代小学校长、浙江省特级教师、正高级教师唐彩斌专门组织全校老师去富阳现场学习过。他说,富阳的"新劳动教育"源于劳动,又不止于劳动,而是将"五育"融合起来。在新时期的课程改革中,也是素养本位下跨学科主题活动,是培养学生实践能力和创新意识的重要方式。作为城市学校,一方面要学习"新劳动教育"的富阳经验,让孩子们掌握生活的基本技能;另一方面也要因地制宜、因校而异地开展符合城市学生特点的相应的劳动教育,切实实现学生德智体美劳全面发展。

常州市武进区星河实验小学校长、江苏省特级教师、正高级教师庄惠芬说,在富阳这片土地上,从"富春七小"榜样效应到区域层面的主动作为,从章振乐校长的个人感召到区域家校社的合体联动,打开了全覆盖、立体化、融通式的"劳动教育的绚丽图景"。富阳的"新劳动教育",耕耘着让儿童爱劳动、会劳动、乐劳动的土壤,为孩子们种下了优秀传统文化的基因,播下了用劳动创造未来、用劳动为国担当的种子,长出了热腾腾的劳动教育之果,令人欣喜,给学校、地区以借鉴。[1]

光 明 日 报

张政总编辑 12 月 28 日晚在光明日报夜班日志中点评:

《浙江富阳的"新劳动教育"为何这么热》,这个词用得还是对的,我看了之后,给我很多思考,牵引着我能够把这篇文章从头到尾认认真真读一下。

富阳是新劳动教育的首创之地。什么是新劳动教育?文章专门做了解释,"新劳动教育不限于德育,还涉及教学和综合实践等领域。主要体现在目标上与 德、智、体、美融通,内容上与学科课程整合,评价上侧重体验。学校各类教学活动让孩子们走出课堂、书本,融入大自然。音乐课到'开心农场'去聆听虫鸣;美术课在草坪上画下蓝天白云;科学课在播种和收获间发现生命奥秘。"

看了这篇文章,我觉得新劳动教育就像世外桃源的教育一般,令人心旷神怡,更重要的在于,他离我们的生活,离我们的内心体验太近、太真切了。这里面有一个核心的理念,陶行知说的"生活即教育",这 5 个字,一听就是大家之言,但我们很难把这 5 个字具象具体地操作,难以贯通起来。浙江富阳"新劳动教育",从各个角度把"生活即教育"通过各种课程给它表达出来,串联起来,变成新劳动教育的一个场景,一种心态。让我们看到了一个全新的令人神往的教育表达,一种发自内心、让人感到寓教于生活的那种美,那种温馨,那种自然,

---

1 "走出了新时代劳动教育的新路子"——《浙江富阳的"新劳动教育"为何这么热》在教育界引发热议[N].光明日报.2020-1-5.

那种亲近。如果很多学校都走这条路的话，那孩子们的心灵可能从小离自然更近，更懂得自然，也更容易懂得自己以及人和人的关系。"亲近土地，在劳动中收获成长"，这多好，谁不希望这样，但是我们有时间吗？课程有安排吗？一进入学校，就把围墙、大门一堵，我们就成了围墙里的人，而不是生活中的人，更不是土地中的人。"融入自然，让劳动为生活添彩"，劳动还能为生活添彩？我们受完教育之后，四肢无力，手无缚鸡之力，什么都不懂，我们只认为劳动为生活添堵，"让劳动为生活添彩"，多好的理念！"实践育人，融'小我'于'大我'"受过教育的人都知道，要去除"小我"，融入"大我"，到底怎么做？通过劳动教育就能实现，真实融入生活就能实现。"小我"和"大我"，当作理念，当作了不起的知识，我们追求了一辈子，其实在小学、初中，通过融入真实生活就能解决这个问题。这对我们来说，不是本末倒置吗？好文章，好表达，好思想，这是一篇好文章。希望这篇文章能够更多的社会回响。

图9-10 《光明日报》总编辑张政点评富阳"新劳动教育"

五、助推了区域劳动教育的发展

"新劳动教育"实践深化了劳动教育的内涵，拓展了劳动教育的内容，丰富了劳动教育的方式，形成了学校的劳动教育实践样本。为了拓宽劳动教育实践平台，构建"大教育"格局，学校将"新劳动教育"从学校拓展到乡村的广阔天地，在区委区政府的支持下，学校联合联盟学校共同发起了"新劳动教育"实践体验活动，区域推进"新劳动教育"发展。

（一）提升区域教师劳动教育实施能力

我校作为全国劳动教育单位，承担全国各地及区域教师的各种培训活动。学校以

"新劳动教育"体系的开发与实施经验和方法为主题进行教师培训,转变教师劳动教育观念,激发教师课程实施热情,提升教师教育教学水平。同时,组织开展联盟研讨、区域分享、网络教研等,提高劳动教育整体实施水平。

(二) 区域辐射以及全国传播与影响

区委、区政府高度重视学校十余年实践经验,提出"做强七小,做大联盟,做实全域"的思路,《富阳区加强"新劳动教育"行动方案》《关于区域推进富阳区中小学(幼儿园)劳动教育的实施意见》等多项制度出台,借助联盟,推进区域"新劳动教育"发展。目前"新劳动教育"已在全区推广,成立了"新时代劳动教育研究院",指导区域进行劳动教育理论研究和实践探索,引领全区学校进一步开展"新劳动教育"实践。在学校的引领下,区域统筹劳动教育成效显著,被认定为全国劳动教育实验区。

图 9-11 "新劳动教育"的政策贡献

"新劳动教育"体系已成为全国优秀典型与实践样本。我校与全国各地100多所学校联盟成立了中国"新劳动教育"联盟、中国长三角"新劳动教育"20校联盟、区域"新劳动教育"联盟等。发布《"新时代劳动教育"指导意见》《中国长三角新时代劳动教育20校联盟富阳共识》,明晰了新时代劳动教育的发展方向与实施愿景,在全国产生了广泛影响。

近年来,全国百余所中小学和数万人次来校学习交流。多次在全国德育工作会议等重要会议中受到推荐,中央教育工作领导小组《教育工作情况》2019 第 95 期刊发文章报道"新劳动教育"实践案例,《光明日报》头版头条、《人民日报》报道,中央电视台"中国教育 70 年专题片"《教育强国》讲述"新劳动教育"的探索和创新。

(三) 劳动教育社会氛围更浓厚,促进了乡村振兴发展

在区委区政府的支持下,联合联盟学校共同发起了"新劳动教育"实践体验活动。"新劳动教育"实践体验活动成为展现富阳乡村特色的一个窗口,不仅充分挖掘了当地文化底蕴,还推动当地各项事业的发展,助力乡村振兴战略实施。2019 年,共有 55 所学校的 19 000 多名学生到实践体验基地参加活动;在接待过程中,农户通过担任"村民老师"、提供餐饮等生活服务,实现一定的经济收入。据统计,8 个乡村经济收入共计 144 740 元,活动不仅充分挖掘了当地文化资源,还推动了我区乡村振兴战略的实施。2020 年 11 月,《中国教师报》第 14 版,以《"新劳动教育",促乡村振兴》为题,整版报道富春七小领衔下的富阳区劳动教育,让田间地头成为滋养学生身体和心灵的新课堂,而且为乡村振兴注入了新能量。

第二节 "新劳动教育"的未来思考

劳动教育,不仅是时代的命题,更是国家长远发展的战略需要。劳动是创造人生价值的源泉和基本途径,世界因劳动而改变,历史由劳动而发展。时代的变化,劳动教育也必须契合新时代特点,丰富其内涵。前十年学校在"新劳动教育"实践中有收获、有成果,在劳动教育越来越被社会重视的良好契机下,学校将在原有的成果上,不断深入探索,砥砺前行。

一、 在五育融合中深化劳动教育的功能

"新劳动教育"着力引导和培养学生拥有丰富生活的能力,蕴含着关于劳动、劳动价值、劳动与幸福、劳动与发展等丰富内涵,是教育的综合体。富春七小在新时代背景下,经过长达十余年的探索与实践,针对新的教育对象,初步建立了以育人为指向的系统化的五育融合的教育体系。

如何真正做到以劳育促进德育、智育、体育、美育的发展,实现与"各育"的融合?同时,德育与智育的渗透融合教育,德育与体育、德育与美育等各育融通的教育在课程中怎样进行实践? 在"新劳动教育"实施中,如何提升学生劳动素养,促进全面核心素养的培养? 如何发挥劳动教育对"五育"协调发展的重要作用,实现综合育人的功能? ……

在新时代劳动教育发展的道路上,实现劳动教育与"五育"的融合,构建新时代五育融合的新样态是我们前行的方向。

二、 以技术赋能推进劳动教育与现代科技的结合

信息化时代,教育发生着深刻的变革。劳动教育的内容与形式在信息化场域中也发生改变,呈现出多样化的发展趋势,现代化教育手段的创新运用更为学校在劳动教育模式创新和内涵发展方面提供强大动力。

《关于全面加强新时代大中小学劳动教育的意见》明确指出劳动教育要"适应科技发展和产业变革,针对劳动新形态,注重新兴技术支撑和社会服务新变化"。近年来,我们在传统农事劳动课程的基础上,不断挖掘劳动教育的新内涵,探索符合新时代社会发展的劳动教育新形式,将新技术、新资源融入"新劳动教育"实践,开发具有时代特征的现代劳动课程。信息化时代背景下的劳动教育创新是我们面对的新问题和探索的新方向。

如何紧密联系时代发展,有效运用现代技术,创建智慧校园,开发融入高科技种植的智慧农业与新技术、新思维下的创意劳动、垃圾分类智能管理等课程并有序实施是我们未来需要思考与实践的重要命题。如现代小农夫的"农业创客",体验高科技种植;现代小工匠的"创意劳动",学习新技术智造;环保小卫士的"垃圾分类",开展智能管理;数字化平台,构建智能管理和监测评价体系……通过智慧校园建设数字化平台,构建智能管理和监测评价体系,通过自媒体、可视化等平台,帮助学生在实践中真实感受新时代对新劳动的需求,培养信息化时代所必备的劳动素养,让现代新技术为劳动教育赋能,创新智慧农业教学体系,搭建智慧劳动教育评价及展示平台等,也为劳动教育的创新发展提供了有力而鲜活的载体。

三、 创生经验丰富劳动教育的理论与实践内涵

"新劳动教育"还有很多等待我们去挖掘、去实践的内容。如何提升学生的创造性劳动能力? 如何顺应新时代的育人要求,关注幼小、小中梯度衔接? 如何探索"集体劳动教育与个人劳动教育""校内劳动教育与校外劳动教育""城市劳动教育与乡村劳动教育""学校、家庭与社会劳动教育""在地劳动教育与在线劳动教育"的深度融合? ……这些问题需要我们通过实践来回答,通过实践进一步丰富"新劳动教育"的理论和内涵。

只要我们认准方向,向着正确的道路行走,"新劳动教育"一定能走得更远,发挥它更大的育人价值。我们将积极迎接挑战,不断开阔思路、勇于创新,为劳动教育美好明天作出应有的贡献。

后 记

从2008年8月开始筹建,2009年学校建成招生,富春七小已经与我共同走过近十四个年头。这十余年,七小已深深印刻在我的生命里,我与它共同成长。

从2009年建校起,我们就坚持以"为孩子的幸福人生奠基"为理念,致力于劳动教育的研究。2012年我们率先提出"新劳动教育"概念,十三年间逐步明确了以"从小热爱劳动"为宗旨的学校劳动教育的新内涵,建成了"新劳动教育"课程体系,创建了目标清晰、内容丰富、途径鲜明、方式多样的实施模式,整合了劳动教育新资源,形成了学校主导的"学校+农场""学校+农户""学校+企业"等劳动教育新共同体,实现了劳动教育的新样态,打造了小学劳动教育的实践样本。"新劳动教育"带给七小孩子充满泥土芬芳的快乐童年,带给老师们与众不同的体验与成长,同时也带来学校的蓬勃发展。

2015年5月,学校第一本劳动教育专著《小学新劳动教育论稿》由杭州出版社出版。随着研究的深入,劳动教育的成果日渐丰硕。2017年,学校"新劳动教育"课程群下的二十四节气课程的成果,汇编成《大地上的劳作:24节气亲子书》。2019年,集结了七小孩子们创作的节气自然笔记与童谣的《孩子们的二十四节气》由化学工业出版社出版。2021年,"新劳动教育"阶段性成果《新劳动教育探索与实践》由线装书局出版,该书介绍了"新劳动教育"的课程研发之路程及"新劳动教育"精品课程、案例,具有较强的实操性和成熟经验,对区域内外学校劳动教育的推进有一定的参考价值。

这些年来,我们一直在筹划出版这样一本能全面反映富春七小这近十二年探索之路的书。从新时代将劳动教育置于五育并举、五育整合的宏大背景下,构建更高水平育人体系出发,解读富春七小在"新劳动教育"的理论与实践收获与不断精进的过程,为今天的中小学校开展劳动教育提供一些借鉴。

富春七小的"新劳动教育"一路走来,得到了许多领导、专家的支持和指导,有许多同道中人,也有一线研究的合作伙伴,一起致力于为党育人,为国育才,执着而坚定地耕耘于劳动教育这片沃土上。在这次书稿的撰写中,得到不少同事、同行的帮助与支持。洪玉芬、戴君、孙群飞、夏建筠、许佳奇、徐青瑛、李艳萍、章红英、许梦等老师参与了部分章节的撰写与整理，还有学校的许多老师提供了案例。因此，本书的出版是全体教职工智慧和汗水的结晶，他们是最可爱的劳动者。

感谢上海市教育科学研究院杨四耕教授，在成书过程中多次指导。特别感谢浙江省督学、原杭州市教科所所长施光明老师，从目录的梳理、结构的调整，到文稿的多次修订，不遗余力，给予了极大的支持与鼓励。

创造产生，生而成长。富春七小的"新劳动教育"从无到有，找到了一定的理论依据，找到了实践的方向，受到师生、家长、社会的高度认同。劳动教育是一本永远读不完的书，"新劳动教育"还有很多等待我们去挖掘、去实践的内容。我们将积极迎接挑战，不断开阔思路，勇于创新，为劳动教育美好明天作出应有的贡献。

章振乐

2022 年 11 月于富春七小